Collective Trauma and Healing

집단 트라우마와 치유

상처와 회복의 통합적 탐구

신보경

박영story

이 저서는 2021년 대한민국 교육부와 한국연구재단의 지원을 받아 수행된 연구임
(NRF-2021S1A5A8060982)

세상의 아름다움이 언제나 당신에게 닿길,

머리말

우리는 살아가며 크고 작은 상처를 품고 살아갑니다. 어떤 상처는 조용히 개인의 기억 속에 머물지만, 어떤 상처는 사회 전체가 함께 겪은 고통으로 남아 우리 모두의 삶에 그림자를 드리웁니다. 전쟁과 분단, 재난과 팬데믹과 같은 거대한 사건들은 단순히 지나간 과거가 아닙니다. 지금 이 순간에도 우리의 정서와 관계, 그리고 삶의 태도 속에 깊은 흔적을 남기며 현재를 끊임없이 흔들고 있습니다.

저는 연구와 현장에서 만난 수많은 이야기들을 통해 이러한 상처가 결코 한 개인의 고통에만 머무르지 않고, 우리가 함께 짊어져야 할 집단적 과제임을 알게 되었습니다. 개인의 고통은 사회의 기억과 맞물려 있으며 사회적 상처 또한 개인의 삶 속에서 되살아나기 때문입니다. 이러한 이유로 저는 오랫동안 집단 트라우마에 주목해 왔습니다. 치유는 어느 한쪽에서만 이루어질 수 없습니다. 상처 입은 개인이 회복하기 위해서는 사회적 토대가 필요하고, 사회가 치유되기 위해서는 개인들의 변화와 연대가 뒤따라야 합니다. 결국, 개인과 사회의 회복은 서로를 비추는 거울처럼 맞닿아 있는 것입니다.

이 책은 바로 그 지점에서 출발합니다. 집단이 겪은 폭력과 상처가 고통의 굴레에 머물지 않고 다시 삶을 살아가게 하는 치유와 회복의 힘으로 어떻게 전환되는지를, 연구자로서 동시에 한 사람의 삶을 살아가는 존재로서 깊이 들여다보고자 했습니다. 특히 이 과정의 시작에 '생명'이라는 주제에 집중한 것은 수많은 사회적 아픔을 마주하면서 결국 우리가 지켜야 할 가장 근본적인 가치가 무엇인지 묻지 않을 수 없었기 때문입니다. 생명은 단순히 숨 쉬며 살아 있다는 사실을 넘어섭니다. 서로를 잇고, 지탱하며, 함께 살아가게 하는 힘입니다. 그러나 우리는 너무 쉽게 이 생명의 가치를 잊거나 훼손해 왔습니다. 경쟁과 불평등, 폭력과 무관심이 일상이 되어버린 사회에서 생명은 때로 숫자와 효율로 환산되기도 하고, 때로는 소모되는 자원으로 전락하기도 했습니다. 저는 이 책을 통해 생명을 다시 바라보고 그 안에 담긴 존엄과 연결, 평화의 가능성을 회복하고 싶었습니다.

또한, 이 책은 집단 트라우마가 단순히 개인이나 사회를 무력하게 만드는 고통으로만 존재하지 않음을 보여주고자 합니다. 역사 속 사건들은 사람들에게 깊은 상처를 남겼지만, 그 상처 속에는 회복을 향한 능동적 움직임이 숨어 있습니다. 저는 이 과정을 단선적인 설명으로 그리지 않고, 역사적 맥락과 사회적 상호작용, 심리적 회복력, 문화적 기억 등 서로 다른 요인들이 얽히고 맞물리며 만들어내는 복합적 흐름 속에서 조명하고자 새로운 분석틀을 제시했습니다. 이를 통해 독자는 집단의 상처가 개인과 사회 속에서 어떻게 서로를 비추고 이어지며 점차 회복과 치유로 나아가는지를 보다 생생하고 입체적으로 이해할 수 있으리라 생각합니다.

이 책은 상처와 회복의 이야기를 넘어 우리가 함께 살아가는 사회와 그 속에서 지켜야 할 가치에 대해 묻습니다. 집단 트라우마의 치유 과정은 단순히 과거의 기억을 정리하는 일이 아니라, 개인과 사회가 서로를 이해하고 연결되며 앞으로 나아가는 힘을 발견하는 여정이라 생각합니다. 상처를 기억하는 방식, 고통을 나누는 태도, 그리고 서로를 지켜내는 작은 행동들이 모여 결국 사회를 바꾸고 우리의 미래를 새롭게 열어갈 수 있다고 믿습니다. 그렇기에 이 책은 특정한 연구자나 전문가만을 위한 것이 아닙니다. 지금 여기에서 함께 살아가는 모든 이들을 위한 기록입니다. 이 책을 통해 상처 속에서도 피어나는 회복의 가능성과 생명의 존엄을 마주하고 나와 우리의 삶을 돌아보는 시간을 갖게 되기를 바랍니다.

2025년 10월

신보경

차례

CHAPTER 3
사례로 만나는 포괄적 치유의 과정

CHAPTER 1

생명, 상처 입은 사회를 다시 살아내는 힘

1. 생명의 절대적 가치
2. 절대적 가치의 부정: 수단이 되어버린 생명
3. 인간 생명과 사회적 삶
4. 평화롭게 함께 살기
5. 코로나19가 생명에게 남긴 메시지
6. Leaving No One Behind: 사회적 약자와의 진정한 동행
7. 생명의 인류가 나아가야 할 길 -"공감으로의 평화"

우리는 모두, 살아있다는 사실에서 출발한다. 그리고 그 사실은 동시에, 언젠가 죽게 된다는 운명을 예고한다. 생명은 그렇게 유한한 존재이며, 그 유한성은 곧 생명이 지닌 절대적 가치를 말해준다. '생명'은 단지 의학적 · 생물학적 현상이 아니다. 인간은 살아있다는 단순한 사실 그 너머에 의미를 부여하고, 그 의미를 통해 존재를 정립해 왔다. 그렇기에 생명은 철학적이고 윤리적인 문제이며, 사회적이고 정치적인 주제이기도 하다.

이 책은 '집단 트라우마와 치유'라는 이름 아래 우리 시대에 생긴 깊은 상처들을 직면하고자 한다. 그 시작점에 '생명'이라는 화두를 놓는 이유는 분명하다. 생명이란, 공동체가 무엇을 지켜야 하는지, 무엇을 잃었는지, 다시 무엇을 회복해야 하는지를 판단하는 기준이 되기 때문이다. 그러나 현대사회에서 생명은 너무 자주 도구화되고, 효율과 이윤의 이름 아래 값이 매겨진다. 과도한 경쟁과 격차, 폭력적 구조는 인간의 생명을 '무뎌진 감각'으로 만들었다. 사회적으로 경험되는 상처와 트라우마의 근저에는, 바로 이 생명경시의 현실이 자리하고 있다. 우리가 치유를 이야기하려면, 먼저 생명의 본질을 다시 성찰해야 한다. 생명은 희소하고 유한하며 대체 불가능하다. 그리고 인간은 그 생명을 지닌 존재로서 서로 연결되고 의존하며 살아간다. 이 연결성은 공동체의 회복과 평화의 전제가 된다.

그런 까닭에 집단 트라우마와 사회 치유를 이야기하려는 이 책은 그 출발점을 '생명'에서부터 시작하고자 한다. 살아있다는 사실의 고귀함과 그것이 사회 안에서 어떤 방식으로 훼손되고 지켜지는지를 돌아보는 일이야말로, 치유의 진정한 시작이기 때문이다.

인류학의 어머니로 불리는 마가렛 미드(Margaret Mead)의 한 일화다. 문명의 최초 징후가 무엇이냐는 한 학생의 질문에 그녀는 낚시도구나 토기 등 예상할 수 있는 답이 아닌 "부러졌다 붙은 흔적이 있는 대퇴골"이라고 대답하였다. 그녀의 설명에 따르면, 현대 의학의 도움이 없던 15,000여 년 전 사회에서는 부러진 대퇴골이 회복되려면 약 6주 정도의 휴식이 필요했다고 한다. 동물의 왕국에서 다리가 부러진다는 것은 위험에서 도망칠 수도, 물을 마실 수도, 사냥할 수도 없기에 죽는 것을 의미한다. 그러나 치유된 뼈가 발견되었다는 것은 누군가가 부상당한 사람을 도와 대신 사냥을 하고, 그에게 음식을 가져다주고, 안전하게 지켜내기 위해 자기 시간을 희생해 돌보았다는 증거라는 것이다.[1)] 외부적 위험요소들에 쉽사리 노출되고 자신을 지켜낼 방법 없이 한없이 나약했던 그 시절의 인류는 비록 그들도 유한한 생명이었지만 함께 살기를 지켜내는 풍성한 생명(abundant life)으로 존재했던 것이다. 이는 거대한 혼돈의 시간을 헤쳐나가고 있는 오늘날의 인류에게 생명과 평화의 본질이 무엇인지 되짚어볼 수 있는 중요한 메시지가 될 것이다.

문명사회의 성장과 팽창의 과정에서 인류는 많은 것을 누렸고 동시에 많은 것을 잃었다. '번영 속 훼손', '성장 속 소외', '인위적 위기의 불확실한 미래'[2)] 등으로 표현되는 오늘날의 문제들은 인간의 실존 그 자체를 위협하는 생명 위기의 시대를 만나며 그동안 숨겨두었던 실체를 폭발적으로 드러내 보이기 시작하였다. 그런데 역설적이게도, 최근에 발생한 코로나바이러스감염증－19(Coronavirus Disease－19; COVID－19, 이하 코로나)이 인간 활동의 손발을 묶어버리자 지구환경과 생태계가 회복되기 시작하였다. 인간에게는 재앙이지만 인간중심주의로 증폭된 인류세(Anthropocene)[a)3)] 동안 고통받아 왔던 자연 생명에게는 치유제가 된 셈이다. 이러한 상황들을 미루어 볼 때, 인류는 지구 생명의 일원으로서 전 지구적 생명의 위기에 대한 반성과 새로운 균형점을 찾아야 할 때이다. 어쩌면 지금의 이 위기가 인류에게는 생명에 대한 깊은 성찰과 미래 공존을 위한 핵심 변화를 실천할 수 있는 마지막 기회일지 모른다.

감염 공포와 위기 상황 앞에서도 생명을 살리기 위해 의연하게 희생을 도맡았던 의료진과 방역 당국 관계자들, 자가격리 생활 속 지친 사람들을 위해 온라인으로 자선 공연을 펼친 예술가들, 자신뿐만 아니라 타인의 건강을 위해 불편함을 감수하고 사회적 거리 두기를 이행한 수많은 시민 등 모두가 보여준 따뜻한 희생은 인류 역사에 길이 남을 감동의 순간들이었다. 이는 5만 년 전 현생 인류인 '호모 사피엔스'(Homo sapiens)의 등장에서부터 끊임없이 진화해 온 오늘날에 이르기까지 인간에게 적어도, 다행히도, 다리가 부러진 동료를 위해 자신의 작은 희생과 배려를 내밀 수 있는 공동체 의식과 공감 능력이 여전히 존재한다는 것을 증명해주는 대목이다. 이러한 경험들을 통해 함께 평화롭게 살아가는 것이 그 어떤 것보다 인류 미래의 가장 큰 희망이자 인류 공동의 자산임을 다시금 깨닫게 해 주었다.

생명이 존재할 때 평화가 기초 된다. 나아가 그 생명들이 '나'와 '너'가 아닌 '우리'로 살아갈 때 비로소 평화로운 삶이 시작된다. 때문에, 생명은 존재의 모든 것이며 평화의 희망이다. 생명이 평화를 향한

---

a) 인류세(Anthropocene)란 지난 1만 년 동안 지구의 기후가 매우 온화하고 안정적이었던 홀로세(Holocene)의 뒤를 잇는 새로운 지질연대 이름이다. 여러 학자는 농경, 산림 벌채의 시작, 신대륙 발견, 산업혁명, 20세기 폭발적인 인구증가와 환경변화 등을 인류세 시대의 시작점이라 주장한다.

희망을 품고 살아간다면 느리더라도 반드시 평화는 도래할 것이다.

1 생명의 절대적 가치

(1) 희소성/유한성

생명(life)이란 무엇인가?[b)][4)] 생명에 대한 이해와 의미는 생물학이나 의학적 관점과 더불어 종교, 철학, 사회과학 등 다양한 학문 분야에서 그 개념과 가치를 정의하기 위해 오랜 시간 논의되고 있다. 이처럼 생명의 개념이 다의성(多義性)인 이유는 각 관점이 지니는 정의의 한계 때문인데, 즉 자연 과학적인 생명의 정의는 외적·물리적인 상태인 생명현상에만 주목하고 있어 내면적인 차원 (영적인 측면) 또는 생명의 본질이나 기원을 다루기에는 한계가 있다. 그러므로 생명의 본질에 대한 이해는 생명이 드러내는 현상에 대한 의과학적 설명과 함께 철학적이거나 종교적인 전제에서 이해되어야 하며 이와 같은 다양한 관점에서의 은유적이거나 비유적인 표현을 통하여 생명에 대한 이해를 높이게 되는 것이다.[5)]

이와 같은 맥락에서 서양의 생명에 대한 의미를 살펴보면 크게 세 가지 개념의 그리스어인 ‘zoé’, ‘bios’, ‘psyche’에 뿌리를 두고 있다. 고대 그리스에서 인간의 생명은 생물학적 삶을 의미하는 조에(Zoé)와 사회적 삶을 의미하는 비오스(Bios)로 구분된다. 조에는 모든

---

b) 생명의 사전적 정의에 따르면 ① 사람이 살아서 숨 쉬고 활동할 수 있게 하는 힘, ② 여자의 자궁 속에 자리 잡아 앞으로 사람으로 태어날 존재, ③ 동물과 식물의, 생물로서 살아있게 하는 힘, ④ 사물이 유지되는 일정한 기간, ⑤ 사물이 존재할 수 있는 가장 중요한 요건을 비유적으로 이르는 말 등으로 설명된다.

생명에 공통된 형태로 살아있음의 단순한 사실을 가리키며 사적인 영역의 삶이 영위되는 공간은 오이코스(oikos), 즉 가정이다. 비오스는 어떤 개인이나 집단에 특유한 삶의 형태나 방식을 의미하며 폴리스(polis)라는 공적 영역을 통해 삶이 실현됨을 뜻한다.[6] 마지막으로 'psyche'(프시케)는 생명력으로서 생명혼, 즉 정신이라는 의미이다.[7] 이와 같은 생명과 반대의 개념인 죽음(death)은 의학적으로는 신체 기능의 불가역적(irreversible) 소실점을 의미하며,[8] 생물학적으로는 연속적인 화학 변화의 중단 또는 생물체의 활동이 멈춘 상태로서 물질과 에너지에 대한 통제력이 상실된 상태를 뜻하는 '생물의 생명이 없어지는 현상'을 포괄적으로 의미한다.

이렇듯, 인간을 포함한 모든 생물은 생명을 얻는 순간부터 죽음을 향해 나아간다. 모든 생명은 죽음의 절대적 현실 앞에서 동일하게 사라지게 되며 생(生)과 사(死)는 동전의 양면과 같은 필수불가결한 관계를 이룬다. 생이 어떤 형태로든 '부정'되는 순간에는 모든 것을 잃게 되는, 소멸하는, 사를 맞이한다는 점에서 생명의 가치는 희소성의 원칙이 뒷받침되는 절대적 가치이다. 이와 같은 생명의 '일회성'과 '유한성'은 한 생명체의 대체 불가능성을 강조하며 개체가 살아 존재해야만 하는 '존재론적 특별성'의 이유를 부여해준다. 그 중, 인간은 동물이나 돌, 나무 등과는 달리 존재의 한계성을 극복하는 방법으로 더 나은 삶을 살기 위한 방안을 모색하는 존재이며 생명을 어떤 명분으로도 제거될 수 없는 인류의 최고 가치로 보편타당하게 자각하는 존재이다. 이와 같은 조건으로 인간은 생명 세계에서 지혜로운 인간이라는 특권을 부여받아 인간 생명을 유지해 올 수 있었다.

(2) 생명존중

칸트의 자연철학에 따르면 인간은 자연체계 일부이지만 동시에 대상으로서의 자연과 그에 대한 인식의 주체로서의 인간으로 근본적으로 구분되며, 이는 인간이 생명존중이라는 중요 가치를 인식하게 되는 함축적 요인이 된다. 이렇듯, 생명존중이란 생명체로서 존중받기 위한 기본적인 요건이며, 어떠한 여건에 상관없이 모두가 동등한 가치를 지닌다는 뜻으로 인간 및 자연의 모든 생명체에 적용되는 생명의 권리이다. 사회에 따라 다양하지만, 일반적으로, 생명존중의 핵심적 가치는 책임성(responsibility), 평등성(Equality), 안전성(Security), 관계성(Reciprocity) 등으로 설명된다. 이는 생명을 귀하게 여기고 존중해야 할 일차적 책임은 우리 자신에게 있으며, 모든 (인간의) 생명은 평등하며, 평화로운 삶은 (인간의) 생명이 안전할 때 가능하고, (인간의) 생명은 홀로 존재할 수 없으므로 서로 돕고 함께 살아야 한다는 의미를 지닌다.[9] 이와 같은 생명존중의 핵심가치가 실현되기 위해서는 개인과 가정, 사회, 국가 등의 각 층위에서의 지속적인 관심과 노력으로 교육되고 실천되어야 한다.

또한, 동서양의 여러 생명존중사상을 통해 모든 생명을 신성시하고 소중하게 여김으로써 모든 생명체의 내재적 가치를 강조하고 있는 인류의 오랜 노력을 살펴볼 수 있다. 여기서 생명의 내재적 가치를 가진다는 의미는 자연(모든 생명체)에 대한 존중의 태도를 궁극적인 도덕적 태도로 채택한다는 것을 의미한다.[10] 먼저, 동양 불교의 생명관은 살아있는 생명을 함부로 죽이지 않는 생명에 대한 존중심에서 한 걸음 나아가서 다른 생명을 살리기 위해서 자기의 생명까지도 희생할 수 있는 지극히 이타적인 것을 뜻한다. 우주의 모든 생명이 나와 다르지 않고 본질에 있어서 동일한 존재로 보며 이로 인해 자신이 아닌 다른 생명에 대한 존중이 곧 나에 대한 존중으로서 함께 살고 생존하는 우주 공동체를 만들어 나가야 한다는 것이 불교 생명존중 사상의 골자라고 한다.[11] 서양의 그리스도교에서는 하나님이 창조하신 생명에 본질적이며 내재적인 가치를 인정하고 생명존중 사상을 그 핵심으로 한다.[12] 즉 모든 우주 만물의 생명체는 하느님이 창조하셨기에 인간의 생명(삶과 죽음)을 인간이 마음대로 선택할 수 없고 다만 보전해야 할 책임만이 있다고 설명한다. 우리나라의 홍익인간(弘益人間) 사상은 널리 인간세계를 이롭게 한다는 뜻으로 인간과 자연의 조화를 이룬 공동체 문화를 추구하며 개인과 사회의 조화를 지향하는 공공선(public interest)의 가치확장을 나타낸다. 또한, 신화 속 내용을 바탕으로 홍익인간 사상은 평등과 평화의 가치를 포함하며 화합의 의미를 내포하고 있다.[13] 철학자이자 의사였던 슈바이처는 생명외경사상을 통해 윤리적인 행동이란 모든 생명체를 도와주고 어떤 생명체에도 해가 되는 행동을 하지 않을 때 비로소 생명을 보존하고 촉진하는 것이라 설명한다.

이와 같은 생명의 가치는 존중을 넘어서서 최근 생명과학 분야의 무한한 발전에 힘입어 더욱 건강하고 오래 살고자 하는 인간의 희망과 욕구 충족에 여러 가지 윤리적 문제들이 대두되기 시작하며 생명의 존엄성과 윤리에 대한 중요성의 인식 및 실천의 요구로 확대되고 있다. 또한, 생명에 대한 가치와 권리 보호를 위해 사회는 도덕적 계약으로서 그 가치를 제시하고 있다. 대한민국 헌법에는 생명권에 관한 규정이 따로 없지만, 헌법 제10조에서 인간으로서의 존엄과 가치, 행복 추구 권리에 생명권이 포함되어 있으며 이는 모든 개별 기본권의 전제가 되는 헌법상 핵심적인 개념이다.[c] 나아가, 우리나라의 반려동물 문화가 성숙해지면서 동물복지와 생명존중에 관한 관심과 이해가 높아지고 동물이 고통이나 학대받지 않을 권리를 뜻하는 동물권을 위한 동물보호법이 개정(2013년)되기도 하는 등 생명존중인식의 확산을 위한 실제적인 사회적 노력으로 생명존중의 범주는 크게 확대되어 나가고 있다.

(3) 공존과 상생

지구상에 사는 생물 종의 수는 대략 870만 종 정도로 추측된다.[14] 그중 약 170만 종의 생명체들이 동정되어 이름을 갖고 있다고 한다.[15] 이처럼 많은 지구상의 생명들은 서로가 서로를 살리며 연결되어 있는데, 이는 생명이 '살림'의 순환 관계를 맺으며[16] 생태계(ecosystem)를 구축하여 살아가는 것이다. 1935년 영국 생태학자 탠슬리(A. G. Tansley)에 의해 처음으로 제안된 용어인 '생태계'는 상호 간의 관계를 지닌 생물과 무기적 환경이 하나의 총체적인 체계(system)를 이루고 있을 때를 의미한다.[17] 인간 역시 지구 생태계의 한 구성원으로서 다른 생명체들과 함께 생태적 연결고리의 일부로 살아가고 있으며 이와 같은 순환의 연결고리는 결과적으로 공존과 상생을 위하므로 모든 생명력의 지속 가능성을 부여한다.

그러나 반대로, 이와 같은 생태계가 파괴되었을 때는 공존과 상생의 고리에 얽힌 생명체들은 꼬리에 꼬리는 무는 연쇄반응으로 마침내 전체가 파멸하게 되는 재앙을 맞게 된다. 이때, 생태계 맨 꼭대기

---

c) 2018년 국회 헌법개정특별위원회로부터 제출된 대한민국 개정 헌법 초안에는 불가침의 권리인 '생명권'이 11조에 신설되었고 헌법 전문에도 '생명존중 추구'가 처음으로 명시되었다.

에 위치하고 있는 인간 역시 예외가 아니다. 영국의 과학자 제임스 러브록(James Lovelock)이 제시한 '가이아 이론'(Gaia Theory)은 이를 설명한다. 하나의 생명체로서의 지구는 스스로 환경에 맞게 적응하고 진화해나가며 살아간다. 즉 지구상의 모든 생물과 환경은 능동적인 상호연관성을 지니고 있으며 그 상호작용 안에서 일정한 균형의 형태를 유지하는 살아있는 유기체라는 것이다.[d)18)] 그러나 끊임없이 지구를 파괴하는 인간의 무분별한 개발 욕심과 탐욕은 이와 같은 지구 생태계의 균형을 무너뜨리고 있다. 인류가 다른 생명체들과의 공존과 상생을 무시하는 상황들이 지속 되어 지구의 회복력이 한계점에 다다르게 된다면 지구는, 결국, 오염의 주범이었던 인류를 지구로부터 사라지게 하는 방법의 자정 작용을 택하게 될지 모른다. 이처럼 인간에게 모든 생명체와의 공존과 상생은 선택이 아닌 필수 조건이 되어야 하는 이유이다. 그러므로, 지구라는 가족의 모든 구성원을 서로 연결짓는 생태학적 관점[19)]에서의 인식 지평을 넓히는 전환이 지속 가능한 생명평화 실현의 첫걸음이 될 것이다.

(4) 미래지향성(Future-oriented)

모든 생명체는 자신의 유전인자를 가진 개체를 남겨 종을 유지하고자 하는 본능적인 자기보존(self-preserving) 기능을 지니고 있다. 물리적인 기계로의 자기복제 기능은 생명체 스스로와 자기를 둘러싸는 환경과의 분명한 경계 속에서 이루어진다. 그렇지 않으면 무엇을 복제

d) 여기서 가이아(Gaia)는 고대 그리스 신화에 등장하는 "혼돈으로부터 질서를 가져온 여신"으로 지구와 지구에 살고 있는 생물, 대기권, 토양, 대양까지를 포함하는 하나의 범지구적 실체를 상징적으로 나타내기 위해 사용한 이름이다.

해야 하는지 자체를 정할 수 없기 때문이다.[20] 이후 개별 생명은 자신의 외부 환경에 맞추어 더욱 적합한 적응(Adaptation)을 통해 번영을 추구한다. 찰스 다윈(Charles Darwin)은 『종의 기원』을 통해 이와 같은 과정의 진화론을 주장하는데, 중요한 사실은 자연선택(natural selection)이 단순하게 자연과 환경에 적응하지 못하는 생명체를 절멸시키고 적응한 자들을 살아남게 하는 적자생존에 그치지 않고 각각의 생물들의 유용한 변이(mutation)을 통해 변화된 환경에 또다시 적응해 나가게 한다는 것이다. 이것이 바로 진화(evolution)의 속성이며 생명현상의 본질이다. 이와 같은 맥락은 앞에서 살펴본 가이아의 이론과 결을 같이 한다. 다양하고 유기적인 변화 속에서 지구상의 숱한 생명체는 자신이 가진 자원의 한계에 굴복하지 않고 각기 다른 자원 배분 전략을 세워 생존율과 번식률을 높이는 방향으로 진화해 왔다. 이와 같은 '타협적 진화'(공진화 과정, 기생 관계 등)는 생태계의 다양성을 부여하며[21] 멸종하지 않고 생존을 이어오는 방법이 된 것이다.

자연 속 생명이 지닌 생물학적 생존 진화 이외에도 지구상에 현존하는 모든 유기체 중 생명 나무의 맨 꼭대기에 자리하는 인간 생명 역시 박테리아 형태(단세포 유기체)에서부터 무생물에 이르기까지 다양한 생명체들과의 긴밀한 상호작용을 통한 번식과 죽음의 두 과정을 오랜 시간 거치며 진화해 왔다.[22] 또한, 인간의 생명에는 구체적인 자신의 세계를 자기 속에서 창조해가는 실존 지향성을 지니고 있다.[23] 즉, 미래를 향한 지향성은 인간의 실존 의미, 삶 등에 대한 나름의 가치부여을 통해 더욱 확장되고 다양화될 수 있는 것이다. 이것이 가능한 이유는 인간에게는 생물학적 생존 진화와 더불어 사회·문화적 진화 속에서 타인을 위해 희생하는 이타주의와 같은, 다른 동물들에서는 볼 수 없는 여러 가지의 인간 행동 진화가 존재하기 때문이다. 이는 '유전자-문화 공진화 이론(gene-culture coevolution)' 등을 통해 설명된다. 유전자-문화 공진화 이론의 주요 요지는 특정 문화가 그 문화권 내 인구집단의 적응도를 높일 때, 해당 문화의 정착과 확산에 도움이 되는 유전자가 선택되고 선택된 유전자는 다시 해당 문화의 확산에 이바지한다는 것이다.[24] 이 과정은 인간에게 개채 선택 및 집단선택으로의 진사회성(eusociality)을 이루어내게 하였으며 집단 내의 단결과 협동이 인간으로 하여금 지구상에서 만물의 영장으로서의 지위를 가질 수 있게 해 준 혁명적 힘이었다.[25]

이처럼 과학과 문화의 상호 발전을 통해 이루어져 왔던 인간 생명 진화의 다음 단계는 두 가지 가치가 융합된 문화기술적 진화가 될 것이라고 다수의 학자들은 예측한다. 문화기술의 진화는 유전자의 진화보다 수백만 배나 빠르므로 자연선택이 개입되지 않는 새로운 형태의 진화 시대가 도래할 것이라는 설명이다.[26] 이는 생존을 위해 도전적이며 미래지향적인 생명의 본능적 능력으로 창조된 인간이 자신의 미래 진화 방향까지 스스로 결정할 수 있게 되는 맞춤 진화의 초월적 존재자로 거듭나는 날이 머지않았음을 의미한다.

2 절대적 가치의 부정: 수단이 되어버린 생명

(1) 생명경시 - 환경파괴

오늘날 의과학기술의 비약적인 발전으로 인해 인류의 평균수명은 크게 증가하였으며 물질적 풍요와 편리한 삶을 누리는 시대가 도래하였다. 그러나 이러한 삶의 기반에는 자연과 인간을 이윤추구의 수단으로 전락시키는 구조가 자리 잡고 있으며, 이는 생태계의 파괴와 노동자 착취라는 윤리적 비극을 야기하고 있는 실정이다. 무분별한 개발과 환경을 고려하지 않은 도시화 및 산업화는 산림파괴, 대기오염(오존층 파괴, 미세먼지 등), 사막화, 지구 온난화, 물 부족 현상 등 복합적인 환경문제를 야기하고 있으며 이러한 문제들은 악순환을 반복하며 지구 생태계 전반에 심각한 위기를 초래하고 있다.

유엔 산하 연구에 따르면, 인류의 과도한 개발로 인해 현재 육지의 약 75%, 해양의 약 66%가 훼손되었으며 약 100만 종의 생물이 멸종 위기에 처해있는 상황이다. 이러한 생물 종들이 사라질 경우, 자연 생태계의 질서가 급격히 붕괴되고 향후 30년 내에 아프리카 및 남아시아 지역을 중심으로 식량 및 물 부족 사태가 본격화될 것으로 예측되고 있다.[27] 뿐만 아니라, 현재 지구의 주요 대양(북태평양, 북대서양, 인도양, 남태평양, 남대서양)에는 총 5개의 거대한 '해양 쓰레기 섬'이 존재하는데 그중 북태평양 환류에 형성된 '태평양 대쓰레기장(Great Pacific Garbage Patch, GPGP)'은 남한 면적의 16배에 달하는 규모로 확인되고 있다.[28] 이러한 플라스틱 폐기물은 해양을 통해 미세플라스틱으로 분해되어 해양 생태계는 물론 인류의 식탁과 건강에까지 직접적인 위협을 가하고 있으며, 이는 인류 전체가 직면하고 있는 현재진행형의 문제라 할 수 있다. 미국의 미생물학자 폴 에를리히(Paul Ehrlich)는 생태적 연결고리가 단절되어 일부 종이 멸종할 경우 연관된 생물종들의 연쇄적인 파괴가 발생할 수 있으며, 결국 인간 또한 지구상에서 사라질 수 있는 생물종 중 하나가 될 수 있다고 경고한 바 있다.[29]

환경위기시계는 일본의 공익재단법인 욱초자 재단(Asahi Glass Foundation)이 1992년부터 매년 실시하고 있는 지구환경 조사로서, 전 세계 학계, 시민 단체, 지방자치단체, 기업 등의 환경정책 전문가들을 대상으로 설문을 진행하여 지구환경 파괴 정도를 시계의 시간으로 환산해 발표하는 제도이다. 이 시계는 0－3시를 '양호', 3－6시를 '불안', 6－9시를 '심각', 9－12시를 '위험'으로 구분하며 시침이 12시에 가까워질수록 지구환경에 대한 위기감이 고조되고 있음을 의미한다. 2024년 기준 발표에 따르면, 전 세계 평균 환경위기시각은 9시 27분, 한국은 9시 11분으로 측정되고 있다.

이렇듯, 최근 기후 변화(Climate Change)는 인류의 생존을 위협하는 심각한 문제로 인식되고 있으며 이에 따라 국제사회는 다양한 협약과 대응전략을 통해 기후 위기에 적극적으로 대처하고 있다. 특히 2015년 제21차 기후변화협약 당사국총회(COP21)에서는 "파리협정(Paris Agreement)"이 채택되었으며, 이를 기점으로 국제사회는 각 회원국들이 구체적인 이행 방안을 지속적으로 실천하도록 독려하고 있다. 유엔(UN)은 2016년부터 2030년까지 적용되는 지속가능발전목표(Sustainable Development Goals, SDGs)를 발표하였으며 17개 주요 목표 중 하나로 '기후 변화 대응(Climate Action)'을 설정하고 이를 SDGs의 단일 목표(SDG 13번)로 제시하였다. 이는 기후 문제가 국제사회의 핵심 의제로 다뤄지고 있음을 시사한다. 세계가 이처럼 '신기후체제'하에서 지속 가능한 발전을 위한 공동 목표를 추구하고 있음에도 불구하고 산업혁명과 자본주의 확장 이후 오랜 시간 동안 양적 경제성장과 이윤추구를 중심으로 형성된 사회 구조는 단기간에 변화하기 어려운 실정이다. 이에 따라 이러한 구조적 변화에는 막대한 시간과 노력이 필요할 것으로 예측되며 이는 곧 인류가 감내해야 할 환경적 위협과 위험의 수위가 점차 증가하고 있음을 의미한다.

(2) 생명경시 - 도구로서의 몰락

생명은 그 자체로 고유하며 타인의 평가나 가치 판단에 따라 변하지 않는 불변의 가치를 지닌 존재이다. 임마누엘 칸트는 인간을 본능으로부터 자유로운 이성적 존재로 규정하고 바로 그 점에서 절대적 존엄성을 부여하였다. 인간은 단지 수단이 아닌 그 자체로 목적이 되는 존재이며, 이는 인간 존재의 절대적 가치에 근거한 것이라 할 수 있다.[30] 그러나 실존하는 목적으로서의 생명이 아닌, 어떤 목적을 위한 수단으로서 생명을 대하는 태도는 인간을 포함한 생태계 전체의 질서를 훼손하는 행위이다. 이러한 관점에서 인간의 이익과 무관하게 도덕적 지위를 지닌 존재들이 있다는 주장은 '종의 도덕적 지위(moral standing of species)' 개념[31]에 기반한 환경윤리의 확장을 요구하는 중요한 지점이기도 하다.

오늘날에는 만능물질주의적 세계관이 지배적이며 이는 물질을 가치의 중심이자 궁극적 목적으로 설정하고 생명과 인간을 물질을 위한 수단으로 전락시키는 '가치의 전도 현상'을 낳고 있다. 이러한 세계관 속에서 인간은 물질적 풍요를 추구하는 과정에서 오히려 삶의 중요한 가치를 희생하고 있으며 행복은 점점 더 주변으로 밀려나고 있다. 에드 디너(Ed Diener) 교수의 연구에 따르면, 사회적 관계, 배움의 즐거움, 삶의 목적, 일상의 긍정적 태도 등은 인간의 행복을 구성하는 핵심 요소[e][32]이나 한국 사회는 물질주의적 가치관으로 인해 이러한 요소들이 소외되고 있는 현실이다. 물질이 목적이 되고 생명이 수단이 되는 사회에서는 인간의 존재 의미조차 물질에 대한 기여도로 판단되

---

e) 2010년 에드 디너 교수의 인터뷰 내용 중에서 발췌하였다.

는 아이러니한 구조가 반복되고 있다. 이는 결국 인간이 물질을 위해 자신의 영혼을 희생하는 불의한 상황을 만들어낸다. 2019년 한국영화 〈기생충(Parasite)〉은 이러한 현실을 은유적으로 표현하며 전 세계인의 공감을 얻었다. 이 영화는 물질적 불평등이 만들어낸 사회 양극화를 지하, 반지하, 지상이라는 공간의 층위로 시각화하였고 기생충이라는 메타포를 통해 생명성마저 철저히 무시당하는 인간 사회의 민낯을 적나라하게 보여주었다. 이러한 영화 내용에 세계가 열광한 이유는 계급으로 인간의 가치가 결정되는, 그 속에서 인간의 존엄과 본연의 인간성이 상실되어 버린 오늘날 인류사회의 문제에 모두 공감했기 때문일 것이다.

첨단기술의 발전속도처럼 가속화된 오늘날의 일상 전반은 무한경쟁을 유발하고 그 경쟁체제에서 버티지 못하고 도태되어버리면 실패한 삶으로 치부하는 등의 지속적이고 다양한 '폭력(물리적/구조적/문화적)의 상태'에 인류는 노출되어 있다. 이러한 폭력에 익숙해진 인간은 자연환경의 파괴는 물론이고 타인과 자신에 대한 생명 경외감조차 상실하게 되며 생명을 가볍게 여기고 쉽게 해치는 생명경시의 풍조가 만연하게 된다. 특히 한국 사회는 이러한 생명경시 현상이 언어문화 속에서도 드러나고 있다. '이생망(이번 생은 망했다)', '자살각(자살할 만큼 나쁘다)', '인생 리셋', '로그아웃' 등의 신조어는 젊은 세대 사이에서 자조 섞인 표현으로 일상화되어 있으며 이는 생명에 대한 절망과 냉소가 얼마나 깊이 스며들었는지를 보여주는 지표이다. 이러한 생명경시의 가장 극단적인 형태는 자기 생명의 소멸, 즉 자살로 나타나고 있다. 대한민국은 오랫동안 자살률 세계 1위를 기록해 왔으며, 2023년 기준 인구 10만 명당 자살률은 27.3명으로 OECD 평균인 11.1명의 두 배를 넘는 수치이다.[33] 이러한 불명예스러운 1위 자리가 2004년 이후 지속되고 있다는 점에서 이를 단순히 개인의 문제로 치부할 것이 아니라 생명의 가치를 사회적으로 재조명하고 근본적 해결책을 모색해야 할 중대한 사회적 과제임을 시사한다. 에밀 뒤르켐(Émile Durkheim)이 말한 바와 같이, "모든 자살은 사회적 타살"[34]이기 때문이다.

(3) 공존의 부정

모든 생명체는 저마다 공존을 위한 간격, 즉 '선을 지키는 질서'를 지니고 있다. 이러한 간격과 선이 제대로 지켜질 때, 상호 간의 신뢰가 형성되며 생명체는 보다 건강하고 오래도록 다양한 형태의 공생(상리공생, 편리공생, 편해공생 등)을 지속할 수 있다.[35] 반대로, 이러한 질서가 무너질 경우 생태계는 경쟁적 배제(competitive exclusion)의 원리가 작동하게 된다. 이는 경쟁에서 우위를 점한 종이 다른 종보다 더 빠르게 번식하면서, 결국 열세인 종은 해당 지역에서 사라지거나 생존 자체가 불가능해지는 현상이다. 이는 생태계의 일원인 인간에게도 적용되는 원리이며 이러한 생태계의 상호의존관계를 제대로 이해한다면 인간이 경험하게 되는 다양한 갈등을 평화적으로 해결하고 공존의 방안을 찾을 수 있을 것이다. 그러나 현실 속 인간은 지나친 욕망과 물질적 과욕으로 다른 종의 영역을 침범하고 생태계를 교란하며, 이는 철저히 약자의 소멸로 이어지고 생태계 공존 시스템의 붕괴를 초래하고 있다. '개발정책'이라는 이름 아래 세계 곳곳에서 생태계는 무분별하게 훼손되고 파괴되고 있다. 세계자연보호기금(WWF)과 런던동물학회(ZSL)이 발표한 최근 보고서에 따르면, 1970년부터 2014년까지 40여 년 동안 숲에 서식하던 야생동물의 개체 수는 절반 이상(53%) 감소했다.[36]

이처럼 자신이 생태계의 절대적 강자라고 착각한 인간의 파괴적 행위는 최근 수십 년 동안 새로운 질병 발생의 주요 원인이 되었다. 야생동물을 추적하고 포획하는 능력이 향상되고, 인간과 동물 간 접근성이 높아짐에 따라 인간은 돈이 되는 야생동물을 쫓아 그들의 서식지를 점점 더 깊이 침범하고 있다. 그 결과 동물만을 숙주로 삼았던 바이러스들이 인간에게 전파되어 치명적인 인수공통감염병이 발생하게 되었다. 2003년 박쥐와 사향 고양이 등이 매개인 중증급성호흡기증후군(Severe Acute Respiratory Syndrome, SARS; 사스), 2015년 낙타 매개의 중동호흡기증후군(Middle East Respiratory Syndrome Coronavirus, MERS; 메르스), 2019년 천산갑 또는 박쥐가 매개인 코로나바이러스감염증(Coronavirus Disease－19, COVID－19)[f]에 이르기까지 바이러스는 동물에서 사람으로 전이되어 복제와 증식을 반복해 왔다. 이처럼 동물을 매개로 한 전염병은 점점 짧은 주기로, 더욱 빈번히 발생하고 있으며 인류는 생명을 위협하는 연쇄적 파괴와 극한의 공포를 자주 경험하고 있다. 일반적으로 바이러스가 종(species) 간 장벽을 넘기 위해서는 장시간의 접촉과 다량의 바이러스 노출이 필요하지만, 오늘날의 급속한 사회·환경적 변화는 이 장벽을 무너뜨릴 충분한 조건을 제공하고 있다. 현재 약 300여 종의 인수공통감염병이 알려져 있으며, 이 중 약 120종이 인간 건강과 밀접하게 관련되어 있고 약 60종은 예방과 관리가 특히 필요하다.[37]

또한, 오늘날 생명의 지속성 자발적이기보다는 강제적인 조건 속

---

f) COVID－19를 일으키는 바이러스 숙주에 대해서는 아직 정확한 규명이 이루어지지 않았다. 다만, 질병의 발원지로 추정되는 중국에서 발표되는 다수의 논문과 세계 연구진들에 따르면 코로나19 바이러스의 자연 숙주는 천산갑 또는 박쥐일 가능성이 크다고 보고되고 있다.

에 놓여 있다. 생명의 가치가 철저한 기능주의적 관점에서 판단되고 돈으로 사고팔 수 있는 것으로 전락한 사회에서 인간은 '획일화되지 않으면 도태되는' 생존지향적 태도를 갖지 않으면 안 되는 상황에 놓여 있다. 그 결과, 오직 자신에게 익숙한 것만 상대하며 살아가는 비정상적 사회 구조가 형성되고 있으며 이는 인간성을 상실한 모습으로 인간을 변화시키고 있다. 이것은 공존과 공생을 위한 기본적인 생태적 연결망의 단절로 이어진다. 대표적인 예로, 물리적으로 가까운 타자와의 공동체 의식보다, 오히려 비슷한 경제 수준의 타 국가 도시 사람들과 공동체를 이루는 현상이 상위계층을 중심으로 두드러지고 있다. 그 결과, 나와 가까운 공간 속에 존재하는 타인의 고통에 대해서는 오히려 나와는 아무 상관없는 일로 치부해버리는 또 하나의 폭력이 매일 반복되는 것이다. 더 나아가, 오늘날 우리는 타인의 고통과 비극을 마치 외설적인 흥밋거리처럼 소비하며 점차 무감각해지는 현상을 쉽게 경험한다. 중요한 점은 오늘날 개인의 고통이 사회적, 세계적 고통과 명확히 구분되지 않는 시대가 도래했다는 것이다. 다시 말해, 수잔 손택(Susan Sontag)의 말처럼 우리는 타인의 고통을 멀리서 연민하기보다는, 우리가 누리는 어떤 특권이 누군가의 고통과 연결되어 있을 수 있다는 사실을 숙고해야만 하는 구조 속에서 살아가고 있다.[38)]

파괴된 공동체 의식은 불평등, 빈곤 등과 같은 사회·구조적 문제의 가속화와 더불어 미래의 삶에 대한 일말의 희망조차 꺾어버리는 부정적 영향을 생산한다. 공동체 의식의 핵심은 '공동체에의 안정적인 소속'인데,[39)] 지속적인 사회·구조적 폭력에 노출된 사람들은 자신을 결코 공동체에 포함되지 못하는 집단이라 여기며 좌절된 소속감에 휩싸이게 되기 쉽다. 그리고 고통받는 사람들의 아픔에 공감하지 못하는, 고통에 대한 민감성이 결여된 공동체는 결국 구성원 누구도 예외 없이 소멸로 향할 수밖에 없다는 사실을 자각해야 한다. 함께 살아가는 공동체성을 회복하는 일이 곧 생명력의 지속 가능성을 의미하기 때문이다.

(4) 미래 지향성의 부정

생명은 자연선택을 통해 과거와 미래를 담아내는 자손을 번식시킴으로써 영속성을 유지한다. 그러나 생존이 위협받는 상황에서는 유전적 보존과 복제의 본능이 일시적으로 억제되고, 그 대신 자신을 보호하고 경쟁력을 높이는 방향으로 진화 전략이 전환된다. 이러한 전략은 더 유리한 시점에 번식을 가능하게 하기 위한 생존 방편이다. 다시 말해, 생명은 어떻게 살아남을 것인지, 어떤 선택이 옳은 것인지에 대한 해답을 끊임없이 찾아 나간다. 특히 인간은 수많은 생명체 중에서도 번식률을 스스로 결정할 수 있는 존재이다. 하지만 극단적인 갈등이나 폭력적인 상황에 노출될 경우, 여성에게서는 이차성 무월경(한 번 시작된 생리가 신체적 또는 정신적 충격으로 인해 3개월 이상 중단되는 현상)과 같은 생리적 변화가 나타나기도 한다. 이는 번식기능보다는 생존을 위한 신체 보존 기능이 우선적으로 작동하게 되는 사례다. 이러한 현상이 최근 20~30대 여성에게서 점차 흔히 나타나고 있다는 점에 주목해야 한다.[40)]

그뿐만 아니라, 전 세계적으로 확산되고 있는 초저출산 현상은 오늘날 사회가 전쟁 상황 못지않은 재난적 스트레스를 가하고 있음을 단적으로 보여주는 지표이기도 하다. 예컨대 2024년 한국의 합계 출산율은 0.75로 OECD 평균인 1.51의 절반에도 미치지 못하는 수치이다. 이는 가임기 여성(15~49세)이 평생 낳을 것으로 예상되는 평균 출생아 수가 한 명에도 못 미친다는 의미다.[41] 이러한 저출산 현상은 비단 한국만의 문제가 아니다. 세계적으로도 출산율은 '세계출산위기(Global Fertility Crisis)'라 불릴 만큼 급격히 감소하고 있다. 1950년에는 가임여성 1인당 평균 4.7명을 출산했으나, 2017년에는 그 수치가 거의 절반 수준인 2.4명으로 줄어들었다.[42] 이처럼 과도한 경쟁과 불안정한 사회구조 속에서 안정감을 확보하지 못하는 공동체는 결국 인류의 미래 지속 가능성을 위협하는 주요 요인이 된다. 과거보다 훨씬 복잡하고 불확실해진 오늘날의 사회에서, 특히 젊은 세대는 커다란 좌절감을 겪고 있으며 이는 결국 '현재를 소비하며 순간을 즐기자'는 욜로(You Only Live Once, YOLO) 문화의 등장으로 이어졌다. 하지만 우리는 알고 있다. 욜로 세대가 지향하는 낭만적 삶은 자기 주도적인 삶을 추구하는 긍정적 흐름이면서도, 동시에 불안정한 현실과 불확실한 미래로부터의 도피라는 이중적 의미를 지니고 있다는 사실을 말이다. 모든 생명은 살아있는 순간에야 비로소 미래를 지닐 수 있다. 그리고 미래에 대한 불안감조차도 꿈꾸는 존재에게는 희망이 될 수 있음을 우리는 잊지 말아야 한다.

3 인간 생명과 사회적 삶

(1) 생명정치(biopolitics)

앞에서 살펴본 바와 같이, 자연 생태계에서 생명체의 탄생과 소멸은 냉혹한 자연의 숙명이자 생태계 내에서 순환적으로 이루어지는 필연적인 현상이다. 인간의 생명 또한 그 안에서 유한한 존재이지만,

근대에 이르러 이러한 자연적 한계를 극복하고 죽음의 공포를 통제하고자 하는 시도와 함께 생명 그 자체를 관리와 통치의 대상으로 삼는 새로운 권력 개념이 등장하였다. 이는 생명이 단순한 생물학적 차원을 넘어 사회적 실체로 의미가 확장되는 계기가 되었다. 미셸 푸코(Foucault, 1974; 1976)는 근대 이전의 권력을 '죽이거나 살게 놔두는' 방식의 주권 권력(sovereign power)으로 개념화하였으며, 이는 군주가 신민의 생사여탈권을 행사하던 권력이었다. 그러나 근대에 들어 권력은 생명 그 자체를 직접적인 통치 대상이자 목적 대상으로 삼는 '살리거나 죽게 내버려 두는' 생명 권력(biopower)으로 전환되었다. 푸코는 이러한 생명 권력의 양태를 크게 두 가지로 구분하는데 하나는 17세기부터 시작된 '개별 신체의 훈육(discipline)'이며, 다른 하나는 18세기 후반부터 본격화된 '인구의 조절과 통제'이다. 훈육 기술은 군대, 감옥, 병원, 학교 등의 제도 내에서 발전하였고, 인구 조절은 국가에 의해 조직적으로 시행되었다.[43] 18세기 유럽을 덮친 전염병, 질병, 기근 등의 형태를 띤 생물학적인 요인이 생명에 대한 정치적인 통제를 뒷받침해주는 역할이 되었다.[44] 이때 인구(population)의 개념이 새롭게 등장하는데, 이는 개인의 독립적이고 생물학적인 신체인 종(species)적 생명뿐만 아니라 그 자체의 과정과 현상(출생률과 사망률, 건강 상태, 수명, 부의 생산과 유통 등)을 포괄하는 '사회적 신체'를 뜻한다.[45]

이러한 '인구'의 생명과 안전을 유지·관리하기 위해 권력은 생명정치적 통치술을 활용하며 조절과 개입의 기술을 통해 사회를 통제한다. 푸코는 이러한 통치 메커니즘의 대표적 도식으로 영국 철학자 제레미 벤담(Jeremy Bentham)이 고안한 '파놉티콘(Panopticon)'을 제시한다.[46] 파놉티콘(panopticon)이란 그리스어로 '모두'를 뜻하는 'pan'과

'보다'를 뜻하는 'opticon'을 합성한 것으로 '모든 것을 다 본다'는 뜻이다. 중앙에 원형의 감시탑을 세우고 그 주위에 원형으로 수용자들을 머물게 하는 구조의 감옥으로 감시자의 존재 여부를 확인할 수 없는 수용자는 항상 감시받고 있다는 의식을 가지게 되고 이로 인해 감시의 효과를 지속적으로 유지시킬 수 있다. 푸코는 파놉티콘이 감옥에만 국한되지 않으며 군대, 병원, 학교, 정신병원 등 다양한 제도와 구조 속에서도 유사한 방식으로 작동한다고 보았다. 이는 개인에 대한 권력의 통제 기술이 근대적 규율사회를 구성하는 기반이 되었음을 의미한다.[47] 이후 푸코는 규율 권력과 대비되는 또 다른 통치 형태로 '안전장치(security apparatuses)'를 제시한다. 안전장치는 모든 것을 금지하거나 통제하려는 기존 권력 방식과 달리 통계와 수치화를 통해 사회를 일정한 위험 허용 수준 내에서 관리하고 유지하려는 권력 기술이다.

이러한 관점에서 보면, 생명권력은 안전장치와 밀접하게 연계되어 있으며, 생명권력이 작동하기 위해서는 사회를 '안전하게 만드는 기술'이 필수적임을 알 수 있다.[48] 19세기 산업혁명 이후 도시화가 급격히 진행되면서 무역과 교역이 활발해지고 대규모 인구가 도시에 집중되었다. 이로 인해 치안, 위생 등 다양한 사회적 위험요소가 부각되자 확률과 위험을 다루는 인구통계학이 발달하게 되었다.[49] 푸코는 이러한 현상을 생명정치와 자본주의 발전의 상호작용 속에서 이해한다. 자본주의 사회에서 인간은 노동력이라는 자원으로 기능하기 때문에 그들을 질병, 범죄, 사고 등으로부터 보호하고 안정적인 상태로 유지하는 것이 국가의 주요 과제가 되었다. 따라서 생명을 보호하고 관리하는 국가의 내치(governance) 역할이 필수적인 통치 전략으로 부상하게 된 것이다.[50]

(2) 생명 정치의 발전

오늘날 의과학기술의 발전은 인구와 같은 집합적인 생물학적 종에서부터 유전자와 분자 수준을 포괄 관리하는 기술에까지 이르렀다.[51] 이로 인해 권력자가 아닌 환자 또는 일반 시민이 생명정치의 주체로 등장하는 새로운 현상들이 여러 이론을 통해 설명되기 시작하였다.

푸코가 근대의 권력이 생명을 관리하기 시작했다고 보는 반면, 아감벤(Agamben)은 그러한 생명 권력이 고대 그리스부터 현대까지 존재한 모든 형태의 권력에 숨겨진 의미로써 서양의 근본적인 정치구조로 이해하고자 하였다.[52] 아감벤은 비오스와 같은 정치적–법적 공동체에서 추방되고 배제된 채 자연적(physical) 존재, 조에(zoe)로 격하된 벌거벗은 생명인 '호모 사케르'(Homo Sacer)의 존재를 통해 인간을 생물학적 통제의 대상으로 보는 생명 정치야말로 권력의 본질이라는 비판적 통찰을 주장하였다. 이는 인간 존재의 삶과 죽음을 주권적 결정의 대상으로 만드는 정치체의 견고한 토대가 되었다는 주장이며[53] 아감벤은 이를 통해 학계의 주목을 받게 된다. 그에 따르면 생명의 정치 대상화가 극단적 형태로 나타난 예가 20세기 나치의 홀로코스트(Holocaust) 수용소이며 그 속에서 벌거벗은 생명의 가장 극단적 예로 무젤만(Muselmann)[g][54]을 제시하였다. 또한, 그는 '예외상태'(State of Exception) — 단순히 법으로부터 배제되어있는 것이 아니라 배제된 채

---

g) 프리모 레비(Primo Levi)에 따르면 무젤만(Muselmann)은 수용소 수감자들 사이에서 사용되던 은어로 일반적으로 수용소 안에서 극심한 영양실조로 인해 인간이라고 부르기 힘든 만큼 죽음이 몸에 드리운 부적응자들을 지칭한다.

법에 포함되어 내부와 외부의 구분이 불명확해지는 비식별 영역에서 주권자의 폭력에 무방비로 노출되는 상태 — 에서의 모순적인 존재들에게 가해지던 것이 근대에 들어서는 사회구성원 전체를 포괄하면서 하나의 규칙이 되어버렸다는 것을 강조하였다.[55] 한편 마이클 하트(Michael Hardt)와 안토니오 네그리(Antonio Negri)는 공저 『제국』(2000)과 『다중』(2004)에서 푸코의 이론을 확장하여, 생명정치는 규율과 예외의 중첩을 넘어서 자본주의가 도달한 새로운 단계라 보았다. 이 단계에서는 경제와 정치, 생산과 재생산의 경계가 해체되며 다중(multitude)은 기존의 주권 구조에 저항하고 대안을 생성하는 주체로 등장한다. 폴 래비노우(Paul Rabinow)는 1992년 '생명 사회성(biosociality)' 이론을 제안하여 생물학(biology)과 사회성(sociality)이 상호 구성되는 새로운 인간의 정체성과 사회 질서를 설명하고자 했다. 이는 자연(생물학적 정보)과 문화(사회적 의미)가 이분법적 관계가 아니라 상호작용을 통해 융합되는 방식으로 이해될 수 있다.[56] 최근에는 니콜라스 로즈(Nikolas Rose)가 '생물학적 시민권(biological citizenship)' 개념을 통해 생명 정치의 담론을 한층 더 확장시켰다. 그는 생의학, 생명공학, 유전체학의 발전이 시민 개개인이 자신의 건강과 생물학적 상태를 스스로 관리하고 책임지는 '능동적 시민권(active citizenship)'을 요구한다고 주장하였다. 이러한 관점에서 시민은 단순한 통치의 객체가 아닌, 자신의 생명을 관리하는 주체로서 새롭게 위치 지어진다. 이처럼 생명 권력과 생명 정치의 개념은 다양한 이론적 시도와 해석을 통해 끊임없이 확장되고 있으며 현대사회에서 생명과 권력의 관계를 재구성하는 중심적인 프레임으로 자리 잡고 있다.

이렇듯 오늘날 전 지구적으로 발생하고 있는 '권리로부터의 배제'

문제는 특히 생명 정치의 프레임에서 볼 때, 관리되고 통제되는 체제 내부가 아닌 난민, 이주민, 소수자 등 외부의 존재들이 차별과 배제의 대상으로 전락하면서 권리를 가질 권리마저 박탈당하는 생명 정치의 이면을 드러낸다. 이들은 체제 안의 시민들과 철저히 분리된 존재로 간주되며 정치적·사회적 보호에서 배제된 상태로 남겨진다. 푸코가 지적했듯이, 생명과 안전에 대한 권력은 단지 인구를 조절하려는 국가의 내치 장치로만 작동하는 것이 아니라 피통치자의 권리를 고통과 위험으로부터 보호하기 위한 수단이기도 하다.[57] 이러한 맥락에서 '생명을 살리는' 방식으로 작동하는 권력의 조절 기능은 오늘날 '인간 안보(Human Security)' 개념과 밀접하게 연결된다. 인간 안보는 1994년 국제연합개발계획(UNDP)이 제안한 새로운 안보 패러다임으로 기존의 국가 중심적이고 군사적 위협 제거에 중점을 두던 전통적 안보 개념에서 탈피하여 인간 개인의 안정과 존엄, 그리고 삶의 질을 중심에 두는 방식으로 전환되었다. 인간 안보는 국가의 이익보다 개인과 인류의 삶을 우선시하는 철학에 기반하며 핵심가치로서 '인권의 존중'을 내세운다.

보편적 인권의 개념은 20세기 초반의 대규모 살육과 야만의 경험 속에서 등장하였다. 이는 나치즘의 재발 방지와 전후 세계 재건을 위한 핵심적 원칙으로 자리 잡았으며 이러한 흐름은 1945년 국제연합(United Nations, UN)의 공식 설립과 1948년 UN 총회를 통한 『세계인권선언(Universal Declaration of Human Rights)』 선포로 이어졌다. 이후 '인권'은 모든 인류가 공동으로 추구해야 할 보편적 기준으로 자리매김하였다. 더불어 국제사회는 인종 차별 철폐(1965), 여성의 권리(1979), 고문 방지(1984), 아동의 권리 보장(1989) 등 다양한 아젠다에 따라 국제 협약을 체결하며 인권 의제를 지속적으로 확장해 왔다. 이와 같은 흐름은 인간 개인을 생명 정치의 주변부에서 중심으로 재배치하고 생명과 권리가 보장받는 새로운 형태의 정치적 질서를 구성하려는 시도로 볼 수 있다.

한편, 지속되는 갈등과 폭력의 상황 속에서 인권조차 사치가 되어버린 경계 지대에서는, '인권조차 가질 수 없는 사람들'의 죽음이 반복되었다. 이와 같은 비인간적 상황은 이들의 생명과 권리를 보호하기 위한 '인도주의적 개입(Humanitarian Intervention)'의 필요성을 촉발시키는 계기가 되었다. 특히, 인간의 생명과 직접적으로 연결된 '건강할 권리(Right to Health)'에 대한 국제적 관심이 집중되기 시작하였다. 제1차 및 제2차 세계대전을 통해 발생한 대규모의 환자들과, 같은 시기 전 세계적으로 확산된 다양한 전염병들 — 1918년 스페인 독감으로 인한 약 4천만 명의 사망, 그리고 이후의 발진티푸스, 장티푸스, 말라리아, 콜레라, 황열 등 — 은 '보건'의 문제가 단지 의료적 차원에 머무는 것이 아니라 인간의 생명과 직결된 본질적인 문제임을 세계가 인식하게 만들었다. 이에 따라 1946년 세계보건기구(World Health Organization, WHO)의 설립이 제안되었고 1948년 4월 7일, 감염병 대응 및 공공 보건체계 강화를 위해 WHO가 공식 설립되었다. WHO 헌장 전문에는 '평화와 안전보장을 위해서는 인간의 양호한 건강 상태는 기본'이라고 명시하고 있으며 이는 인간이 누려야 할 기본권의 하나인 건강권을 강조하는 것이다. 건강권의 정의는 다음과 같다.

> "인류의 행복, 조화로운 관계 및 안전을 이루는 데 필요한 원칙으로서 모든 인류가 '인종, 종교, 정치적 신념, 경제적 혹은 사회적 조건에 의한 제약 없이 달성 가능한 최고 수준의 건강을 누릴 권리이다."(The enjoyment of the highest attainable standard of

health is one of the fundamental rights of every human being without distinction of race, religion, political belief, economic or social condition. The health of all peoples is fundamental to the attainment of peace and security and is dependent upon the fullest co-operation of individuals and States.)[58]

이처럼 건강권은 단순한 복지의 차원을 넘어 인류 보편의 권리이자, 국제 평화와 안보를 위한 핵심 기반으로 이해되기 시작했다. 결국, 인간 개체의 평화는 자연 상태에 머무는 것이 아니라 사회계약을 통해 안전을 보장받으며 사회적 삶으로 진입하는 데에서 비롯된다. 여기서 주목할 점은, 보편적 인권의 기반이 '사회적 정체성'이나 '정치적 소속'이 아닌 생물학적 존재로서의 '생명 그 자체'라는 공통의 분모를 갖는다는 것이다. 이는 인간 생명의 절대적 가치가 얼마나 소중한지를 다시금 일깨워준다. 생명의 존엄은 인류가 공유해야 할 가장 근본적인 권리이며 이는 건강, 안전, 인간다운 삶에 대한 권리를 포함하는 보다 확장된 생명정치의 핵심을 형성한다.

(3) 생명 권력과 보건의료

생명 권력은 국가 체제 내에서 '공중보건'(public health)을 통해 가장 뚜렷하게 드러난다. 조직적인 지역사회의 노력을 통하여 질병을 예방하고, 수명을 연장하며, 건강을 증진 시키는 기술과 과학을 뜻한다.[59] 세계보건기구(WHO)는 건강을 단순히 질병이 없는 상태로 한정하지 않고, '신체적, 정신적, 사회적으로 완전한 안녕(well-being)의 상태'로 정의한다. 이러한 관점에서 볼 때, 공중보건은 건강의 개념을 보다 포괄적으로 다루고 있음을 알 수 있다. 즉, 공중보건은 개인의 생명과 직접적으로 연관된 신체적 상태뿐 아니라, 인구 집단의 안녕이라는 사회적 맥락 속에서 인간의 근본적인 권리 중 하나인 건강을 보장하기 위한 제도적 실천이라고 할 수 있다.

19세기 영국을 비롯한 유럽에서 창궐한 콜레라의 경험은 국가 보건체계의 형성과 발전에 결정적인 계기를 제공했다.[60] 콜레라는 공공위생의 중요성을 전면에 부각시켰으며 이를 계기로 공중보건의 제도적 기반이 마련되기 시작했다. 1851년, 프랑스를 중심으로 콜레라와 같은 전염병의 국제적 확산에 대한 경각심이 높아지면서 제1차 국제위생회의(International Sanitary Conference)가 개최되었다. 이 회의는 단순한 격리나 검역에 머물렀던 기존 방식에서 벗어나, 전염병 유행에 대처하기 위해 국가 간 긴밀한 협력이 필요하다는 인식을 공유한 첫 사례로 평가된다. 이는 오늘날의 국제보건규칙(International Health Regulation, IHR)으로 발전하게 되는 국제위생협정(International Sanitary Convention)의 전신으로 1892년에는 공중보건과 관련된 최초의 국제조약이 체결되기에 이른다. 초기 공중보건의 토대는 공중위생의 체계화와 법제화에서 비롯되었다. 자본주의화를 선도한 18세기 초 영국은 인구 관리와 인적 자원의 보호를 위한 법적 장치를 마련하면서 근대 방역법 체계를 정비하였다. 이러한 제도는 자본주의 사회에서의 생명권력 장치로 작동하며 공중보건의 국가적 기능을 제도적으로 구현하는 출발점이 되었다.[61] 당시 도시환경과 위생조건의 개선은 단지 개인의 위생 수준을 향상시키는 데에 그치지 않고 노동자 계급의 노동력 유지와 생산성 제고라는 사회경제적 필요에 밀접하게 연관되어 있었다. 근대국가에서 개인의 건강은 독립적이고 자율적인 권리로 인정되기보다는 집단의 안전과 사회 전체의 안정을 위한 통치 기술의 일환으

로 기능했다.[62]

도시환경의 정비, 예컨대 도로변 청결 유지, 상하수도 및 수질 개선과 같은 위생 기반시설의 구축 이후, 공중보건은 의학기술의 발달(예방접종 등), 보험제도와 사회보장체계의 등장과 함께 그 영역을 점차 확장시켜 왔다. 오늘날에는 사회학적, 경제학적 관점이 더해지면서, 공중보건은 단순한 질병 예방을 넘어 인구 집단의 생명을 사회적 환경 속에서 최적화된 상태로 유지·관리하고자 하는 다학제적 접근의 산물이 되었다. 이러한 발전 속에서 국가는 공중보건이라는 명목하에 인구에 대한 통제, 전염병 환자의 격리, 광범위한 감시와 검역 등의 규율 행정을 정당화하며 실행해 왔다.[63] 이로써 공공의 건강을 보호한다는 명분 아래 개인에 대한 통제 역시 제도적으로 가능해졌으며, 이는 공중보건이 생명 권력의 장치로 기능하게 되는 지점을 보여준다. 공중보건은 더 이상 전염병과 환자의 개별적 관리에 국한되지 않고 인구 전체를 통치의 대상으로 삼는 생명 권력의 양면성을 띠게 되었다. 그러나 이 과정은 단순한 억압이 아닌 생명과 직결된 문제 앞에서 사회 질서의 유지와 안정화를 위한 불가피한 조치로 인식되며 시민들의 일정 수준의 공감을 얻는다. 그 결과, 생명을 통치하는 국가와 권력기관의 정당성은 상대적으로 쉽게 확보되고 권력의 작동 범위는 확대될 수 있었다. 이처럼 근대 이후 개인의 생명에 대한 권리는 보건의료체계를 통해 국가에 일정 부분 위임되었으며 국가는 생명을 정치적 질서 안에 포함시키는 새로운 통치 공간을 창출하게 되었다.

(4) 보건과 안보

생명 권력의 통제와 관리의 핵심 기능 중 하나인 '방역'(Quarantine)

(깨끗한 식수, 상하수도 시설 관리, 항생제/백신 개발 등)은 보건의료의 예방적 조치로써 시민들이 안전을 보장받고 질병의 공포로부터 보호될 수 있다는 신뢰를 제공하여 권력이 지닌 통제와 관리의 기능이 원활하게 이루어질 수 있도록 한다. 생명 권력의 통제 및 관리 기능의 핵심 중 하나인 '방역'은 단순한 질병 예방 조치를 넘어 국가권력의 정당성과 작동 메커니즘을 지탱하는 주요 수단으로 기능한다. 깨끗한 식수의 공급, 상하수도 시설의 관리, 항생제 및 백신 개발 등은 모두 보건의료 체계 내에서 이루어지는 예방적 조치로서 시민들에게 질병의 공포로부터 보호받고 있다는 신뢰를 제공한다. 이 신뢰는 국가권력이 수행하는 통제와 관리의 기능이 원활히 작동할 수 있도록 만드는 기반이 된다. 이러한 방역의 영역은 과거와 달리 단일국가 혹은 특정 지역에만 국한되지 않는다. 전염병의 세계화는 국가 간 경계를 무력화시키며 오늘날에는 '글로벌 방역 전선(global quarantine front)'의 형성이 생명 보존을 위한 필수 조건이 된 시대에 진입하였다. '팬데믹'(pandemic)은 그리스어 'pan'(모두)과 'demos'(사람들)에서 유래한 용어로, 인류 대부분이 면역력을 갖고 있지 않은 바이러스가 전 세계적으로 확산되는 현상을 의미한다. 이 단어가 암시하듯, 현대의 전염병은 특정 지역에서 머무르지 않고 대륙을 가로질러 빠르게 확산된다. 1948년 세계보건기구(WHO)가 설립된 이후 현재까지 총 세 번의 — 1968년 홍콩 독감(바이러스 H3N2), 2009년 신종 인플루엔자(바이러스 H1N1), 2019년 코로나19(바이러스 COVID-19) — 팬데믹 선언이 이루어졌다. 이들 팬데믹은 전 세계적으로 공중보건의 체계가 단순한 보건 정책을 넘어서 인구 전체를 대상으로 하는 생명 권력의 장치로 작동하게 되는 계기를 마련하였다.

1990년대에 접어들며, 전염병의 특성이 변화함에 따라 인류는 새로운 형태의 대응과 사전준비를 요구받게 되었다. 이로 인해 비전통적 안보 개념의 하나였던 '보건' 분야가 국가의 안전보장과 직결되는 주요 안보이슈로 부상하였다. 이러한 흐름 속에서 '보건안보'(Health Security)[h][64]라는 개념이 새롭게 등장하였다.[65][66] 이 같은 개념의 변화는 국제사회가 이제 더 이상 '보건'을 단순한 하위정치 이슈로 취급하지 않겠다는 의지를 명확히 드러낸 사례로 해석될 수 있다. 가장 큰 이유로는 신종 감염병의 발생 또는 기존 감염병의 재출현이 단순한 공중보건의 위기를 넘어서, 국가의 인적·사회적·경제적 기반에 심대한 손실을 야기하며 국가안보에 직접적인 위협이 될 수 있음을 경험했기 때문이다.[67] 결국, 보건의 문제는 인간 안보(Human Security)의 핵심 요소로 자리 잡았으며 이는 곧 국가안보 개념의 연장선상에서 인간 안보를 인식하는 국제적 공감대를 형성하게 했다. 다시 말해, 국가안보의 확립 없이는 인간 안보도 존재할 수 없으며 반대로 인간 개개인의 안전을 보장하지 못하는 국가안보는 불완전하다는 인식이 국제사회의 공통된 시선으로 자리 잡은 것이다.[68]

생명 정치가 21세기 각국의 이익 관계에서 가장 중요한 이슈로 주목받으면서[69] 보건안보는 초국적 생명정치 실현의 정점을 보여주고 있다. 이제 국제사회에서 공중보건은 단순한 의료적 관심사를 넘어 국가 간 밀접한 외교 및 정책 협력을 촉진하며 한 국가의 국내정책에까지 실질적인 변화를 초래할 수 있는 전략적 사안으로 자리 잡았다. 이

h) 보건안보는 집단보건안보(Collective health security)와 개인보건안보(Individual health security)로 구분되며 보편적 의미에서의 보건안보는 집단보건안보의 개념으로 이해된다. 하지만 최근 몇 년 동안 발생한 감염병 사건 및 바이오/생물테러 사건들을 계기로 개인보건안보에 더 많은 관심을 가지기 시작하였다.

에 따라 세계보건기구(WHO)는 신속한 감염병 보고체계 구축을 위하여 2005년 국제보건규칙(IHR)을 개정하여 세계적 공중보건비상사태(Public Health Emergency of International Concern, PHEIC) 상황 시 회원국들이 즉각 세계보건기구(WHO) 사무총장에게 보고할 수 있도록 체계를 단순화 및 강화하였다.[70] 회원국으로부터 취합된 정보를 토대로 비상사태를 선언하고 각 국가가 취해야 할 조치를 공유하도록 합의하며 시스템을 공고히 한 것이다. 그러나 IHR 2005는 여전히 국가 중심의 보건 거버넌스 체제를 전제로 하고 있어 글로벌 보건위기에 대한 초국가적 대응체계로서의 한계를 지닌다. 특히 2001년 9·11 테러는 보건 문제를 안보적 관점에서 재조명하게 만든 계기가 되었으며 이는 결국 2014년 미국을 주축으로 한 '글로벌 보건안보 구상'(Global Health Security Agenda, GHSA)[i]의 출범으로 이어졌다. 글로벌 보건안보 구상(GHSA)은 보건안보의 상위개념으로 해석되는 바이오안보(Biosecurity)[71]의 영역까지 폭넓게 포함하고 있으며, 국제보건규칙(IHR) 2005를 개별국가에 적용할 수 있는 실행 구조를 갖추었다는 측면에서 의미가 있다.[j][72] 한국 역시 GHSA 출범 이후 주요 선도국가(Steering Group)로서 적극적으로 참여하고 있으며 제2차 고위급 회의를 서울에서 개최하는 등 글로벌 보건안보 공조체계의 핵심적인 일원

---

i) GHSA는 세계 69개 국가 및 WHO, FAO(Food and Agriculture Organization, 식량농업기구), OIE(World Organization for Animal Health, 세계동물보건기구) 등 대표적인 보건 관련 국제기구가 참여하는 범 국제 공조체계로서 전염병 예방(prevent), 조기 탐지(detect), 신속·효과적 대응(respond)의 세 가지 행동계획(Action Package)의 영역, 각 분야에 해당되는 11개 세부 분야로 구성되어 있다.

j) 바이오안보(biosecurity)는 의도적 또는 우발적으로 살포되거나 자연적으로 발생하는 병원성 미생물이라는 구체적인 위협 요인에 관한 안보적 접근을 뜻한다. 바이오안보하에서 공중보건=국가안보를 위협하는 요소를 제거하기 위한 보건외교의 목적과 성격을 변화시킨다.

으로서 다양한 역할을 수행하고 있다.

전 세계적 노력과 기술 발전에도 불구하고 인류는 여전히 지속적으로 등장하는 새로운 감염병과의 싸움을 이어가고 있다. 일반적으로 효과적인 통치(governance) 체계와 안정적인 정치 시스템을 갖춘 국가들은 보건안보 역량을 종합적으로 평가하는 세계보건안보지수(Global Health Security Index)[k]에서 높은 점수를 기록하는 경향이 있다. 그러나 보건안보의 중추적인 주제[73]인 초국가적 위험 확산에 대한 '대응' 준비가 미비하거나 적절한 통치체제를 갖추지 못한 경우에는 보건의료체계의 건재함을 과시하던 국가에서도 전염성 질환의 유입과 확산에 매우 취약하다는 것이 코로나19 등의 신종 감염성 질환의 확산 사태에서 극명하게 드러나고 있다.[l][74] 이와 같은 국제적 경험은 보건안보의 본질이 단순히 의료적 인프라나 지표상의 수치가 아니라 대응 시스템의 유연성과 신뢰 기반의 사회적 역량에 달려 있음을 시사한다. 이러한 인식 속에서 유엔은 2020년 5월, 한국 정부의 제안을 수용하여 '보건안보 우호국 그룹'(UN Group of Friends of Solidarity for Global Health Security)을 공식 출범시켰다.[75] 이는 국제연합 내에서 보건안보를 중심으로 한 신뢰와 연대의 새로운 협력 플랫폼으로 기능하고 있다.

---

k) 미국 싱크탱크 '핵위협방지구상'(Nuclear Threat Initiative, NTI)와 존스 홉킨스 대학교 보건안보센터에서 매년 발표하고 있는 보고서로 질병에 대한 ① 예방, ② 감지와 보고, ③ 신속한 대응, ④ 보건시스템, ⑤ 국제적 규범 준수, ⑥ 위험 환경 등 한 나라의 보건안보 역량과 관련된 6개 분야, 34개 지표, 85개 세부지표, 140개 질문으로 구성된 점수를 종합하여 100점 만점으로 평가하고 있다.

l) 2019년 발표된 세계보건안보 지수에 따르면, 1,2위를 미국과 영국 한국은 9위, 중국은 51위, 그리고 대부분의 아프리카 국가들이 하위권을 차지하였다. 그러나 코로나19 팬데믹 대응에 있어 미국과 영국 정부는 가장 무능한 모습을 보였다. 반면, 메르스와 사스 등을 경험했던 중국, 한국, 싱가포르, 대만 등의 아시아 국가들은 신속하고, 효과적이며 종종 혁신적인 대응을 제공하였고 아프리카 국가들 역시 제한된 자원 내에서도 모방할 만한 조치를 취했다.

결과적으로 국제사회는 포스트 코로나(post-COVID-19) 시대를 맞아 '글로벌 보건 거버넌스'(Global Health Governance, GHG)의 재구축 필요성에 대한 공감대를 형성하고 있다. 이는 새로운 전염병뿐 아니라 생존권에 밀접하게 연관된 기후위기, 생물학적 재난, 디지털 위협 등 복합적 위험요소들이 보건안보 문제로 직접 연결될 가능성이 커졌기 때문이다. 이러한 배경 속에서 김상배(2016)는 국가 행위자뿐 아니라 민간기업, 시민사회, 지역 공동체, 국제기구와 같은 비국가 행위자, 나아가 컴퓨터 바이러스, 병원체, 원자력발전소와 같은 '비인간 행위자'까지 모두를 포괄하는 '신흥안보와 메타 거버넌스'의 필요성을 제기한다.[76] 따라서 우리는 새로운 안보 패러다임 속에서 다양한 행위자들이 공동으로 합의한 이슈별 '바이오 에티켓'(bio-ettiquette)을 구체적인 실행계획(action plan)과 함께 마련해야 하며, 위기대응을 위한 공동의 가치와 규범에 기반한 새로운 국제질서와 규범 체계(regime)를 병행하여 구축해 나가야 할 것이다.

4 평화롭게 함께 살기

평화로웠던 우리의 일상은 어느 날 바람처럼 불어온 신종 바이러스 하나로, 순식간에 생존을 위한 치열한 저항의 나날로 바뀌었다. 똑똑함을 자부하던 인간은 눈에 보이지도 않는 작은 바이러스 앞에서 삶의 전면적인 변화와 함께 인간 존재의 나약함과 한계를 절실히 경험하게 되었다. "인류에게 코로나19 발생 이전의 세상은 이제 다시 오지 않을 것"[m]이므로 우리는 이번 경험을 통해 무엇을 얻고, 무엇을 잃었

m) 2020년 4월 11일 코로나19 대응 정례 브리핑에서 권준욱 중앙방역대책본부 부

는지, 그리고 향후 해결해 나아가야 할 문제와 방향성은 어떤 것인지에 대해 고민하고 공유하며 미래사회에서 모든 생명이 평화롭게 공존할 수 있는 구체적인 방안을 모색해야 할 것이다. 이러한 맥락에서 코로나19가 우리에게 남긴 메시지를 교훈 삼아 면밀하게 분석하고 충분한 혁신의 노력을 기울여야 하며 그물망처럼 얽혀있는 우리 사회의 구조적 문제들에 대한 대책을 마련하고 역경과 고통의 순간에서도 생명을 지켜내고 인간다운 삶을 영위할 수 있는 지혜의 자세를 갖출 방안을 모색해야 할 것이다.

5 코로나19가 생명에게 남긴 메시지

(1) 선제 · 신속 · 정확한 통치/관리 기술의 필요

신종 바이러스인 코로나19의 확산 사태 속에서 우리는 전형적인 '생명정치'의 작동을 직접적으로 경험하였다. 대한민국 보건복지부와 각 지자체는 물론 20개국 이상에서 보고된 전 세계 사례들 역시 감염병 통제와 집단관리를 위해 강력한 통제전략을 시행하였다. 이들 전략에는 검역 강화, 유증상자의 자가격리 권고, 사회적 거리두기, 휴교령, GPS 기반 밀착 감시, 마스크 5부제와 같은 강제적 조치들이 포함되었다. 한국의 경우, 대응 초기에는 다소 혼선이 있었으나 2015년 메르스 사태 이후 강화된 전염병 대응 조직과 관련 지침이 기반이 되어 비교적 안정적으로 대응되었다는 평가를 받고 있다. 특히 '추적(trace)-검사

본부장의 메시지로 "거듭 말하지만 코로나19 발생 이전의 세상은 이제 다시 오지 않는다. 이제는 완전히 다른 세상"이라며 "생활 속에서 감염병 위험을 차단하고 예방하는 방역활동이 우리의 일상"이라고 강조했다.

(test)-치료(treat)'로 대표되는 이른바 '3T 전략'은 다른 나라에 비해 확진자 및 사망자 증가세를 완만하게 유지하는 데 기여한 것으로 평가되었다.77) 이러한 통제와 관리 과정에서 중앙방역대책본부는 환자의 이환율 및 사망률 등의 통계자료를 지속적으로 수집하고 이를 투명하게 공개하였다. 또한, 각 지자체는 관할 지역 내 확진자의 이동 동선을 방역 조치 이후 공개함으로써 시민들의 감염 예방 행동을 유도하였다.n)

한국과 달리, 초기 대응전략으로 '회피' 또는 '포기'를 택한 국가들도 있었다. 사태의 심각성을 축소하거나 검사를 소극적으로 실시하고 심지어 집단면역을 도입하려 했던 일부 국가들은 결국 신종감염병의 통제와 집단관리에 실패하며 '가래로 막을 것을 호미로 막는' 결과를 자초하고 말았다. 초기 코로나19 사태 당시, 세계 여러 나라는 자국 내 자유로운 이동뿐 아니라 국경과 교역까지 봉쇄하거나 차단하는 조치를 빈번히 시행하였다. 중국, 이탈리아, 스페인, 영국, 미국 등은 이동 제한령과 전례 없는 국가봉쇄 조치를 단행했으며 이를 위반할 경우 처벌 수위를 대폭 강화하는 등 개인의 자유를 제한하면서까지 인구집단을 보호하기 위한 통제전략을 선택했다. 이러한 생명에 대한 직접적인 위협뿐만 아니라, 전염병의 세계적 확산은 심각한 사회·경제적 충격으로도 이어졌다. 글로벌 경제 성장률의 하락, 항공 및 여행 산업

---

n) 한국은 2015년 메르스 사태 이후 의료진, 연구소, 정치인 등이 함께 수년간 신종전염병 대응 지침을 수립하였고 이것이 실제 코로나19와 같은 긴급상황에서 각자의 역할을 이행하는 데 명확한 가이드로 작동할 수 있었다. 메르스 사태 당시 경험했던 소통문제를 방지하기 위해 2017년 질병관리본부는 위기소통담당관실을 신설하고 '공중보건 위험소통 표준운영절차'(Standard Operating Procedure, SOP)를 발간하여 감염병 등 재해 예방을 위해 국민이 원하는 정보를 신속하고 투명하게 제공해야 한다는 내용을 담은 바 있다. 이뿐만 아니라 진단 네트워크(전국 633개 검진기관과 100여 연구소가 네트워크로 연결 및 작동)의 일원화로 중앙방역대책본부가 신속한 전체 컨트롤을 이행할 수 있게 시스템을 구축하였다.

의 붕괴 위기, 각국의 강화된 검역장벽으로 인한 식량 공급망 붕괴 가능성[78] 등은 인간의 삶 전반에 도미노처럼 연쇄적인 부정적 영향을 초래했다.

이렇듯 '살게 만들기'를 목표로 인구의 생명 활동에 개입하는 생명권력은 명확한 통치 전략과 정교한 관리 기술을 기반으로 작동해야 한다. 코로나19와 같은 전염병의 공격으로부터 인구집단의 생명을 보호하기 위해서는 사후적 치료 중심의 접근보다 사전에 철저히 준비된 예방적 개입이 절대적으로 요구된다. 즉, 선제적(preemptive)이고 신속(rapid)하며 정확(accurate)한 대응이 가능하도록 설계된 유연한 방역체계를 사전에 구축하고 이를 위기 상황에 즉시 가동할 수 있는 시스템이야말로 전염병 확산을 차단하는 핵심 요인임을 이번 팬데믹을 통해 전 인류가 공통의 교훈으로 인식하게 되었다. 이는 곧 새로운 형태의 '전시 상황적 결정 시스템'의 등장을 의미한다. 이처럼 빠른 의사결정 시스템이 중요한 또 하나의 이유는, 재난 상황에서 한 국가의 미온적 태도나 안일한 대응이 초국가적 사회에서는 단지 자국에만 국한되지 않고 타국의 생명과 사회 전반에도 심각하고 치명적인 위협을 초래할 수 있기 때문이다.

(2) 『1984』빅브라더와 불안 사회 공포에 대한 대응 준비

코로나19 대응 과정에서 많은 사람들은 조지 오웰의 소설 『1984』에 등장하는 정보 독점과 사회 통제를 떠올리며 오늘날 우리가 처한 현실에 대한 우려를 표하곤 한다. 치료법이 없던 당시 코로나19의 확산을 막기 위한 역학조사 과정에서는 감염자의 개인 정보가 다양한 스마트 정보기술 — 의료 데이터, 스마트폰 위치 추적, 신용카드 사용 내

역, CCTV 등 — 을 통해 전례 없이 정밀하게 파악되었다. 이로써 우리는 과거에는 상상하기 어려웠던 새로운 형태의 감시 체계를 경험하게 되었다. 또한, 감염 환자에게는 확진자 번호가 부여되며 생명은 이름이 아닌 숫자와 데이터로 관리되는 방식으로 다루어졌다. 이는 인간 생명이 점차 통계적·행정적 단위로 환원되는 사회의 도래를 상징한다. 오웰이 우려했던 '밀착 감시'는 이제 기술의 발전을 통해 훨씬 더 빠르고 손쉽게 그리고 삶의 편익이라는 명분 아래 시민들의 순응을 유도하는 방식으로 구현되고 있다. 실제로 중국의 사례를 보면, 인공지능(AI), 안면인식 기술, 5G 이동통신 등을 활용하여 시민들을 일거수일투족 감시하는 것은 이미 일상화되었으며 국가 신용정보공유 플랫폼 구축 등 첨단기술을 정보 감시와 정치적 통제 수단으로 사용하는데 대한 우려가 국제적으로 지속적으로 제기되어 왔다.

역사학자 유발 하라리(Yuval Harari)는 코로나19를 계기로 생명 정치적 활동 과정에서 불가피하게 발생할 수밖에 없는 시민 권리의 제한 문제를 '전체주의적 감시'와 '시민의 권한' 사이에서 선택을 요구받는 새로운 딜레마라고 지적한 바 있다.[79] 이렇듯 코로나 19 사태를 계기로 등장한 새로운 형태의 감시 체계는 다양한 분야에서 지속적으로 문제 제기되며 오늘날 반드시 고려해야 할 주요한 논쟁의 주제로 떠올랐다.[o][80][81] 따라서 포스트 코로나 사회가 전체주의적 감시체제가 지배

---

o) 코로나19 발생 초기, 프랑스 변호사 비르지니 프라델(Virginie Pradel)은 "코로나19와 확진자 동선추적: 개인의 자유를 희생시키지 말라"는 제목의 언론 기고문을 통해 한국과 대만의 경우 코로나19 대응과정에 있어 개인의 자유라는 측면에서 모범적인 모델이 아니라는 비판을 내놓으며 세간의 찬반논쟁이 뜨거워졌다. 또 다른 예로는 2014~2016년 에볼라 대유행으로 엄청난 피해를 경험했던 아프리카 지역에서 전염병의 재앙을 막아내기 위한 정부의 대응이 과도한 폭력을 수반한 극단적 긴급조치를 취하는 등 의료 목적을 위한 특정 수단의 감시 범위를

하는 '빅 브라더'의 세상이 될 수 있다는 우려를 결코 가볍게 여겨서는 안 된다. 다가오는 빅데이터 시대를 맞이하여, 데이터 활용의 투명성과 윤리성을 확보하기 위한 정책적 · 제도적 · 윤리적 기반 마련에 사회적 관심과 노력이 지금부터 선제적으로 이뤄져야 할 것이다.

그러나 희망적인 사실은, 코로나19 팬데믹 상황에서 비교적 성공적인 대응을 보인 일부 국가들(한국, 대만, 싱가포르 등)의 사례를 통해 전체주의적 디스토피아(dystopia)로의 전환이 아닌, 디지털 정보를 기반으로 개인의 건강과 안전을 효과적으로 보호할 수 있는 긍정적인 사회적 경험도 가능하다는 사실을 확인할 수 있었다는 것이다. 이들 국가에서는 위기 상황의 대응과정에서 과학적 자료와 정보의 투명성을 기반으로 한 정부의 신속한 조치, 시민들과의 상호 신뢰, 그리고 자발적인 시민 참여가 결합되면서 강압적 통제와 감시 중심의 정책보다 더욱 효과적인 공중보건 관리체계가 작동할 수 있었음을 보여주었다. 이는 디지털 감시기술 또한 민주적 통제 아래 활용될 수 있으며 기술 사용의 정당성과 사회적 수용성을 확보하는 방식으로 감염병 대응이 가능하다는 점에서 중요한 시사점을 제공한다. 다만, 향후에는 감염병 대응과정에서 수집된 방대한 개인 데이터를 어떻게 안전하고 윤리적으로 활용할 것인지에 대한 사회적 합의와 함께 이를 뒷받침할 법적 · 제도적 통제장치의 정비가 무엇보다도 시급한 과제로 남아있다.

또한, 역병의 시대 속에서 일상은 기약 없이 정지되었고 사회적 거리두기로 인한 고립감이 심화되면서 많은 사람은 불안과 우울감이

벗어난 공권력의 남용으로 치닫고 있어 국제적인 우려를 낳았다. 이러한 현상은 발생하는 이유는 충분한 의료시스템과 인프라를 갖추지 못한 환경에서 공권력이 이행할 수 있는 가장 간단하고 확실한 방법이기 때문이다.

급습하는 이른바 '코로나 블루(Corona Blue)'를 경험하였다.p)[82] 이는 매일 반복되는 재난문자 수신, 끊임없이 쏟아지는 감염병 현황정보, 침체된 사회·경제 분위기, 마스크·병상 등 의료자원의 부족, 감염 시 개인 정보의 공개에 대한 두려움q)[83] 등 복합적인 요인들이 사람들의 심리적 고통을 심화시켰기 때문이다. 이처럼 전염병 확산이 지속되면서 심리적 고통은 불안 사회에 대한 전반적 공포심으로 확장되었다. 이러한 공포는 곧 인간의 본능적인 '희생양 메커니즘'r)으로 작동하며, 경계 짓기, 비난 대상 찾기, 가짜뉴스 유포, 인종 차별 등 문제 해결에는 근본적으로 전혀 도움 되지 않는 감정적 소모들을 이어가게 만들고 혼란과 혐오의 악순환을 가중시키게 된다. 코로나19 사태 이후 서구 사회에서는 이러한 혐오와 배척의 경향이 두드러졌으며 특히 아시아인 전반에 대한 외국인 혐오(xenophobia)가 노골적으로 표출되기도 했다. 전염병으로 인한 공포는 우리 삶 속에서 억눌려 있던 불안의 가장 약한 지점을 자극했고, 결국 인류는 생존을 위한 회복력(resilience)에 대한 시험대에 오르게 된 것이다.s) 이러한 불안과 공포는 결코 개인의 힘만으로는 해결할 수 없으며, 신뢰를 기반으로 한 공동체적 대응이

---

p) 한국건강증진개발원이 전국 만 20세~65세 이하의 성인남녀 1,031명을 대상으로 진행한 조사결과에 따르면, 전체 응답자의 40.7%가 코로나블루를 경험했다고 응답했다.

q) 서울대 보건대학원 유명순 교수팀이 진행한 설문조사 결과에 따르면, 코로나의 상황별 두려움을 느끼는 정도는 '내가 확진자가 됐을 때 주변으로부터 비난, 추가 피해를 받는 것이 두렵다'(평균 3.52점)는 응답이 가장 높았으며 이는 그 뒤를 이은 '무증상 감염되는 것'(평균 3.17점) 등 감염에 대한 공포보다도 높은 수치이다.

r) 르네 지라르가 『희생양』(1998)을 통해 주장한 '희생양 메커니즘'은 무고한 희생양에 대한 집단적인 폭력이 과거부터 내려온, 사회를 유지하고 문화를 만드는 메커니즘이였다고 설명한다.

s) 유엔 인권최고대표 미첼 바첼레트(Verónica Michelle Bachelet Jeria)가 2020년 2월 27일 스위스 제네바 인권이사회에서 한 발언의 일부이다.

필수적이다. 좁게는 가족 공동체, 넓게는 인류 전체가 '재난 공동체'가 되어야 하며 급변하는 세계 속에서 서로를 지지하고 돌보며 "모두 함께 살아내기" 위한 연대의 노력이 절실하다. 코로나19라는 죽음의 공포 앞에서도 발휘된 시민들의 자발적인 통제력, 성숙한 공동체 의식과 참여는 인류가 얼마나 강인한 존재인지를 다시금 확인시켜주는 희망의 증거이기도 하다. 나아가, 극단적 불안과 공포를 이겨내는 것이 결코 불가능한 일이 아님을 우리 모두는 직접 체험하였다.

(3) 초국적 생명 정치와 리더십의 확장

인류는 신종 전염병뿐만 아니라, 질병의 위험이 다양한 형태로 확산되는 오늘날의 상황을 경험하면서 더 이상 한 국가의 차원을 넘어서는 생명 정치의 필요성을 실감하게 되었다. 이는 곧 전 지구적 보편위협에 효과적으로 대응하기 위한 '지구화된 생명 정치(global biopolitics)' 또는 '초국가적 생명 정치(transnational biopolitics)'의 개념을 새롭게 인식하게 만들었다. 21세기 인류는 '초연결 세계(hyper-connected world)'로 진입하였다. 이는 인간과 사물, 정보와 시스템이 경계를 넘어 실시간으로 연결되고 그 연결 자체가 새로운 가치를 창출하는 시대가 도래했음을 의미한다. 이러한 현실은 한 끼의 식탁 위에 펼쳐진 다양한 국가의 식재료처럼, 세계화된 삶의 양태가 일상의 사소한 지점에서도 구현되고 있다는 점에서 단적으로 드러난다.[84] 이러한 변화 속에서 실재(reality)를 위험과 안전이라는 기준으로 구분하고 삶의 지속 가능성을 확보하기 위해 이를 '정상화(normalization)'하는 것이 핵심적 과제가 되었다. 푸코가 인구 통치(governmentality)의 권력 기술로 언급한 이 정상화의 실천[85]은 곧 생명정치적 통제의 중심 메커니즘이라 할 수 있다. 특히 초국가적 또는 지구적 생명정치의 전개에 있어 가장 핵심적인 요소는 과감한 결단력과 신속한 집행력을 바탕으로 한 정치적 리더십의 존재이다. 팬데믹과 같은 위기 상황에서는 과학기반의 의사결정과 투명한 정보 공유, 국제 협력의 제도화, 시민 참여의 활성화가 병행되어야 하며, 이를 이끌어내는 것은 단순한 국가 시스템이 아니라 강력하면서도 책임 있는 정치적 의지와 리더십이라는 점이 더욱 분명해졌다.

확고한 정치적 리더십이 실현되기 위해서는, 위기 상황별로 유연하게 대응할 수 있는 새로운 컨트롤타워가 사전에 구축되어야 한다. 이러한 준비가 미흡하거나 위기 발생 시 실제로 작동하지 못할 경우, 폴리티코(Politico)는 "팬데믹의 첫 번째 희생자는 리더십이다(…the first victim of a pandemic is leadership)"[86]라고 비판한 바 있다. 실제로 코로나19 사태 초기에 드러난 리더십 부재는 그야말로 위기의 전형이었다. 중국의 시진핑 주석은 팬데믹 초기 대응 과정에서 통계 축소·은폐 및 허위정보 유포 등으로 국제사회의 불신을 자초하며 스스로를 '불가촉천민 국가(pariah state)'[87]로 만드는 위기에 직면했다. 미국 역시 팬데믹의 심각성을 일찍이 인지하지 못한 채 초기 대응에 안일한 태도를 보였고 대통령 직속 책임자 수시 교체, 전문가·기관의 권고 무시 등 비일관적 의사결정으로 세계 최강국임에도 불구하고 압도적인 확진자·사망자 수를 낳았다. 일본의 경우, 전 아베 신조 총리가 2020년 도쿄 올림픽 개최를 통한 '국가 재창조'를 우선시하면서 국민과 전 세계인의 건강을 경시하는 모습이 드러나 리더십 위기의 정점을 찍기도 했다. 국제기구 차원에서도 마찬가지였다. 세계보건기구(WHO)는 초국가적 기구임에도 불구하고 2005년 '국제보건규정(IHR)' 채택

당시 회원국들의 반대로 정치적 권한이 충분히 부여되지 못했다.[t] 결과적으로 예산과 법적 강제력이 부족하여 팬데믹 대응을 이끌어야 할 세계보건의 중앙기관으로서 제 역할을 다하지 못하는 한계를 드러냈다. 이러한 일련의 사례들은 "리더십 부재가 어떻게 재난의 피해를 극대화시키는가"를 적나라하게 보여주었다. 게다가 서구 사회에 깊이 뿌리내린 오리엔탈리즘(Orientalism)적 편견은 이 위기를 더욱 악화시켰다. 독일 《슈피겔》지의 슈테판 슐츠(Stephan Schulz) 기자는 "치명적인 오만(Deadly Arrogance)"이라는 칼럼에서, 아시아 국가들의 성공적인 방역 대책을 편견과 오만으로 인해 신속히 받아들이지 못한 서구 국가들이 팬데믹 극복에 실패했다고 지적했다.[88] 이처럼 코로나19 사태에서 세계 주요 강대국의 권위주의적 지도자들과 초국적 기구들이 제대로 된 리더십을 발휘하지 못하면서 각국 국민은 물론 전 세계인들이 실망과 분노를 경험했다.

이는 우리에게 한 국가의 리더십을 넘어서는 글로벌 리더십의 필요성과 중요성을 다시금 일깨워주는 기회가 되었다. 위기재난 상황에서 국민을 '살게 하기 위한' 진정한 리더십은 사라지고, 각국 지도자들이 자신의 이득과 패권 경쟁에만 몰두하며 불안과 공포 속에 각자도생(各自圖生)을 강요하는 현실에서 과연 그들을 '리더'라 부를 수 있을까? 코로나 19가 우리에게 일깨워준 미래 리더십의 핵심은 어떤 상황에서도 생명 그 자체(itself)를 존중하며 생명들이 평화로운 공존을 지향하는 자세를 갖추는 데 있다. 특히 의료분야에서는 빈부격차로 인해 생

t) 2005년 IHR 합의 당시 회원국들은 WHO에 '정치 권한'을 부여하는 것에 반대하였고, 이로 인해 WHO는 예산과 법적 강제력이 부재하여 사실상 세계보건의 중앙기관 역할을 제대로 이행하지 못하는 큰 문제가 있다.

명에 차별이 생기지 않도록 의료 서비스를 비시장성 필수공공재로 인식하고 코로나19와 같은 전 지구적 위기 상황에서는 이를 글로벌 공공재로 전환할 수 있는 관련 시스템 확충과 충분한 투자가 이루어져야 한다. 이러한 과제들을 미래 리더십이 이끄는 거버넌스가 적극적으로 수행해야 한다. 또한, 과거의 일방향적 하향(top－down) 지휘체계에서 벗어나 투명성(transparency)을 바탕으로 한 원활한 소통 채널을 유지하며 고통 속에서도 희망과 긍정, 신뢰를 사회구성원들에게 전달할 수 있는 공감 능력을 갖춘 리더십이 절실히 요구된다. 역사학자 존 베리(John Barry)의 말처럼, "권력을 가진 자는 대중의 신뢰를 반드시 유지해야 한다(…those in authority must retain the public's trust…)"는 진리는 오늘날 더욱 중요하게 다가온다.[89)]

6 Leaving No One Behind: 사회적 약자와의 진정한 동행

코로나 19는 이제 단순한 신종 바이러스를 넘어 우리가 그간 외면해 왔던 여러 사회 구조적 문제들이 위기와 맞물려 사회적 재난으로 폭발하는 계기가 되었다. 이러한 불편한 현실을 사회구성원 모두가 직면하게 되었기에 인류는 예상대로 머지않아 다시 닥쳐올 새로운 전염병과의 싸움에 만전을 기해야 한다. 이를 위해서는 우선 의과학기술 연구개발(R&D)에 대한 충분한 투자와 관심이 필수적이며 동시에 감염병 위험이 사회적·경제적 불평등과 결합해 생명의 위협으로 이어지는 소외계층을 보호하는 사회적 안전망과 시스템 개혁이 함께 이루어져야 한다. 이 두 축이 함께 작동할 때, 우리는 보다 지속가능하고 공평한 건강 위기대응 체계를 구축할 수 있을 것이다.

모든 종류의 재난이 그러하듯, 코로나 19 역시 사회적 약자에게 더욱 가혹하게 작용했다. 생명을 위협하는 공포 앞에서 국가와 사회가 그동안 사회적 약자와 맺어왔던 관계의 허점과 구조적 취약성이 적나라하게 드러난 것이다. 요양시설, 정신병원, 장애인 등 돌봄이 필요한 취약계층은 물론, 콜센터 노동자, 비정규직 및 하청 노동자 등 사회 구조적 사각지대에 놓인 이들은 코로나19에 무방비로 노출되었으며 단지 질병의 위험뿐 아니라 사회적 낙인과 고립, 정보로부터의 배제, 경제적 충격, 실업 등의 이차적·삼차적 피해에 가장 먼저 노출되었다. 이러한 사회적 약자의 피해는 결코 특정 국가나 지역에 국한된 것이 아니었으며 소위 '선진국'이라 불리는 국가들조차도 예외가 아니었다. 실제로 코로나19 팬데믹이 장기화되면서 전 지구적 취약성(global frailties)과 불평등(inequalities)은 선진국과 개발도상국을 막론하고 전면에 부상하게 되었다.[90] 많은 국제 보고서와 연구들은 각국 내 소수민족 및 사회적 소수자 집단에서의 높은 감염률과 사망률을 지속적으로 지적하고 있으며 특히 개발도상국에서는 기존 사회 구조 속에 내재된 복합적인 불평등 요소들이 코로나19 사태로 인해 일제히 표면화되며 저소득 취약계층의 삶을 근본적으로 위협하는 파괴적 결과들이 연이어 발생하고 있다고 지적한다.

그러나 이러한 사회 시스템적 문제로부터 비롯되는 건강 불평등은 인류가 공통의 가치로 공유하며 고민해온 보편적 건강보장(Universal Health Coverage, 이하 UHC)[u)][91]이라는 개념을 통해 개선의 가능성을

---

u) 보편적 건강보장(UHC)은 모든 사람이 재정적 어려움을 겪지 않으면서 양질의 필수 건강 서비스를 받을 수 있도록 보장(WHO, 2013)"하고자 하는 개념으로 유엔(UN)의 지속가능개발목표(SDGs) 중 보건의료분야에서의 실천적인 개념이라 할 수 있다.

모색할 수 있는 희망의 영역이기도 하다. 물론 UHC의 실현 가능성과 지속 가능성에 대해서는 재정적 기반의 확보, 대상 집단의 설정, 보장 서비스 범위의 우선순위화 등 수많은 과제가 여전히 해결되지 않은 채 남아 있으며 이에 대한 회의적 시선도 존재한다.[92] 그럼에도 불구하고, UHC가 지향하는 '모두를 위한 건강보장'(Health for all)이라는 가치와 그 실현을 위한 방향성을 우선적으로 보건의료 재난 상황에 도입함으로써, 인권 중심의 위기대응 체계를 마련해 나간다면 국가적 노력과 국제적 협력 거버넌스의 단계적 구축도 가능할 것이다.

이는 단지 이념적 구호에 그치지 않고 실천 가능한 정책과 제도적 장치로 구체화되어야 하며 이를 위해서는 무엇보다도 사회적 약자들이 쉽게 노출될 수 있는 복합적인 사회·경제·정치적 환경 요인들에 대해 다분야적 접근과 협력이 가능한 인프라 구축이 선행되어야 한다. 또한, 필요에 따라 모든 인간의 건강권이 보편적 가치로 인정받을 수 있도록 국제사회의 합의 형성과 국가권력의 적극적인 개입이 요청된다. 이러한 변화와 혁신의 노력이 절실한 이유는 오랜 세월 인간의 이기심이 파괴해 온 생명의 시스템이 오늘날 다양한 위험을 현실화시키고 있기 때문이다. 서구와 비(非)서구, 전근대와 탈근대, 부유층과 빈곤층 등 인류가 스스로 나눈 경계 속에서조차 인간 생명이라는 절대적 가치는 상업성과 수익성이라는 경제 논리에 밀려 소외되어 왔다. 우리는 이러한 경제 중심주의가 또다시 인재(man－made disaster)를 초래하는 일이 다음 세대에 반복되지 않도록 해야 한다는 점을 결코 잊어서는 안 될 것이다.

7 생명의 인류가 나아가야 할 길 -"공감으로의 평화"

인간이 '만물의 영장'이라 불리게 된 이유는 주변 환경을 효율적으로 활용할 수 있는 탁월한 능력 덕분이다. 그러나 역설적으로 이러한 능력은 인간이 환경을 파괴하게끔 진화한 존재가 되었다는 점을 함께 보여준다.93) 약 5만 년 전, 현생 인류는 '지혜로운 인간'(호모 사피엔스)으로 진화하며 인지적 전환을 이뤘고 마침내 오늘날에는 생명의 비밀이라 불리는 DNA의 구조까지 해독하는 경지에 도달했다. 이러한 진보는 인간이라면 누구나 건강하고 행복한 삶을 꿈꾸고 그 아름다운 삶의 시간들이 오래 지속되기를 바라는 희망으로부터 비롯된 것이다. 그러나 그 희망을 실현하기 위한 인간의 과도한 욕망은 결과적으로 무분별한 생명 자원의 소비와 환경파괴로 이어졌고 심지어 최첨단 과학기술마저 소비주의의 도구로 전락시키는 부작용을 낳기도 했다. 이제 지구는 기후 변화, 자연재해, 전염병 확산 등 다양한 방식으로 자신이 겪고 있는 고통을 인간에게 경고하고 있다. 지구의 고통을 일회성 재난으로 치부해서는 안 되며 지금은 인류가 진정으로 반성과 공감을 통해 지구 생명들과의 관계를 재정립해야 할 시점이다. 우리는 더 이상 과거로 돌아가 "정상(normal)"이라 여겼던 세계를 회복할 수 없다. 오히려 지금 이 순간, 즉 현재(present)가 곧 새로운 정상이며 이 현재로부터 미래의 희망과 평화를 설계해 나가야 한다는 사실을 깨달아야 할 것이다. 따라서 오늘날 인류가 직면한 평화의 시대적 도전을 극복하기 위해서는 앞서 살펴본 생명과 평화의 원리를 바탕으로 어떠한 변화들이 우선적으로 준비되어야 하는지에 대한 숙고가 필요하다.

첫째, 우리는 지금까지 자연 생명을 단순한 소비의 대상으로 여겨온 태도에서 벗어나, 자연 속 생명체들을 신중하게 관리하고 더불어 살아가는 '생태적 전환'(Ecological Turn)[94]에 대한 사회적 공감대를 형성해 나가야 한다. 이러한 생태적 전환은 단순한 환경 보전의 차원을 넘어 '부분에 앞서는 전체'[95]라는 사고로 세계를 바라보려는 성찰적 태도를 요구한다. 이는 바로 현재를 향한 미래의 시선을 얼마나 지금 여기에서 철저하게 의식하고 체현하느냐의 문제에 달려있는 것이라 한다.[96] 좀 더 구체적으로 말하자면, 지금은 성장과 이익추구를 중심으로 확장되어온 산업 문명(Industrial Civilization)의 패러다임을 넘어서 지구 생태계의 자연적 질서에 순응하며 지속 가능한 방식으로 발전하는 생태 문명(Ecological Civilization)으로의 문명사적 전환이 요구되는 시점이다. 사실 이러한 전환은 이미 조용히 시작되었다. 코로나 19라는 전 지구적 팬데믹을 통해 인류는 이웃과 사랑하는 이의 고통과 죽음을 마주하고 모든 것이 불확실한 공포의 시간을 지나며 삶의 속도를 멈출 수밖에 없었다. 그 과정에서 우리는 '살아있다(being alive)'는 의미와 생명 존재의 본질에 대해 다시금 질문하게 되었으며 이는 곧 인류의 자기성찰로 이어졌다. 이러한 관점에서 조심스럽게 말하자면, 코로나19는 우리에게 단순한 재앙을 넘어, 역설적으로 생명과 평화의 진정한 의미를 되새길 수 있도록 하는 은혜로운 시기이기도 하다. 그것은 우리로 하여금 잊고 있었던 생명의 가치와, 인간과 자연이 어떻게 함께 살아가야 할 것인가에 대한 시대적 물음을 다시 제기하게 만든, 다소 모순적이지만 중요한 '촉진제'였던 셈이다.

둘째, 전 지구적 생명 위기에 맞서 건강하고 지속 가능한 삶을 가능하게 하기 위해서는 '공감 교육'을 평화의 실천 가치로 적극적으로 수용해야 한다. 오늘날 인류는 초연결사회에 살고 있음에도 건강하고 안전한 일상을 유지하기 위해 물리적·사회적 거리두기를 필연적으로 요구받고 있다. 동시에 비대면 플랫폼 사회로의 전환이 불가피한 새로운 시대에 인간의 삶은 결코 혼자 살아갈 수 없다는 사실을 우리는 코로나19 팬데믹이 가져다준 극단적 단절과 고독의 공포를 통해 다시금 절감하게 되었다. 이제 인류는 새로운 형태의 '함께 살아가는 방식'을 터득해야 하며 이는 성숙한 공감적 태도를 바탕으로 '따로 또 같이'(Alone Together)라는 가치실현이 가능하도록 연대와 협력을 전제로 한 지혜로운 성찰과 실천이 요구되는 시점이다. 이를 위해서는 지역공동체와 국가 시민으로서의 활발한 참여는 물론, 물리적·공간적 한계를 초월해 세계시민의 역할과 책임을 수용할 수 있는 유연한 감수성을 갖추어야 한다. 특히, 이때, 인간의 본능적 능력인 공감 능력이 언택트(untact)가 필수인 상황 속에서 인간관계를 맺는 새로운 소통방식의 감각적 기술로써 활용될 수 있어야 할 것이다. 공감은 내가 타자와 만나는 하나의 방식이기 때문이다.[97] 하지만 공감 능력은 훈련을 통해 자동적으로 증대되는 것이 아니라 오히려 사회 환경과 문화적 조건 속에서 점차 무뎌질 수 있는 특성을 지닌다.[98] 따라서 타인의 표정을 읽고 감정을 공유하며 그들의 고통을 이해하고 동정하는 감수성을 강화하는 교육은 더욱더 체계적이고 지속적으로 이루어져야 한다. 이는 단지 감정의 공유를 넘어서 타인의 고통에 직면했을 때 어떻게 행동해야 하는지를 안내하는 윤리적 요소를 포함하는 도덕적 감정[99]의 형성에도 기여할 수 있다. 궁극적으로 이러한 공감 교육은 예측 불가능한 미래로부터 비롯되는 불안과 공포 속에서 고통받는 인간의 마음을 돌보는 백신이자 공동체적 회복력을 위한 실천적 대안이 될 수 있을 것이다.

이 땅에 뿌리를 내리고 꽃을 피우며 열매를 맺는 생명의 과정에는 햇빛도, 바람도, 비도 함께한다. 때로는 매서운 추위와 숨막히는 더위조차 생존을 향한 여정에 있는 생명에게는 자신을 더욱 단단히 단련시키는 필연적 조건으로 작용한다. 인간 또한 이러한 자연의 순환 속에서 함께 호흡해온 수많은 생명 중 하나이며 스스로를 독립된 존재로 상정하기보다 관계 속 존재로 이해해야 한다. 아무리 척박한 환경 속에서도 생명은 타 생명과의 상호작용과 공존을 통해 살아남는 길을 모색해 왔으며 이것이야말로 오랜 진화의 과정이 증명하는 생명의 진실이자 앞으로도 변하지 않을 자연의 이치일 것이다. 살아있다는 그 자체가 곧 평화이며, 모든 생명의 본성은 그러한 평화를 지향해 왔다. 이러한 생명의 평화를 지키기 위해 지금 우리가 새겨야 할 가르침은 개인으로부터 비롯되는 '아모르 문디'(Amour Mundi, 세계 사랑)의 실천이다. 철학자 한나 아렌트가 강조했듯, 이 세계를 사랑하는 태도는 타자에 대한 책임과 존중으로 이어질 때 진정한 평화의 기반이 될 수 있다. 결국 '나'와 '너'가 함께 할 때 비로소 '우리'라는 공동체의 생명과 삶이 조화롭게 지속될 수 있으며 그 안에서 평화는 추상적 이상이 아닌 구체적 현실로 자리매김하게 된다.

본 원고는 2020년 서울연구원 '서울평화연구용역: 경계로부터의 통합평화'의 지원을 받아 수행된 연구의 일부를 발췌 · 수정하였음

CHAPTER 1 참고문헌

1) "How a 15,000-year-old human bone could help you through the Coronacrisis". *Forbes*, 2020.5.4.

2) 「지구문명의 미래: 실존혁명을 향하여"(2016.09.21.~23). 취지문」. 『경희대학교』, 2016.09.21.

3) 신진환, 김진선, 홍용희. 「인류세와 지속가능한 생존」. 『윤리연구』 제124호, 2019, pp.159-181.

4) 생명. 「표준국어대사전」. (https://stdict.korean.go.kr/search/searchView.do, 2020년 2월 22일 검색).

5) 「생명이란 무엇인가」. 『한국생명학연구원』, 2005.12.21.

6) 조르조 아감벤, 박진우 옮김, 『호모 사케르』, 새물결, 2008.

7) 이기상. 『글로벌 생명학 : 동서 통합을 위한 생명 담론 (뉴아카이브 총서 1)』, 자음과 모음, 2010.

8) 이을상, 『죽음과 윤리: 인간의 죽음과 관련한 생명 윤리학의 논쟁들』, 백산서당, 2006.

9) 생명존중을 위한 선언문. (http://www.nibp.kr/xe/info4_5/62924, 2020년 5월 4일 접속.)

10) 송승현. 「현대사회와 생명존중사상」, 『동아법학』 제79호, 2018. p.27-65.

11) 류미향. 「유아 생명존중 교육과정 개발을 위한 기초연구: 불교생명존중사상의 유아교육적 함의」. 『교육과정연구』 29권 1호, 2011, pp.21-40.

12) 「옥시 배상안 논란...한국교회 '생명존중사상' 재고 위한 협력 요구돼」. 『크리스천투데이』. 2016.8.1.

13) 「우리사회의 공공성, '홍익인간'에서 찾아야」. 『K스피릿』. 2013.11.8.

14) Mora C, Tittensor DP, Adl S, Simpson AGB, Worm B. "How Many Species Are There on Earth and in the Ocean?" *PLoS Biol*, 9:1, 2011, e1001127. doi:10.1371/journal.pbio.1001127

15) 「기획연재: 생태계 없는 인간과 인간 없는 생태계」. 『교수신문』. 2015.02.11.

16) 「[박종무의 생명이야기 ③] 모든 생명은 서로 돕는다」. 『데일리벳』. 2014.05.21.

17) 생태계. 「환경부」. (http://www.me.go.kr/gg/web/index.do?menuId=2271, 2020년 5월 2일 접속,)

18) 「제임스 러브록, 21세기 안에 수십억 명이 죽을 것이다」. 『당당뉴스』.

2011.02.11.

19) 프리초프 카프라. 『생명의 그물. 살아있는 시스템들에 대한 새로운 과학적 이해』. 범양사, 2001.

20) 이대열. 『지능의 탄생: RNA에서 인공지능까지』. Bada Publishing, 2017.

21) 「생존과 번식 모두 고려한 진화가 종 다양성을 만든다」. 『NEWSTOF』. 2019.10.22.

22) 로버트 무어. 『온 트레일스 : 길에서 찾은 생명, 문화, 역사, 과학의 기록』. 와이즈베리, 2017.

23) 이명곤. 『키르케고르 읽기』. 세창출판사, 2014.

24) 윤일홍, 권해수. 「우리나라 자살률 추이의 재해석: 좌절된 소속감과 유전자-문화 공진화론의 입장에서」. 『한국심리학회지』 38권 1호. 2019, pp.103-126,

25) 에드워드 윌슨. 이한음 역/최재천 감수, 해설. 『지구의 정복자』. 사이언스북스, 2013.

26) 「Cover Story #5 리처드 도킨스가 말하는 문화미래의 기술」. 『모아진닷컴』. 2017.01.

27) Rebecca Chaplin-Kramer et al, "Global modeling of nature's contributions to people". *Science* 366: 6462, 2009, pp.255-258.

28) 「바다 위 거대 쓰레기 섬 5개... 식탁 공동체 한중 공동 대처를」. 『중앙일보』. 2019.12.23.

29) Ceballos et al. "Accelerated modern human-induced species losses: Entering the sixth mass extinction", *Science Advances* 1:5, 2015, e1400253

30) 임마누엘 칸트. 백종현 역, 『윤리형이상학 정초』, 아카넷, 2014.

31) Christopher stone. "Should trees have standing? - Towards legal rights for natural objects", *Southern California Law Review* 45, 1974, pp.450-501

32) 「한국인 낮은 행복감, 물질주의 때문」. 『동아일보』. 2010.08.17.

33) 질병관리청 국가손상정보포털. 2025년 5월 13일 접속.https://www.kdca.go.kr/injury/biz/injury/damgInfo/siSucdeMain.do;jsessionid=3B35B1A01983E3E0D9664A53C0203CA8.

34) 에밀 뒤르켐, 이시형 저/이시형 감수. 『에밀 뒤르켐의 자살론』. 청아출판사, 2008.

35) 김동규, 김응빈. 『미생물이 플라톤을 만났을 때 : 생물학과 철학의 우아한 이중주』, 문학동네, 2019.

36) "More than half of world's forest wildlife lost in 40 years, study finds."

INDEPENDENT. (https://www.independent.co.uk/environment/wildlife-forest-climate-change-wwf-a9056516.html. accessed May 10, 2020.)

37) 서울대학교 산학협력단. 국가 인수공통전염병 관리대책 제안 정책연구용역사업. 서울:식품의약품안전처. 2018.

38) 수잔 손택. 이재원 역. 『타인의 고통』. 이후, 2004.

39) 이인태. 「도덕적 공동체 의식에 대한 심리적 접근으로서 사회 정체성에 대한 연구」, 『윤리연구』 1:124, 2019, pp.215-239.

40) 「[보도자료] "20,30대 가임기 여성 100명 중 3.8명 월경 없거나 적어」. 『보건복지부』. 2014.10.06.

41) "합계출산율". e-나라지표. 2025년 7월 2일 접속, https://www.index.go.kr/unify/idx-info.do?idxCd=5061

42) GBD 2017 Population and Fertility Collaborators. "Population and fertility by age and sex for 195 countries and territories, 1950-2017; a systematic analysis for the Global Burden of Disease Study 2017". *LANCET. Vol. 392, Issue 10159,* (2018):10-16.

43) 토마스 램케. 『생명정치란 무엇인가 - 푸코에서 생명자본까지 현대 정치의 수수께기를 밝힌다』, 그린비, 2015.

44) 미셸 푸코. 『성의 역사 1 : 지식의 의지』, 나남, 2004.

45) 강미라. 『미셸 푸코의 안전, 영토, 인구 읽기』, 세창출판사, 2013.

46) 미셸 푸코. 『감시와 처벌』, 나남, 2003.

47) 박정희. 「디지털 사회: 모바일 파놉티콘」, 『대동철학』 85, 2018, pp.223-247.

48) 공유진. 「푸코에 있어 권력과 저항의 문제 - 성의 역사 1권: 앎의 의지를 중심으로」, 『철학논구』 39, 2011, pp.135-152.

49) 푸코. 『안전 영토 인구』, 난장, 2011.

50) 박홍서. 「자유주의 통치성의 출현과 인간안보」. 『국제정치논총』 52:3, 2012, pp.57-82.

51) 44)와 동일

52) 강선형. 「푸코의 생명관리정치와 아감벤의 생명정치」. 『철학논총』 78, 2014, pp.129-148.

53) 54)와 동일

54) 임경규. 「무젤만과 증언의 윤리: 아감벤의 오리엔탈리즘」. 『인문학연구』 54, 2017, pp.305-326.

55) 「푸코, '생명권력' 알면 '황우석이 보인다'」. 『동아일보』. 2006.09.05.

56) 채오병, 배태섭. 「생명사회성'론의 성과와 한계」. 『사회와 이론』 1:22, 2013, pp.241−269.

57) 노엄 촘스키. 『촘스키와 푸코 인간의 본성을 말하다』, 시대의 창, 2010.

58) World Health Organization. "Constitution of the World Health Organization". *American Journal of Public Health and the Nation's HEALTH* 36:11, 1946, pp.1315−1323.

59) "Public Health Services". WHO. (http://www.euro.who.int/en/health−topics/Health−systems/public−health−services, accessed Aug 10, 2020.)

60) 김승희. 「1969년 한국에서 발생한 콜레라를 통해서 본 생명권력과 그 한계」. 『사회사상과 문화』 18:1, 2015, pp.217−248.

61) 이계수. 「메르스와 법: 전염병의 법률학」. 『민주법학』 제59호, 2015, pp.240−266.

62) 박지용. 「공중보건법학의 개념과 이념적 기초」. 『저스티스』, 2015, pp.83−120.

63) 62)와 동일

64) David L. Heymann. "The true scope of health security". *The Lancet Public Policy* 385, 2015, pp.1884−1901.

65) David P. Fidler. "Public Health and National Security in the Global Age". *Faculty Publications*, Paper #416, 2013, pp.789−790 .

66) 조성권, 「21세기 전염병과 보건안보 : 국가안보의 시각을 중심으로」. 『정책연구』 2015, pp.85−115.

67) David L. Heymann & Alison West. "Chapter 8. Emerging Infections− Threats to health and economic security." In *Routledge Handbook of Global Health Security*. UK:Routledge, 2014.

68) Ogata. S., Cels. J. "Human security−protecting and empowering the people". *Global Governance*, 9, 2003, pp.273−282.

69) Shinichiro Morinaga, "The Current Debate on Human Embryo Research and Human Dignity", *Journals of Philosophy and Ethics in Health Care and Medicine*, 3, 2008, p.4.

70) Steven J. Hoffman. "Making the International Health Regulations matter: Promoting compliance through effective dispute resolution," In *Routledge Handbook of Global Health Security*. UK:Routledge, 2015.

71) 강선주. 「바이오안보(Biosecurity)의 부상과 글로벌 보건안보 구상(Global Health Security Agenda)」. 『국립외교원 외교안보연구소』 2015−07, 2015, pp. 1−17.

72) 문종현, 이규홍. 「모두를 위한 안전한 삶(Safe life for all): 감염병에서 자유로운

세상을 향하여」. 『국제개발협력』 4, 2016, pp.97-110.

73) "Global Health Security Index - Building Collective Action and Accountability". *NTI & Johns Hopkins University Center for Health Security.* (https://www.ghsindex.org/wp-content/uploads/2019/10/2019-Global-Health-Security-Index.pdf. accessed June 30, 2020.)

74) Sarah L.Dalglish. "[Correspondence] COVID-19 gives the lie to global health expertise". *The Lancet Global Health May*;8(5), 2020, e612.

75) "United Nations Secretary-General. "Deputy Secretary-General's remarks at online launch of the Group of Friends of Solidarity for Global health Security [as prepared for delievery]". *United Nations.* (https://www.un.org/sg/en/content/dsg/statement/2020-05-12/deputy-secretary-generals-remarks-online-launch-of-the-group-of-friends-of-solidarity-for-global-health-security-prepared-for-delivery ,accessed June 8.2020,)

76) 김상배. 「신흥안보와 메타 거버넌스: 새로운 안보 패러다임의 이론적 이해」. 『한국정치학회보』, 50집 1호, 2016. pp.75-104.

77) 「Coronavirus in South Korea: How 'trace, test and treat' may be saving lives」, 『BBC News』. 2020.03.12.

78) 「Coronavirus measures could cause global food shortage, UN warns」. 『The Guardian』, 2020.03.26.

79) 「The world after coronavirus」, 『Financial Times』, 2020.03.20.

80) 「사생활 침해라던 한국은 선거 중... 프랑스는 오만했다」, 『이데일리』, 2020.04.13.

81) 「거리 나왔다고 총격... 아프리카 과잉봉쇄령 참극」, 『연합뉴스』, 2020.04.03.

82) 「[보도자료] 국민 40.7% "코로나19로 우울, 불안 경험했다」, 『한국건강증진개발원』, 2020.10.14.

83) 「신종코로나, 감염도 두렵지만...주위 비난 더 무서워」, 『연합뉴스』, 2020.02.07.

84) 「[시론] 초연결 시대 확장된 기업의 위험개념」, 『아시아경제』, 2020.02.03.

85) 하대청. 「지구적 생명정치와 위험의 개인화 - OIE와 BSE 위험 관리를 중심으로」. 『경제와 사회』, 3, 2013, pp.65-96.

86) 「The incompetence pandemic」, 『Politico』, 2020.03.16.

87) 「코로나 19 허위정보 중국에 분노한 존슨 영국 정부」, 『서울신문』, 2020.03.30.

88) 「김정호의 글로벌 뷰파인더 - 8. 전염병이 꺾은 서양의 오만」, 『이로운 넷』, 2020.04.07.

89) 「Coronavirus will change the world permanently. Here's how」, 『Politico』, 2020.03.19.

90) 「UN News. COVID-19 pandemic exposes global 'frailties and inequalities」, 『UN deputy chief』, 2020.05.03.

91) Watkins, Kevin. "Leaving no one behind: an agenda for equity". *Lancet*. 384, 2015, pp.2248-2255.

92) 강민아. 「보편적 건강보장의 이론적 원칙과 현실적 실천방안」. 『HIRA 정책동향』 10권 1호, 2016, pp.16-26.

93) 최재천. 「환경칼럼 - '혼자만 잘 살믄 무슨 재민겨'- 생물다양성과 호모 심비우스」. 『환경정보』 413호, 2014, pp.2-5.

94) 「사회생물학자 최재천 교수에게 포스트 코로나 시대를 묻다」. 『이대학보』, 2020.05.25.

95) 에두아르도 콘, 차은정 옮김. 『숲은 생각한다: 숲의 눈으로 인간을 보다』. 사월의 책. 2018,

96) 전철. 「종교와 과학의 거울로서의 생태문명」. 『신학연구』 73호. 2018, pp.7-28.

97) 민은경. 「타인의 고통과 공감의 원리」. 『철학사상』 27호, 2008, pp.67-90.

98) 프란스 드 발. 최재천 옮김. 최재천 서문 일부 In 『공감의 시대 : 공감 본능은 어떻게 작동하고 무엇을 위해 진화하는가』. 김영사. 2017.

99) 아담 스미스. 박세일, 민경국 옮김. 『도덕 감정론』, 비봉출판사. 2009.

CHAPTER 2

생명의 위기, 집단 트라우마의 시대

1. 집단 트라우마와 치유
2. 포괄적 치유 모델(Comprehensive Healing Model, CHM)

Chapter 1에서 우리는 코로나19 팬데믹이라는 전 지구적 위기를 통해 인간 중심의 근대 문명과 생태계의 위태로운 관계를 성찰하고 생명의 존엄성과 상호의존성을 중심으로 한 생태적 전환과 공감 기반의 윤리 교육, 그리고 연대의 필요성에 주목하였다. 이러한 논의는 자연을 정복과 자원의 대상으로 여겨온 산업 문명적 패러다임에서 공존과 돌봄의 생명 정치적 질서로의 이행을 요청하는 것이었다.

이제 Chapter 2에서는 그 성찰의 지평을 '위기의 시대'라는 역사적 조건 속에서 인간 정신과 공동체가 어떻게 상처 입고 기억하며 다시 회복을 시도하는지에 대한 트라우마적 인간 경험의 집합적 구조로 확장하고자 한다. 현대사회는 단일 사건으로 환원될 수 없는 복합위기(multiple crises)의 시대를 살아가고 있다. 팬데믹, 기후재난, 전쟁, 불평등, 디지털 고립 등은 단순히 생존을 위협하는 물리적 사건이 아니라 인간의 정체성과 사회적 관계, 인식 구조를 근본적으로 흔드는 존재론적 위기(ontological insecurity)로 작용하고 있다. 이러한 조건 속에서 형성되는 집단 트라우마(collective trauma)는 개인적 상처를 넘어 사회 전체가 공유하는 감정적 고통과 구조적 파열을 의미한다. 이는 기억과 역사, 정체성과 윤리, 정치적 상상력의 방식에까지 깊숙이 영향을 미친다. 곧, 트라우마는 곧 공동체의 감정 정치학(politics of emotion)과 긴밀히 얽히며 작동한다.

이러한 맥락에서 먼저 트라우마의 개념이 임상심리학적 기원에서 출발해 사회적, 문화적, 정치적 맥락으로 확장되어온 이론적 흐름을 정리한다. 특히 전쟁, 학살, 제노사이드, 식민주의, 감염병과 같은 대규모 재난 상황이 어떻게 사회적 기억(social memory)과 상처의 세대 간 전이(transgenerational transmission)를 통해 집단 정체성에 각인되었는지를 분석하고, 기억의 정치학(politics of memory)이라는 개념을 통해 국가, 제도, 시민사회가 고통을 어떻게 다루어왔는지 살펴본다. 또한, 생명 위기의 시대에서 공감(empathy)과 돌봄(care)의 윤리가 치유 공동체의 가능성을 어떻게 열어줄 수 있는지를 탐색한다. 인간은 고통에 노출된 존재인 동시에 타인의 고통에 감응할 수 있는 능력을 지닌 존재이다. 예술, 서사, 애도, 상징적 의례 등의 문화적 실천은 트라우마를 언어화하고 공동체적 차원에서 재구성하게 만드는 핵심 기제로 작동한다. 이러한 실천은 개인의 상처를 넘어 사회 전체의 회복 탄력성(resilience)을 강화시키는 정서적 기반구조를 형성할 수 있다.

궁극적으로, 이 장은 오늘날 우리가 마주한 재난과 트라우마의 현실이 단순한 '위험 관리'의 문제가 아니라 생명의 존엄성과 인간 공동체의 윤리적 기반을 재구성하는 문제임을 강조한다. 집단적 고통의 경험을 기억하고 나누는 것은 인간의 취약성을 인정하는 것이며 이는 곧 평화를 구축하는 토대로 작동할 수 있다. 다시 말해, 이 위기의 시대는 '치유의 윤리'와 '돌봄의 정치'를 통해 우리가 어떤 사회로 나아갈 것인가에 대한 실존적 상상력을 요구하는 전환의 시간이다.

1 집단 트라우마와 치유

오늘날 우리는 시간과 공간의 제약이 크게 줄어든 시대를 살고 있다. 그 결과, 개인의 비극을 넘어 집단적 폭력의 참상을 더욱 쉽게 접할 수 있게 되었다. 매일 아침 반복되는 뉴스 속에서 우리는 타인의 비명과 고통, 죽음을 목격하지만, 점차 그러한 장면에 익숙해지고 있다. 어느 순간 우리는 타인의 고통에 공감하거나 애도하기보다, 다행히도 그 불행이 나에게 닥치지 않았다는 사실에 안도하는 자신을 발견하게 된다. 이는 어쩌면 본능적인 자기보존의 작용일 수 있다. 하지만 그보다 앞서 인간은 본능적으로 타인의 고통을 자신의 고통으로 받아들이는 능력을 지닌 존재이다. 비록 타인의 고통을 직접 경험하지 않는 한 완전한 이해는 어려우나, 고통에 대한 감응은 인간의 원초적 감정이다. 그럼에도 불구하고 왜 우리는 점점 타인의 고통에 무감각해지고 있는가? 이는 끊임없이 반복되고 강도 높게 노출되는 고통의 이미지들이 감정적 피로(emotional exhaustion)를 불러오기 때문일 수 있다. 반복되는 고통의 노출은 감정을 지치게 하며 감정을 자극하는 역치를 높인다. 그 결과, 현대인은 타인의 고통에 지나치게 관심을 기울이거나 감정을 쏟는 데 점점 인색해지고 있다. 문제는 이러한 무감각과 무기력이 또 다른 형태의 고통이라는 점이다. 실제로 '2차적 고통'은 고통의 사건을 직접 경험하지 않은 사람들, 즉 트라우마와 직접적 관련이 없는 이들에게도 병리적으로 나타난다. 이는 단지 사건 그 자체뿐 아니라 사건 이후의 사회적 환경이 사회 전체에 미치는 영향을 반영하는 결과이기도 하다. 이와 관련하여 클라인만(Kleinman, 1997)은 고통의 '사회적 속성'에 주목하며 우리가 겪는 모든 고통이 '사회'와 끊임없이 연결되어 있음을 강조한다.[1] 그는 이를 '사회적 고통(social suffering)'이라 명명하며 '사회적'이라는 말의 의미를 다음과 같이 설명한다. '사회적'은 라틴어 socius(동료, 동반자)에서 유래했으며 타인을 위한 선을 추구하는 도덕적 양심과 깊이 연결되어 있다.[2] 구체적으로 사회적 고통은 "전쟁, 기근, 우울, 질병, 고문 등 정치·경제적·제도적 권력이 가하는 결과로 발생하는 인간 문제와 그러한 권력 구조에 영향을 받으며 발생하는 사회문제에 대한 인간의 반응"을 포함한다.[3] 이러한 고통은 개인 차원을 넘어 가족과 사회적 관계망 전체에 영향을 미치며 그 피해는 넓게 확산된다.[4]

이러한 인식은 고통의 원인을 다차원적으로 이해하려는 노력으로 이어지며 최근에는 '사회적 치유(social healing)'라는 개념이 주목받고 있다. 그러나 현실에서는 개인적 치유와 사회적 치유를 통합적으로 아우르는 실천적 모델이 아직 부족하다. 현재 사회적 치유에 관한 논의는 주로 진실 규명, 법적 처벌, 배상, 기념, 교육 등 사건 이후의 후속 절차에 국한되어 있으며, 트라우마 치유에서도 개인과 사회의 역할이 분리되어 이해되고 있다. 그러나 고통은 개인과 사회를 동시에 침식하기에 둘을 모두 포괄하지 못한 치유는 고통의 악순환을 끊지 못하고 세대를 넘어 반복될 위험이 있다. 20세기 참혹한 폭력 이후, 많은 현대 사회는 빠른 경제 성장과 사회 발전에 집중해 왔으나 그 이면에는 심각한 사회 병리적 문제가 도사리고 있다. 특히 전쟁, 학살, 억압 등 극단적인 희생을 겪은 '갈등 이후 사회(post-conflict society)'에서는 트라우마 후유증이 더욱 심각하게 나타난다. 이런 상황이 계속된다면 개인과 사회는 트라우마를 제대로 극복하지 못한 채 '아포리아(aporia)'—해결도 저항도 불가능한 무한한 멜랑콜리 상태—에 빠지게 된다.[5] 따라서 지금이야말로 집단적 폭력이 초래한 집단 트라우마를 치유하고 극복할 수 있는 통합적이고 포괄적인 치유 모델을 시급히 모색해야 할 때이다.

(1) 집단 트라우마

1) 트라우마

'트라우마(trauma)'라는 단어는 원래 신체 조직의 파열 지점을 의미하는 외과적 개념으로 사용된 용어이다. 이후 이 개념은 인간 삶에서의 단절이나 파열을 나타내는 생물심리사회적 현상을 지칭하는 용어로 확장되었다.[6] 오늘날 '트라우마'는 일반적인 인간 경험의 범위를 벗어난 부정적인 사건을 겪는 것을 의미하는 일상 언어가 되었다. 외상사건이나 상황은 극심한 스트레스를 유발하여 개인의 대처 능력을 압도하며 때로는 죽음, 소멸, 신체 훼손 또는 정신 붕괴에 대한 극도의 두려움을 남기기도 한다.[7] 따라서 트라우마란 개인이 심리적으로 감당할 수 없을 만큼 압도적인 상황을 경험하면서 유발되는 정서적 반응이라고 할 수 있다. 이러한 반응은 개인의 신체적, 정신적, 행동적, 정서적 정체성을 포함한 전인적 측면에 손상을 입힐 수 있다. 그러나 이러한 영향은 개인의 성향과 선행 요인에 따라 상이하게 나타난다. 어떤 사람은 자신의 트라우마 증상을 인식하지 못한 채 살아가기도 하며, 어떤 사람은 매우 심각한 증상을 겪으며 일상생활을 지속하는 데 큰 어려움을 겪기도 한다. 특히 대규모 생명 손실, 신체적 부상, 재산 피해 등과 같은 사건을 경험한 경우, 그 심리적 영향은 더욱 부정적이고 심화되는 경향이 있다.

일반적으로 공동체나 사회의 기능을 심각하게 붕괴시키는 갑작스

럽고 비극적인 사건은 '재난(disaster)'으로 정의된다.[8] 정신건강 연구에서는 재난을 자연재해와 인위적 재해의 두 가지 유형으로 분류한다.[9] 자연재해에는 지진, 허리케인, 홍수, 쓰나미, 화산 폭발, 산사태 등이 포함되며 이러한 사건은 대개 예기치 못한 방식으로 발생하는 자연의 맹목적인 힘에 의해 유발된다. 반면 인위적 재해는 전쟁, 정치적 폭력, 테러, 고문, 성적 학대, 가정폭력, 낯선 사람이나 가족에 의한 폭력 등 인간의 의도적인 행위로 인해 발생하는 사건을 포함한다. 이러한 사건은 개인 또는 집단에게 심각한 폭력적 상처를 남기는 결과를 초래한다.

트라우마적 사건은 그 노출 정도에 따라 단회적 사건과 반복적·지속적 사건으로 구분된다. 트라우마는 단지 개인에게만 국한되지 않으며, 전체 인구나 문화가 집단적으로 경험하는 예도 존재한다. 이러한 경우, 그 영향은 개인이 겪는 트라우마 못지않게 혹은 그보다 더 큰 영향을 미치기도 한다. 재난이라는 개념에서 알 수 있듯이, 그 영향은 개인을 넘어 가족, 친구, 공동체 전체로 확산된다. 이처럼 극단적인 상황에 노출된 다수의 사람에게 신체와 정신에 새겨지는 공동의 기억은 '집단 트라우마(collective trauma)'라고 불린다. 집단 트라우마는 대체로 정치적, 경제적, 사회적 목적을 달성하기 위해 하나의 집단이 타 집단이나 특정 개인 집단을 대상으로 조직적인 폭력을 행사한 경험에서 비롯된다. 이러한 폭력은 '집단 폭력(collective violence)'이라 불리며, 이는 곧 개인이 아닌 집단이나 국가가 자행하는 모든 형태의 폭력을 의미한다. 집단폭력의 대표적인 예로는 전쟁, 조직적인 테러 행위, 국가가 특정 집단을 향해 자행하는 폭력, 집단학살(제노사이드), 갱단 간의 무력 충돌 등이 있다.[10]

집단 트라우마는 사람들 간의 유대와 공동체 구조 간의 연결을 붕괴시킴으로써 개인의 삶을 파괴하는 결과를 초래한다. 또한, 트라우마가 발생한 시점에 부재했던 공동체, 사회, 집단의 구성원들조차 그 영향을 받을 수 있다.[11] 이러한 관점에서 볼 때, 집단 트라우마는 단순히 많은 사람이 영향을 받는다는 점뿐만 아니라 이들이 겪는 '사회적 상처(social wounds)'로 인해 사회적 개입이 요구되는 현상이다.[12] 집단 트라우마는 사회의 규범, 가치, 의미 체계를 무너뜨리기 때문에 개인 수준의 영향에만 초점을 맞추는 것에는 분명한 한계가 존재한다.[13] Luszczynska, Benight, & Cieslak(2009)은 집단 트라우마가 개인 트라우마보다 더 높은 수준의 사회적 지지, 사회적 공유, 사회적 참여, 사회 결속을 강화하는 의례 등을 필요로 할 수 있다고 주장하였다.[14] 같은 맥락에서 Hoffman과 Kruczek(2011)은 재난 피해의 회복은 피해자인 개인 차원뿐 아니라, 미시적 수준(예: 가족, 또래, 직장, 종교집단), 중간 수준(예: 학교 체계, 지역사회, 대중매체), 거시적 수준(예: 사회규범, 문화, 정부 시스템, 환경적 요인) 등 다양한 차원을 고려한 다차원적 접근이 필요하다고 강조하였다.[15] 결과적으로, 재난으로 인해 영향을 받은 다양한 사회 체계는 유기적으로 연결되어 상호 영향을 미친다. 따라서 심리 사회적 회복을 위해서는 이러한 체계 간의 협력적 자원 공유 시스템이 중요하다. 더 나아가 Norris 등(2005)은 특정 재난에 대한 노출 정도가 사회적 관계의 악화와 가족 간 갈등 증가를 예측한다고 주장하였다.[16] 이러한 관점에서 볼 때, 대규모 트라우마로 인해 대중이 집단적으로 영향을 받을 경우 사회적 딜레마가 발생할 가능성도 존재한다. 오늘날 전 세계적으로 집단 트라우마 현상은 더욱 확산되고 있으며, 이는 전쟁, 테러, 사회적 갈등의 증가와 기후 변화로 인한 자연재해 위험의 증가에 따라 사회 전반의 관여가 확대된 현상과 관련이 있다. 그러나 외상사건을 집단적으로 경험한 사회 전체에 나타나는 심리적 영향에 대한 연구가 반드시 필요함에도 불구하고, 개인 차원의 트라우마를 다룬 연구에 비해 현저히 부족한 실정이다.[17][18][19]

2) 트라우마 인식에 대한 역사적 변화

트라우마의 역사는 매우 오래된 것으로 인류는 3,000년이 넘는 시간 동안 트라우마와 스트레스와 관련된 심리적 장애에 관심을 가져왔다. 이는 외상적 사건 이후에 나타나는 심리적 반응으로 인식됐다. 가장 오래된 문헌 중 일부 — 예를 들어 『길가메시 서사시』, 루크레티우스의 『사물의 본성에 대하여』, 호메로스의 『일리아스』, 윌리엄 셰익스피어의 『헨리 4세』, 찰스 디킨스의 『두 도시 이야기』 등 — 에는 공포, 기능 저하, 불안, 고통 등 트라우마의 심리병리적 결과를 경험하는 인물들이 등장한다. 이러한 문헌들은 부정적인 심리적 결과를 수반하는 트라우마의 핵심 개념이 오랜 세월 동안 변함없이 지속되어 왔음을 보여준다.[20]

19세기 후반 이후, 트라우마 개념은 유럽 학자들을 중심으로 여러 차례 변화를 겪었으며 이는 '히스테리(hysteria)'에서 '외상 후 스트레스 장애(PTSD)'로의 개념적 전환을 포함한다. 초기에는 '히스테리'가 주요한 학문적 탐구 대상이었다. 허먼(Herman)[21]은 히스테리가 여성에게만 나타나는 불분명하고 이해하기 어려운 증상을 지닌 기이한 질병으로 여겨졌으며 자궁에서 비롯된 것으로 간주되었다고 지적한다. 이로 인해 당시의 히스테리 여성은 흔히 꾀병을 부리는 존재로 간주되었다. 이후 프랑스 신경학자 장 마르탱 샤르코(Jean–Martin Charcot)에 의해 트라우마 정신의학의 새로운 지평이 열리게 되었다. 이 시기는 산업혁명과 증기기관의 도입으로 민간 영역에서 인위적 재난이 본격적으로 발생하기 시작한 시기이기도 하다. 원래 히스테리를 연구하던 샤르코는 철도 사고 생존자들이 보이는 심리적 증상에 깊은 관심을 가졌으며 초기에는 이 증상들이 척수나 뇌의 미세 손상으로 인한 것으로 간주되었다.[22] 그러나 샤르코는 이후 '외상성 히스테리(traumatic hysteria)'라는 용어를 도입하여 이러한 증상을 정신적으로 취약한 개인에게서 나타나는 히스테리의 한 형태로 설명하였다. 그의 관점에서 환자들은 외상의 물리적 영향 자체보다 사고에 대해 스스로 형성한 '개념적 해석'으로 인해 고통을 경험한다고 보았다. 동시기 독일 신경학자 헤르만 오펜하임(Hermann Oppenheim)은 철도, 공장, 건설 현장에서 발생한 사고 피해자들을 임상적으로 관찰한 결과, 신체적 손상이 없음에도 불구하고 감정적 충격만으로 외상성 신경증(traumatic neurosis)이 발생할 수 있다고 주장하였다. 그의 주장은 이후 '트라우마 신경증(traumatic neurosis)'이라는 명칭으로 널리 알려지게 되었다.[23] 이로써 트라우마 연구는 여성에게만 국한되었던 신비로운 질병의 범주에서 벗어나 보다 보편적인 신경학적 문제로 확장되었다. 이후 샤르코의 제자였던 지그문트 프로이트와 피에르 자네(Pierre Janet)는 트라우마 이론에 심인성 원인(psychic etiology)을 도입하였다. 이들은 히스테리가 심리적 외상에 의해 유발된 상태라는 유사한 주장을 제시하였으며, 이는 외상사건에 대한 견디기 힘든 정서적 반응이 의식 상태의 변화를 초래하고 그로 인해 히스테리 증상이 발생한다는 최초의 심리학적 접근이었다.[24] 이와 같은 흐름을 통해 심리적 외상의 핵심 요인으로서 정서적 고통의 외상적 기원에 대한 인식이 확산되었으며 이에 대한 본격적인 연구가 활발히 전개되기 시작하였다.

파생(Fassin)과 레히트만(Rechtman)에 따르면, 제1차 세계대전 이후 극심한 공포에 일상적으로 노출된 수많은 군인은 외부 세계와 철저히 단절된 채 살아가게 되었으며 격렬한 떨림, 설명되지 않는 청각 및 시각 상실, 마비, 공황, 수면장애, 정서적 충격 등 다양한 심리·신체적 증상을 보였다.[25] 이러한 증상은 전쟁 후 외상 질환의 일종으로 확산되었고 당시에는 '셸 쇼크(Shell Shock)'라는 용어로 불렸다. 이 개념은 찰스 마이어스(Charles Myers)가 1915년 처음으로 제시한 것으로 그는 이를 포탄 폭발로 인한 충격이 뇌에 미세한 손상을 주었기 때문이라고 해석했다. 그러나 흥미롭게도, 당시 셸 쇼크를 겪는 이들은 치료가 필요한 환자라기보다는 용기가 부족한 겁쟁이로 간주되었으며 사회적으로 수치스러운 존재로 낙인찍혔다. 하지만 전쟁이 끝날 무렵, 실제 폭발 현장 근처에 있지 않았던 군인들마저 유사한 증상을 보이면서 외상 경험의 심리적 원인에 대한 인식이 점차 확산되기 시작하였다. 이러한 변화는 제2차 세계대전 이후에 본격화되었으며 전쟁 트라우마를 겪는 참전 군인들에게 부당하게 부여되었던 낙인을 제거하는데 중요한 전환점을 마련했다. 이로써 외상 증상은 더 이상 개인의 약함이나 수치심과 연결되지 않고 누구나 겪을 수 있는 정상적인 반응으로 이해되기 시작하였다. 또한, 제2차 세계대전 당시에는 이전보다 전쟁 신경증(war neurosis)에 대한 관심이 심화되었고 외상 증상을 개인의 선천적 취약성보다는 전쟁이라는 환경적 요인에 의해 촉발된 결과로 이해하려는 시도가 학계 전반에서 확산되었다.[26] 이 같은 이론적 전환은 정신의학자와 사회과학자들로부터 폭넓은 지지를 받았다. 이 시기에는 군 정신과 의사 아브람 카디너(Abram Kardiner)를 중심으로 전쟁으로 인한 외상성 신경증을 경험하는 군인들에 대한 정신의학적 연구가 활발히 이루어졌다.[27] 특히 '셸 쇼크'라는 진단 대신, 전장에서의 장기적인 피로와 심리적 소진 상태를 의미하는 '전투 피로(battle fatigue)'라는 새로운 용어가 등장하면서 트라우마가 특정한 소수에게만 국한된 문제가 아니라 누구에게나 발생할 수 있는 보편적 현상이라는 인식이 자리 잡게 되었다. 결과적으로, 제2차 세계대전 말기에는 외상 증상에 대한 진단과 치료 기준을 표준화할 필요성이 제기되었고 이에 따라 정신의학적 진단 체계의 정립을 위한 매뉴얼 개발에 대한 공감대가 형성되기에 이르렀다.[28]

1952년, 미국정신의학회(American Psychiatric Association, APA)는 정신질환의 분류 및 코드화를 체계화하기 위해 《정신질환 진단 및 통계 매뉴얼》(Diagnostic and Statistical Manual of Mental Disorders, 이하 DSM)의 초판인 DSM－I을 발간하였다. 이 매뉴얼은 전투 상황을 포함하여 "심각한 신체적 요구나 정서적 스트레스"에 노출된 결과로 나타나는 정신질환의 한 범주로 '중증 스트레스 반응(gross stress reaction)'을 포함하고 있었다. 그러나 베트남 전쟁 이후, 귀국한 참전 군인 중 상당수가 외상 관련 정신질환 증상을 보였음에도 불구하고 이를 적절히 진단할 수 있는 공식적인 기준은 존재하지 않았다. 당시 사용되던 DSM－II는 이러한 문제를 해결하기에 충분하지 않았으며, 참전 군인들의 심리적 고통에 대한 체계적이고 포괄적인 진단 체계의 필요성이 대두되었다. 이러한 배경 속에서 1980년에 발간된 DSM－III는 '외상 후 스트레스 장애'(Post－Traumatic Stress Disorder, PTSD)라는 새로운 진단명을 도입하였다. PTSD 개념은 전쟁 외상에 국한되지 않고 보다 광범위한 외상 경험을 포괄할 수 있도록 설계되었다.[29] 이후 PTSD

진단 기준은 여러 차례 개정을 거쳐 발전하였으며 1994년에 발간된 DSM-IV에서는 여섯 가지 진단 기준을 갖춘 체계적인 PTSD 진단 틀이 마련되었다. 특히 DSM 체계에서 가장 주목할 만한 변화는 2013년 발표된 DSM-V에서 이루어졌으며 이는 PTSD의 개념과 임상적 적용에 있어 중요한 전환점을 마련하였다. DSM-V는 PTSD를 기존의 '불안장애'(Anxiety Disorders) 범주에서 독립시켜 '외상 및 스트레스 관련 장애'(Trauma-and Stressor-Related Disorders)라는 새로운 분류로 이동시켰다. 이 범주는 외상적 사건이나 불리한 환경 요인의 노출을 모든 장애의 필수 선행 조건으로 간주하는 점에서 기존 체계와 구별된다.[30] 또한, DSM-V는 PTSD 진단 기준을 확대하여 정서적 무감각, 부정적 인지 및 기분 변화, 과각성 상태, 그리고 우울 증상의 포함 등 보다 복합적인 임상 양상을 반영하고자 하였다. 그러나 이러한 확장은 동시에 논란도 불러일으켰다. DSM-IV 개정위원회 위원장이었던 앨런 프랜시스(Allen Frances)는 DSM 체계가 지나치게 병리화를 확장함으로써 정상과 병리의 경계를 모호하게 만들고 결과적으로 예측 불가능한 과잉진단을 초래할 수 있다고 비판하였다. 그는 DSM-V가 이러한 우려를 충분히 반영하지 못한 채 고유병률 진단(low-threshold diagnoses)을 다수 도입하였다고 경고하였다.[31] 이처럼 DSM에 대한 다양한 비판이 제기되어 왔으며 현재까지도 이 매뉴얼이 심리적 고통을 진단하고 치료하기 위한 완전무결한 도구로서 모든 이해당사자의 요구를 충족시키는 것은 아니다. 그럼에도 불구하고, DSM은 지속적인 개정과 논의를 통해 발전을 거듭해 왔으며 연구자들과 임상가들의 끊임없는 노력 속에서 이전 판의 모호함과 오류를 보완하고 개인의 고통을 보다 과학적이고 일관된 방식으로 진단할 수 있는 체계를 점차 확립해 나가고 있다.

3) 트라우마 인식에 대한 패러다임 변화

허먼(Herman)은 그녀의 저서 『트라우마와 회복(Trauma and Recovery)』(2015)에서 심리적 트라우마의 특정한 형태가 지난 세기 동안 반복적으로 대중의 인식 속에 부상했다고 지적하였다. 그녀는 또한 심리적 트라우마에 대한 개념화가 점진적으로 패러다임 전환을 거쳐 왔으며 이는 정치적·사회적 운동과 긴밀히 연동되어 각 시대의 역사적 특수성을 반영해 왔다고 주장한다. 20세기는 긍정적·부정적 양면에서 급격한 사회적 변화가 수반된 시기로 과거에 비해 훨씬 다양한 형태의 집단적 사건들이 발생하였다. 이로 인해 전쟁, 학살, 식민지 지배, 인종 차별 등 다양한 갈등 상황이 집단적 폭력으로 표출되었으며 이는 광범위한 집단 트라우마를 유발하였다.

특히 20세기는 이전 세기들과 비교할 때 사망률이 현저히 높았던 시기로 17~19세기에는 전체 사망자의 약 2% 수준이었던 데 비해 20세기에는 그 비율이 약 5%에 달했다는 점에서 더욱 비극적인 시대로 평가된다.[32] 그럼에도 불구하고 대부분의 사회는 이러한 집단 트라우마를 공공의 문제로 다루기보다는 이를 개인의 정신병리학적 문제로 환원하려는 경향을 보였다. 푸코의 논의에 따르면 20세기의 권력 구조는 '정상'과 '비정상'을 이분법적으로 구분하는 담론을 유지하는 데 충분한 힘을 발휘하였으며 이에 따라 '비정상'으로 낙인찍힌 이들에 대한 배제와 억압은 쉽게 정당화되었다. '정상'으로 간주되는 집단은 스스로를 보호하기 위해 타자화된 '비정상' 집단을 희생양으로 삼았고 이들을 대상으로 사회적 분노와 폭력을 투사함으로써 자기파괴로부터 면제받고자 하였다.[33] 결과적으로, 20세기에는 심리적 트라우마에 대한 사회적 인식이 '비정상성'이라는 낙인과 결합되며 그 고통이 사회적 약자나 취약계층에게 전가되는 구조가 형성되었음에 주목할 필요가 있다. 이를 대표하는 사례는 다음과 같다. 첫 번째 희생양으로 지목된 집단은 '여성'이었다. 여성운동이 본격적으로 대두하고 여성의 참정권이 제도적으로 보장되기 이전까지 여성은 일반적으로 가장 약자이며 사회적으로 주변화된 존재로 간주되었다. 이러한 현상은 특정 국가에 국한되지 않고 20세기 초까지 대부분의 사회에서 공통적으로 나타났다. 당시 여성에게 전형적으로 진단되었던 히스테리(hysteria)는 여성의 심리적 취약성을 강조하는 대표적인 의료적 낙인의 예로 볼 수 있다. 두 번째로 희생양이 된 집단은 전쟁 중 외상성 신경증(traumatic neuroses)을 겪는 군인들이었다. 이들은 연약하거나 겁이 많으며 전투에 부적합한 병사로 취급되었고 이로 인해 병리화된 시선을 받았다. 사실상 대부분의 젊은 병사들은 전장이라는 극한 상황 속에서 부상과 죽음의 위협에 끊임없이 노출되어 있었으며 이로 인한 정신적 고통은 필연적인 결과였다. 그럼에도 불구하고, 군사적 효율성과 병력 유지라는 목적하에 PTSD 증상을 보이는 병사들조차 가능한 한 신속하게 전장으로 복귀할 것을 강요받았다. 이처럼 단지 '여성'이라는 이유, 혹은 '군인'이라는 정체성만으로 사회적 낙인의 대상이 되기 쉬운 취약 집단들은 집단적 희생의 구조 속에서 반복적으로 고통을 감내해야 했다. 그로 인해 수많은 개인이 정신적 고통과 사회적 배제를 동시에 감내해야 했으며, 이들을 위한 인식 전환과 제도 개선이 이루어지기까지는 수백만 명의 희생이 뒤따랐다는 점에서 이는 결코 과장된 평가가 아니다.

외상 후 스트레스 장애(PTSD)의 진단 체계가 발전하고 의학적 기술과 정신건강 연구가 진보함에 따라 PTSD에 대한 개념은 점차 확장되었으며 이에 따라 트라우마에 대한 사회적 인식 또한 변화를 겪었다. 이제 트라우마는 특정 개인이나 소수집단에 국한된 현상이 아니라 비정상적이거나 충격적인 상황에 노출된 누구에게나 발생할 수 있는 보편적 반응으로 이해되고 있다. 특히 2001년 미국에서 발생한 9·11 테러는 이러한 인식 전환의 중요한 계기로 작용하였다. 이 사건은 과거의 외상사건들과는 다른 양상을 보였다. 당시 미국 전역에서 직접적인 피해를 당하지 않은 대다수의 시민조차도 PTSD 유사 증상을 경험했다는 점이 주목되었으며,[34] 이는 외상의 '직접적 노출'과 '간접적 노출' 간의 경계를 모호하게 만들었다. 이러한 변화는 심리적 외상이 단지 개인 차원의 문제가 아니라 사회 전체의 정서적 충격으로 확장될 수 있음을 보여주며 '집단 트라우마'라는 개념이 보다 자유롭고 일반적으로 논의될 수 있는 사회적 환경을 조성하는 데 큰 영향을 미쳤다.

요약하자면, 트라우마에 대한 사회적 인식은 점차 확장됐으며, 이는 '특정 개인'에서 출발하여 '누구나', 더 나아가 '트라우마를 경험한 사회의 구성원 모두'로 그 범위가 확장되었다. 이러한 트라우마 패러다임의 전환과 함께 최근에는 외상사건 그 자체뿐 아니라 그 배경이 되는 사회적·정치적 환경이 집단 구성원에게 미치는 심리적 영향에 대한 관심이 증가하고 있다. 결과적으로 사회는 PTSD가 단순히 개인의 내면적 취약성이나 삶의 경계에서 발생하는 문제가 아니라 보다 구조적이고 외부적인 사회·정치 체계의 산물로 발생할 수 있음을 인식하게 되었다. 물론 모든 트라우마 노출자가 PTSD를 겪는 것은 아니며 개인의 선행 위험요인과 환경적 요인의 상호작용을 함께 고려하는 통합적 관점이 필요하다.[35] 한편, Young(2007)은 이러한 트라우마 개념의 확산이 PTSD의 과잉진단으로 이어질 수 있다는 점을 지적하며 이를 "PTSD의 대중화(popularization of PTSD)"라고 표현하였다.[36] 그는 PTSD가 단순한 정신의학적 분류를 넘어 문화적 틀(cultural template)이 되어 정상적인 사람들이 사건에 반응하는 방식에 대한 사회적 기대를 형성하게 된다고 지적하였다. 그러나 오늘날의 첨단 과학기술은 외부 환경이 개인에게 트라우마를 유발하는 방식에 대한 설명으로 후생유전학적 변화(epigenetic modification)에 접근하고 있다. 이는 유전자 구조는 변화시키지 않으면서도 환경적 자극에 의해 유전자 기능이 변화되는 것을 의미한다.[37] 이는 트라우마 경험이 세대 간에 생물학적 흔적으로 전이될 수 있음을 시사하며 트라우마에 대한 생물학적 이해를 더욱 심화시키고 있다.

트라우마에 대한 인식은 근본적인 패러다임 전환을 겪어왔다. 이제 트라우마는 더 이상 개인의 성향이나 정신 병리적 원인에 국한되어 설명되지 않으며 오히려 그것을 야기한 사회적·환경적 요인에 대한 구조적 접근이 중심으로 부상하고 있다. 이와 같은 변화는 트라우마가 단순한 개인적 경험을 넘어 사건을 직접 경험하지 않은 이들까지도 영향을 받을 수 있으며, 그 여파가 세대 간에 전이될 수 있음을 시사한다. 트라우마는 장기적으로 볼 때, 갈등 이후의 사회에서 설명되지 않는 집단적 병리 현상이나 극단적 사회 반응으로 표출될 수 있는 심대한 잠재력을 지니고 있다. 따라서 오늘날 우리는 트라우마를 다루는 방식에 있어 순수하게 의학적·과학적 접근만으로는 충분하지 않다는 사실을 인식해야 하며 이를 뒷받침할 다학제적·통합적 접근의 필요성이 점점 더 중요해지고 있다.

4) 트라우마와 건강

비록 외상 후 스트레스 장애(PTSD)가 트라우마의 가장 널리 알려진 결과이지만 트라우마는 이보다 훨씬 광범위한 심리적·신체적 영향을 수반한다. 이는 심리적 과정과 생리적 과정이 복합적으로 얽혀있음을 보여주는 중요한 근거가 된다. 다양한 연구에 따르면, PTSD를 경험한 개인은 최소 하나 이상의 다른 정신질환을 동시에 앓을 가능성이 높으며[38] 이러한 공병성(comorbidity)은 트라우마의 복합성과 심각성을 단적으로 드러낸다. 주로 함께 진단되는 정신질환에는 우울장애, 불안장애, 물질 사용 장애 등이 있으며 이와 함께 수면장애, 외상 기억에 대한 생리적 과민 반응 등 신체적 증상도 빈번히 나타난다.[39][40] 더 나아가, 트라우마 노출의 심각성은 건강에 해로운 행동을 동반하지 않더라도 다양한 만성질환의 발병률 증가와 밀접하게 연관되어 있으며 이는 결국 전반적인 신체 건강의 악화로 이어진다.[41] 이러한 점을 종합해 볼 때, 트라우마는 단지 개인의 심리적 기능에 영향을 미치는 것을 넘어 신체적 기능에도 만성적이고 지속적인 손상을 초래하는 복합적인 질환임을 알 수 있다.

트라우마가 건강의 모든 차원에 부정적인 영향을 미치는 잠재적 메커니즘은 '건강'이라는 개념 자체에서 출발할 수 있다. 세계보건기구(WHO)는 1946년 헌장에서 건강을 "단순히 질병이나 허약함이 없는 상태만이 아니라, 신체적, 사회적, 정신적으로 완전한 안녕 상태"라고 정의하고 있다(WHO, 2017). 이는 건강이란 단순한 신체의 무병 상태가 아니라 개인의 내면과 개인-사회-환경 간의 관계에서 형성되는 하나의 '조화로운 상태'임을 의미한다.[42] 이러한 관점에서 건강은 상호 연관된 세 가지 축 — 신체적, 정신적, 사회적 — 의 균형 위에 성립되며, 그 중 어느 하나라도 심각한 균형 붕괴가 발생할 경우 전체 건강은 위협받게 된다. 트라우마는 이 세 축 모두에 중대한 영향을 미친다. 심리적 압도감과 신체적 상해는 종종 사회적 단절이나 낙인, 그리고 환경적 박탈과 맞물려 나타나며 이 복합적 요인들이 함께 작용할 때 트라우마는 더욱 심화된다. 그 결과, 개인의 건강뿐 아니라 그 개인이 속한 공동체 전체의 건강한 균형 역시 붕괴된다. 트라우마에 노출된 사람들은 일반적인 사람들보다 더 복합적인 건강 문제를 겪을 가능성이 높으며 이는 단순히 개인적 고통을 넘어서 집단적 복지와 공공건강의 차원에서도 심각한 함의를 지닌다.

그러나 현실적으로 볼 때, 개인과 공동체 차원 모두에서 '건강'의 균형 잡힌 상태를 달성하고 유지하는 데에는 분명한 어려움이 존재한다. 첫 번째 차원인 신체적 안녕과 관련해서는, 최근 의학기술이 눈에 띄게 발전했음에도 불구하고 여전히 많은 질병과의 싸움이 전 세계적으로 계속되고 있으며 그중에는 원인이 불분명한 감염병과 비감염성 질환도 포함되어 있다. 이러한 질병은 인간에게 있어 생명과 죽음의 문제라는 점에서 매우 본질적인 위협이다. 세계보건기구(WHO)의 2021년 통계에 따르면, 전 세계 사망 원인 중 약 65.3%는 비감염성 질환, 28.1%는 감염성 질환, 그리고 약 7%는 외상에 의한 것으로 나타난다.[43] 두 번째 차원인 사회적 안녕 측면에서는, 저소득 및 중간소득 국가(LMICs)와 고소득 국가(HICs) 간의 사회적·경제적 조건 차이에서 비롯된 건강 불평등이 사람들의 삶과 건강에 중대한 영향을 미치고 있다. 지난 20여 년간 건강의 사회적·경제적 결정 요인에 대한 연구는 크게 증가해 왔다. 대부분의 연구는 개발도상국에서 절대적 빈곤이 단순히 굶주림과 영양실조에 그치지 않고 의료 서비스 접근성 저하로 이어지며 질병 부담을 가중시킨다는 점을 공통적으로 지적하고 있다. 이러한 상황은 세계인권선언 제25조(UN, 2015)[44]에 비추어볼 때 명백한 인권 침해로 간주될 수 있다. 따라서 건강의 사회적 결정 요인에 대한 개입은 단순히 건강 수준을 향상시키기 위한 차원을 넘어 사회가 인간의 기본적 욕구를 충족시키는 방향으로 나아가고 있음을 보여주는 중요한 지표이기도 하다.[45] 이와 더불어, 세계보건기구(WHO)는 폭력이 건강 및 보건체계에 미치는 양상과 그 규모, 영향을 설명하려는 노력의 일환으로 폭력 문제에 대한 관심을 높이고 있다. 세 번째 차원인 정신적 안녕은 특히 대부분의 저소득 및 중간소득 국가에서 보건의료 정책의 우선순위에서 종종 배제되는 경향이 있다. 이는 많은 사람들이 정신건강을 건강 증진이나 빈곤 완화와 같은 주류 보건 노력과는 별개의 문제로 인식하기 때문이다.[46] 그러나 전 세계적으로 신경정신과적 질환과 흔한 정신 강 문제들은 전체 질병 부담의 상당 부분을 차지하고 있다.[47] 이러한 질환은 감염병이나 비감염성 질환의 발병 위험을 높일 뿐만 아니라 의도적이든 비의도적이든 신체 손상(외상)의 원인이 되기도 한다. 또한, 사회적 불평등은 사람들이 살아가는 사회적·경제적·물리적 환경을 통해 정신질환의 발생 위험을 크게 증가시키는 주요 요인으로 작용한다.[48] 한편, 자살률의 급증은 또 다른 심각한 세계적 문제로 대두되고 있다. 자살은 다양한 요인에 의해 발생할 수 있지만, 대부분의 연구들은 그 주요 원인이 현대인에게 가장 흔한 정신질환 중 하나인 우울증과 깊은 관련이 있을 가능성을 시사한다. 이러한 새로운 형태의 정신건강 문제는 단순한 병리적 원인으로만 설명하기 어려운 경우가 많으며 보다 다양한 관점에서 진지하게 접근할 필요가 있다.

따라서 건강한 삶은 인간 존재에 있어 반드시 전제되어야 할 기본 조건이자, 동시에 인간의 본질적인 욕구라고 할 수 있다. 그러나 앞서 살펴본 여러 선행 연구들이 보여주듯, 건강한 삶은 결코 개인의 노력만으로 이루어질 수 없다. 신체적, 정신적, 사회적으로 어려움을 겪는 사람들에 대한 사회 전체의 관심과 돌봄이 존재할 때 비로소 개인의 건강한 삶도 보장될 수 있다. 이는 특정 집단은 물론, 사회 전체의 건강성을 구축하는 데 있어 중요한 출발점이 된다.

더욱이, 극단적인 경험으로 인해 개인이나 집단이 트라우마를 겪고 있는 사회에서는 그들의 건강에 대한 관심과 효과적인 회복을 위한 사회적 노력이 더욱 절실하다. 특히 집단 트라우마의 경우, 그 피해는 단순히 직접적인 피해자에 국한되지 않고 사회 전반으로 확산될 수 있다. 이는 사회 기능적 측면과 과학적 측면 모두에서 설명된다. 첫째, 지역사회 내 폭력 노출은 우울, 불안, 공격성과 같은 정서적 고통은 물론 반사회적 행동 문제를 유발할 가능성이 크며, 이는 다시 가족과 지역사회의 기능적 장애로 이어질 수 있다. 둘째, 임상 연구의 진전에 따라 트라우마의 세대 간 전이가 자녀에게 미치는 심리적 영향은 1980년대 중반 이후로 학계에서 널리 인정받기 시작하였다.[49] 최근에는 과학기술의 발전으로, "후성 유전적 유전(epigenetic inheritance)"이라는 개념이 실제로 입증 가능한 수준에 이르렀다. 이는 흡연, 식단, 스트레스와 같은 환경적 요인이 유전자 기능에 영향을 미쳐, 자녀나 손주 세대까지 트라우마가 생물학적으로 유전될 수 있음을 보여준다. 여러 연구는 건강한 인간관계가 이러한 스트레스의 세대 간 지속을 차단하는 데 보호 효과를 가질 수 있음을 시사한다.[50]

(2) 공감

1) 타인의 고통에 대한 자세

인간은 감정을 통해 타인의 경험을 이해하며, 이는 단지 개인적인 반응에 그치지 않고 사회적으로 기능하는 선택을 가능하게 한다는 점에서 가장 사회적인 존재이다.[51] 특히 광범위한 사람들에게 영향을 미치는 집단적 트라우마 사건 이후에는 사회 대중 내부에서 다양한 심리 사회적 반응이 촉발된다. 이 과정에서 일상적으로 자주 언급되는 개념인 '공감(empathy)'에 주목할 필요가 있다. 공감은 타인의 정서 상태를 자연스럽게 감지하고 공유하며, 그 감정에 대한 이해와 배려를 바탕으로 적절하게 반응하는 능력으로 정의된다.[52]

공감은 트라우마 치유에 있어 핵심적인 역할을 수행한다. 타인의 고통에 공감하는 것은, 단순히 감정적 연민을 넘어 그 고통이 발생한 구조적·환경적 조건에 대한 관심과 더불어 그것을 유발한 부정의하고 비합리적인 상황을 바로잡고자 하는 윤리적 태도로까지 확장될 수 있다. 따라서 우리는 공감 능력을 중심으로 현대사회가 직면한 문제들의 해법을 모색할 수 있으며 트라우마 치유를 위한 핵심적 매개요인으로서 공감의 기능을 적극적으로 재조명해야 한다.

비록 '공감(empathy)'은 19세기 후반부터 존재하던 개념이지만, 20세기 초에 이르러 새로운 의미와 중요성을 획득하며 본격적으로 학문적 담론의 중심에 등장하게 되었다. 이 단어는 그리스어 '엠파테이아(empatheia)'에서 유래되었으며, 이는 대략적으로 '열정(passion)'을 뜻한다. 어원을 살펴보면, 'em–'은 '안으로(into)', '–pathy'는 '감정–지각(feeling–perception)'을 의미하는데 이를 종합하면 공감은 '타인의 감정을 자기 내면으로 받아들이고 지각하는 감정적 능력으로 해석할 수 있다. 이와 유사한 의미의 용어로는 '연민(pity)', '공감적 관심(empathic concern)', '자비(compassion)' 등이 있으며, 이들 대부분은 중세 이후 서구 윤리 사상 속에서 인간의 도덕 감정과 밀접하게 연결되어 발전해 왔다. 특히 연민과 자비는 "타인의 슬픔에 대한 감정적 반응"이라는 점에서 공감과 중첩되지만 행동적 차원에서의 반응성에서 차이를 보인다. '공감'이라는 용어 자체는 1909년 심리학자 에드워드 티치너(Edward Titchener)가 처음 영어권에 도입한 것으로 알려져 있다. 이후 공감은 철학, 심리학, 신경과학, 교육학, 사회복지학 등 다양한 분야에서 핵심 개념으로 다루어져 왔으며, 오늘날에는 감정이입, 대인관계, 도덕 판단, 치유와 회복의 윤리 등 다층적 의미로 확장되고 있다. 무엇보다 공감과 유사한 정서적 용어들을 구별하는 핵심 기준은 관찰자의 감정이 '함께 느끼는 감정(affective sharing)'인지, 혹은 '타자지향적 감정(other-oriented feeling)'인지에 있다. 전자는 '타인의 감정을 내 안에 일으키는 것', 후자는 '타인을 위하는 감정'이라는 차이를 지닌다. 이러한 세분화는 공감 개념의 복잡성과 함께, 각 용어들이 지닌 철학적·윤리적 함의를 탐색하는 데 중요한 단초를 제공하며 지난 수십 년간 폭발적인 연구를 이끈 기반이 되었다.

본 연구는 비교적 최근에 부각되며 더욱 사회적 의미를 띠게 된 공감의 개념에 초점을 둔다. 공감에 관한 학문적 논의는 방대하며 단순히 유사 개념들 간의 구분을 넘어 공감의 감정적 차원(타인의 감정을 함께 느끼는 것)과 인지적 차원(타인의 관점을 이해하는 것)을 통합적으로 탐구하는 진보적인 연구들로 확장됐다.[53] 공감은 일반적으로 '대인 공감(interpersonal empathy)'의 의미로 사용되며 이는 타인과의 상호작용 속에서 감정적·인지적 요소가 의식적 또는 무의식적으로 표현되는 과정을 포함한다.[54] 이러한 공감 능력은 단지 개인적 관계 유지에 그치지 않고, 사회적 기능과 도덕성의 발달에 필수적인 핵심 역량으로 간주된다.[55] 다수의 연구는 공감 감정이 이타주의적 동기(altruistic motivation)로 이어진다고 분석해 왔다.[56][57][58] 이는 '공감-이타주의 가설(empathy-altruism hypothesis)'로 불리며 타인의 고통에 대한 공감적 관심이 궁극적으로 이타적 행동을 유도한다는 주장을 담고 있다. 이타주의는 도덕적 기준에 따른 판단과 연결되며 도덕적 행동의 동기 기제로 기능한다. 따라서 공감 수준이 높을수록 이타적 행동과 도덕성, 친사회적 행동이 함께 증가하는 경향이 있다. 친사회적 행동은 사회문화적 맥락에서 바람직하다고 여겨지며 타인의 행복에 기여하는 모든 사회지향적 행위를 포함한다. 반대로, 타인에 대한 공감 결여는 가정 폭력, 성폭력, 아동 학대 등 심각한 반사회적 문제의 발생 가능성을 높이며 다양한 파괴적 행동의 배경 요인이 될 수 있다.[59]

선행 연구들에 따르면, 공감 능력은 각 개인이 타인과의 관계를 형성하고, 사회라는 공동체 안에서 책임 있는 도덕적 시민으로 살아가는 데 핵심적인 역할을 수행한다. 그러나 우리는 여기에서 근본적인 질문을 제기할 필요가 있다. "과연 인간은 진정으로 타인의 고통에 공감할 수 있는가?" 인간의 본질적 특성인 친사회성(prosociality)이 공감의 기반이 된다는 가정은 오랫동안 철학적, 심리학적 전통에서 유지되어 왔다. 이를테면, 아담 스미스(Adam Smith)는 『도덕 감정론』에서 타인의 감정을 함께 느끼는 능력, 즉 공감적 감정(fellow-feeling)을 인간의 도덕적 판단의 출발점으로 보았다. 그러나 이러한 입장에 대해 수잔 손택(Susan Sontag)은 중요한 비판적 논의를 제기한다. 그녀는 저서

『타인의 고통에 대하여(On Pain of Others)』(2003)에서 현대사회에서 타인의 고통 이미지가 범람함에도 불구하고 진정한 공감은 드물게 작동한다는 점을 지적한다. 손택(Sontag)에 따르면, 우리는 매일 아침 뉴스나 미디어를 통해 세계 곳곳의 참혹한 고통을 마주하게 된다. 사람들은 그 장면에 일시적으로 연민 혹은 분노를 느낄 수 있으나 이 감정은 쉽게 소진되고 행동으로 이어지지 않으면 금세 사라져버린다. 그녀는 이를 통해 공감이 단순히 일방적인 감정 반응이 아니라, 상호 소통의 맥락 안에서만 진정한 효과를 발휘할 수 있다고 강조한다.[60] 다시 말해, 공감은 관계적인 개입과 맥락적 이해를 전제할 때에만 지속 가능하다. 이러한 이해는 공감이 단지 정서적 반응이 아니라 사회적 윤리적 행동의 동기가 될 수 있다는 점을 시사한다. 나아가 공감은 건강한 삶과 치유 과정에서도 중요한 역할을 수행한다. 여러 실증 연구들에 따르면, 공감과 사회적 지지는 스트레스 반응, 면역 기능, 심혈관 건강 등 다양한 생리적 지표에 긍정적인 영향을 미치며 궁극적으로 개인의 건강과 질병의 경과에 중대한 영향을 준다.[61][62][63] 특히 환자 치료 영역에서는 공감의 중요성에 대한 학문적 관심이 증가하고 있으며, 이는 단순히 치료적 동맹(therapeutic alliance)을 넘어, 심신의 치유를 돕는 정서적 자원으로 기능하고 있다.[64] 세갈(Segal)은 공감을 상처 입은 몸과 영혼을 회복시키는 강력한 심리적 자원이자, 개인의 성장과 회복 탄력성을 촉진하는 열쇠로 평가하였다.[65]

공감의 개념을 더욱 확장해 보면, 그것이 개인 간 관계를 넘어서 보다 넓은 사회적 영역에서 어떤 기능을 수행할 수 있는가에 대해 주목할 필요가 있다. 최근 들어 등장한 개념인 '사회적 공감(social empathy)'은 다음과 같이 정의된다: "다른 사람들의 삶의 조건을 인식하고 그들을 이해함으로써, 구조적 불평등과 격차에 대한 통찰을 얻고, 그로부터 비롯된 사회적 책임의식을 바탕으로 행동하게 하는 능력"(Segal, 2011).

Adelman, Rosenberg, and Hobart(2016)는 사회적 공감이 개인 간 공감을 통해 축적된 정서적 통찰에 기반을 두되, 단순한 감정이입을 넘어서 공공 정책, 사회운동, 혹은 정의 실현을 위한 실천적 행동으로 나아가야 한다고 강조한다.[66] 즉, 사회적 공감은 감정에서 멈추지 않고 구조적 책임감으로 이행되어야 한다는 것이다. 따라서 사회적 공감 능력을 갖춘 사회는 개인과 공동체의 복지를 향상시키는 실천, 서비스, 프로그램, 정책 등을 보다 적극적으로 개발하고 실행할 가능성이 높다. 특히 집단적 트라우마 이후 사회적 네트워크가 해체된 공동체의 재건에 있어, 사회적 공감은 그들의 성장, 건강, 복지를 촉진하는 회복적 인간관계를 구성하는 토대로 작동할 수 있다.[67][68]

세갈은 사회적 공감이 다음의 세 가지 요소로 구성된다고 설명한다.

첫째는 대인 공감(interpersonal empathy)으로 이는 타인의 정서를 감지하고 이해하는 개인적 수준의 감정이입 능력이다. 이 요소는 전통적인 공감 연구에서 핵심적으로 다루어져 왔다. 둘째는 맥락적 이해(contextual understanding)로 이는 다른 사회적·경제적 배경을 지닌 이들의 삶의 조건을 고려함으로써, 그들이 마주한 제약과 고통을 보다 정밀하게 파악하고 해석하는 능력을 의미한다.[69] 셋째는 사회적 책임(social responsibility)이다. 이는 사회적 공감이 반드시 도덕적 책임감과 행동을 수반해야 함을 전제로 하며 나아가 사회적 복지를 증진하고자 하는 실천적 욕구로 이어진다. 이러한 관점에서 보면 공감은 단순히 타인의 고통을 인식하는 능력에 그치지 않고, "왜 그것이 고통스러운

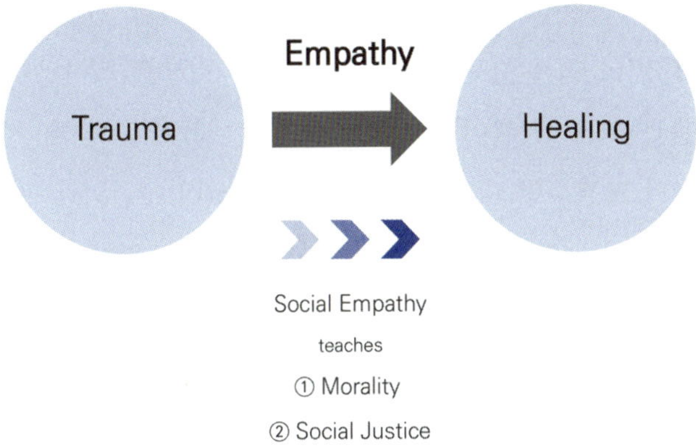

그림 2.1 공감의 역할

가"라는 질문을 가능하게 하며 그것을 초래한 사회 구조적 요인에 주의를 기울이고 이를 제거하려는 실천적 자세를 포함한다. 오늘날 사회는 집단적으로 경험되는 고통의 빈도와 강도가 눈에 띄게 증가하고 있는 시대이며, 공감의 사회적 기능이 더욱 중요해지는 시점이다. 무엇보다도, 타인의 고통에 윤리적으로 반응하고 구조적으로 개입하려는 태도를 지닌 사회는 더욱 건강하고 안전한 공동체로 나아갈 수 있을 가능성이 크다.

(3) 치유

영어 단어 heal, health, healing, whole, holy는 모두 같은 어원에서 기원한다. 이들은 고대 색슨어 hal 또는 haelen에서 유래한 것으로, '완전함(wholeness)' 혹은 '온전해지다'라는 의미를 지닌다. 이 어원은 독일어 heilen(치유하다), 그리고 그리스어 holos(전체 또는 온전한)와도 깊은 언어적 · 의미적 연결을 가진다. 이러한 어원적 관계는 치유(healing), 온전함(wholeness), 그리고 성스러움(holiness) 사이에 본질적이고 심오한 연관성이 있음을 시사한다.70) 이러한 관점에서 볼 때, '완전한 건강'의 회복은 단지 신체적 차원의 회복을 의미하지 않는다. 오히려 몸과 마음, 영혼이 조화롭게 통합된 상태, 즉 존재 전체의 통합이라는 더 포괄적인 의미를 지닌다. 이는 현대 보건의료에서 요구되는 전인적 치유(holistic healing) 개념과도 일맥상통한다.

일반적으로 '치유(healing)'와 '치료(cure 또는 treatment)'는 혼용되기도 하지만, 두 개념은 엄밀히 구분된다. Leland Kaiser(1994)는 '치료'는 주로 질병의 물리적 증상 제거에 초점을 맞춘 과학적·기술적 접근이며,71) 반면 '치유'는 인간의 영적, 심리적, 관계적 경험을 아우르는 통합적이고 인간 중심적인 접근이라고 설명한다. Egnew(2005) 또한 이 구분을 강조하며 치료는 질병을 제거하거나 증상을 완화하는 것에 국한되지만, 치유는 회복뿐 아니라 예방과 건강 증진까지를 포함하는 더 넓은 과정이라고 주장한다.72) 이러한 확장된 개념은 건강을 회복하는 과정에서 생물학적 요인뿐만 아니라 심리적, 사회적, 문화적 요인들이 반드시 함께 고려되어야 함을 강하게 시사한다.73) 따라서 오늘날의 치유는 개인의 육체뿐만 아니라 정체성, 삶의 의미, 관계적 회복까지 포함하는 총체적 과정으로 이해되어야 한다.

이러한 관점에서 볼 때, 감정적 상처로서의 트라우마는 '치료(cure)'보다는 '치유(healing)'라는 개념이 보다 적절하게 적용되어야 할 대상이다. 물론 트라우마로 인해 발생하는 신경학적 또는 정신적 증상에 대해서는 적절한 임상적 치료 개입이 필수적이다. 그러나 트라우마의 본질은 단순한 의학적 현상이 아니라 존재 전체의 균열을 동반하는 경험이며, 이에 대한 회복 또한 심리적, 정서적, 사회적, 영적 통합을 요하는 전인적 과정이다. 20세기 후반 이후, 트라우마와 그 회복에 대한 이해는 눈에 띄는 발전을 이루었다. 이에 따라 개인 중심의 임상적 치료 접근을 넘어, 사회적 맥락에서의 치유의 필요성이 점차 강조되고 있다.[74] 이러한 관점은 트라우마가 단지 개인의 삶을 파괴하는 데 그치지 않고, 사회 제도, 가족, 친밀한 관계, 경제 구조 등 공동체 기반의 사회적 조직 전반을 붕괴시킬 수 있다는 점을 부각시킨다.[75] 이처럼 트라우마는 공동체의 기능적 기반을 심각하게 약화시킬 수 있으며, 치유는 더 이상 개인의 문제에 국한될 수 없다. 오히려 사회 전체의 회복 과정으로 이해되어야 한다는 전환적 인식이 요청된다.

Wessells(2007)는 기존의 치료 중심 접근과는 구별되는 치유 중심 접근의 중요성을 강조하면서, 이 접근이 사회 재건, 사회적 회복력(social resilience), 사회적 화해(social reconciliation)와 밀접히 연관되어 있다고 지적한다.[76] 이러한 통합적 접근은 자조(self-help), 지역 공동체 자원의 활용, 지역 네트워크의 재구성, 역량 강화 등의 과정을 포함하며, 단순한 임상 치료를 넘어 구조적이고 포괄적인 개입을 지향한다. 특히 트라우마 치유는 평화 구축(peacebuilding)과 밀접하게 연결되어 있다. Zelizer와 Rubinstein(2009)은 트라우마 회복과 평화 구축이 모두 건강한 인간관계의 형성 또는 회복을 핵심 목표로 삼고 있으며 이러한 관계성의 회복은 개인의 심리적 안녕뿐만 아니라 공동체의 지속 가능성에도 중대한 영향을 미친다고 주장한다.[77]

최근의 다양한 연구들은 전쟁 이후 사회에서의 '사회 재건(social reconstruction)'에 주목하고 있다. 이는 단지 물리적 인프라의 복구나 제도적 안정화를 넘어 개인과 공동체가 자신들의 사회적 위치를 회복하고, 기능적 역할을 재정립해 나가는 과정에 초점을 둔 개념이다.[78][79][80] 특히 de Jong(2002)은 사회 재건을 이해하는 데 있어 미시적 수준(개인과 공동체)과 거시적 수준(사회 전반) 간의 상호작용이 중요하며 이들 각각이 끊임없이 환경과 상호 연동된다는 전제에서 출발한다. 그는 모든 사회는 복수의 수준에서 유기적으로 연결되어 있으며, 폭력은 결코 단일 차원에만 국한되지 않고 사회 전체에 파급효과를 미친다고 강조한다. 이러한 관점에서 전후 재건(post-conflict reconstruction)은 경제적, 정치적, 사회적 차원의 다차원적 복원을 포함하는 복합적인 과정이다. 단순히 제도나 물적 인프라의 회복을 의미하는 것이 아니라, 심리사회적 안정, 관계성의 회복, 문화적 치유 등을 포괄하는 총체적 접근이 요구된다. 특히 심리사회적 개입은 규모 면에서 작아 보일 수 있으나 실제로는 폭력의 악순환을 줄이고, 평화 구축과 화해, 지속가능한 사회의 토대를 마련하는 데 핵심적인 역할을 수행한다.[81] 이와 관련해 여러 연구는 트라우마 이후 치유 과정의 효과성이 단지 개인의 내면적 변화에 국한되지 않고, 사회적지지, 문화적 자원, 공동체 내 회복적 네트워크와 같은 외부적·구조적 요인과의 유기적 연결 속에서 증진될 수 있다고 지적한다.[82][83][84] 결국, 집단 트라우마 치유는 개인적 회복, 공동체 회복, 사회 시스템 복원의 삼중 구조 안에서 동시에 고려되어야 하며 사회적 맥락과 상호작용의 체계성을 반영한 통합적 개입 전략이 요구된다.

따라서 집단 트라우마로 인해 신체적·정신적으로 깊은 상처를 입은 피해자이자 생존자인 개인은, 단지 개별적 치료에 의존하는 접근을 넘어서 그가 속한 공동체와 사회의 적극적 개입을 통해 포괄적인 치유 과정을 경험해야 한다. 그러나 이러한 다차원적 치유 접근을 위한 구체적인 개념 정립이나 실천적 방법론은 여전히 불충분한 상태이며 다양한 학문 분야에서 체계적으로 제시되지 못한 채 부분적 논의에 그치고 있는 실정이다. 이러한 한계 속에서, 트라우마 사건으로 인해 고통받는 개인과 사회를 통합적으로 치유하기 위한 실천 가능한 이론적 틀을 모색하는 작업은 필연적이며, 이는 곧 본 연구의 최종 목표인 '포괄적 치유 모델(comprehensive healing model)'을 제안하기 위한 출발점이 된다. 본 연구는 이러한 목적을 바탕으로 개인 치유와 사회 치유를 함께 조망하는 주요 이론과 접근법들을 검토하고, 이를 토대로 총체적 치유 개념의 이론적 구체화를 시도하고자 한다. 궁극적으로 본 장은 치유를 개인-사회-구조라는 상호 연결된 차원에서 통합적으로 사고하는 실천 기반 모델을 제시하는 데 이론적 토대를 마련하는 것을 목표로 한다.

(4) 포괄적 치유 모델의 주요 구성

1) 개인 영역: 주디스 허먼(Judith Herman)의 '회복 단계 이론'

미국의 정신과 의사 주디스 허먼은 현대 트라우마 연구의 선구자로 평가받는다. 본 연구에서는 그녀의 주요 저서인 『트라우마와 회복』(2015)에 담긴 이론과 치료 방법론에 초점을 맞추고자 한다. 허먼의 이론이 갖는 가장 큰 의의는 단순히 트라우마 증상을 분석하는 데 그치지 않고 회복을 위한 구체적이고 체계적인 과정을 제시했다는 점에 있다. 그녀는 가정 폭력부터 테러리즘에 이르기까지, 다양한 트라우마 상황에 적용 가능한 기본적인 치료 모델을 제안하였고 이 모델은 이후 널리 채택되어 오늘날 많은 트라우마 치료법의 기반이 되고 있다.[85) 이와 유사한 회복 모델은 원래 피에르(Pierre)에 의해 만성 트라우마 치료를 위해 처음 구상되고 활용된 바 있다.[86) 그러나 허먼은 이러한 기존 이론을 발전시켜 지난 한 세기 동안 여러 학자들의 연구 결과를 토대로 다양한 트라우마 증후군에서 공통적으로 나타나는 회복 과정의 유사한 양상을 밝혀냈다. 그녀는 비록 회복의 여정은 극도로 복잡하고 혼란스러운 과정을 거치지만 성공적인 회복은 일정한 단계를 거쳐 점진적으로 이루어진다는 결론에 도달하였다.

이러한 이론적 배경을 바탕으로 허먼(2015)은 트라우마 회복의 과정을 세 단계로 제시하였다. 첫 번째 단계는 '안전의 확립'이다. 이 단계에서는 과거의 트라우마 사건으로 인해 심신이 약화된 생존자의 안전을 보장하고 동일한 사건이 다시는 반복되지 않을 것이라는 확신을 심어주는 것이 핵심이다. 이는 안전한 거주 환경의 구축까지 포함되며 생존자가 신체적·심리적 안정감을 회복할 수 있도록 하는 것이 중요하다. 특히 누구도 혼자 힘만으로 안전을 확보할 수 없다는 점에서 효과적인 안전 계획 수립에는 사회적 지원이 반드시 수반되어야 한다. 충분한 생활 안정과 심리적 회복이 이루어진 이후에는 두 번째 단계인 '기억과 애도'가 시작된다. 이 단계에서 생존자는 자신의 트라우마 경험을 구체적으로 이야기하게 되며 적절한 치료적 개입을 통해 통제된 환경 안에서 그 사건을 재경험하게 된다. 반복적인 회상과 애도의 과정을 통해 점차 그 기억은 극심한 감정을 유발하지 않는 과거의 사건으로 전환된다. 허먼은 "이야기를 말하는 행동"이 끝났을 때 비로소 트라우마 경험이 과거에 속하게 된다고 강조한다. 이는 생존자가 현재의 삶을 직면하고 미래를 향해 나아갈 수 있는 용기를 갖게 되는 중요한 전환점이다. 세 번째 단계는 '새로운 일상생활과의 재연결'이다. 이 단계에서는 생존자가 가능한 한 정상적인 삶으로 복귀하고 트라우마 경험에서 얻은 교훈을 자신의 삶에 통합할 수 있도록 돕는 사회적·환경적 지지가 요구된다. 무엇보다 이 시점에서는, 생존자가 타인과의 관계 속에서 신뢰를 회복하고 자율성을 느끼며 균형 잡힌 삶을 살아갈 수 있어야 한다. 이 단계를 넘어서게 되면 생존자는 개인적 안녕을 넘어 자신이 속한 공동체의 회복과 정의 실현에 관심을 갖게 된다. 이는 자신의 고통을 더 깊고 넓은 의미로 재해석하고 궁극적으로는 향후 트라우마 상황에 대비할 내적 힘과 회복탄력성을 기르는 기반이 된다.

허먼(Herman, 1992, 1997)은 회복 과정의 마지막 단계에서 "회복의 단계는 개인의 치유뿐만 아니라 트라우마를 경험한 공동체의 치유에서도 관찰할 수 있다"고 언급하였다. 이는 심리적 트라우마가 단지 개인의 문제가 아니라 사회적, 더 나아가 전 지구적 차원의 현상임을 인식하는 것이 중요하다는 점을 강조한 것이다. 전체 공동체가 트라우마 사건을 경험할 경우, 구성원 개개인이 보이는 외상 후 스트레스 장애(PTSD)와 유사한 반응이 사회 전체에 나타날 수 있다. 이러한 맥락에서 허먼의 회복 이론은 단순한 임상적 치료를 넘어 트라우마의 개인적·사회적 측면을 통합적으로 이해하고 접근하려는 시도로 볼 수 있다.

허먼의 '회복 단계 이론'은 임상 치료 접근에서 표준 모델로 간주되며 널리 채택되고 있다. Kallivayalil 외(2013)는 회복 과정이 타인의 개입에 의존하며 다양한 치료적 기법이 단계적으로 포함되어야 함을 강조하였다.[87] 이러한 치료적 접근들은 점진적인 트라우마 회복을 중시하는 허먼의 이론을 반영하며 회복을 위해 복합적이고 통합적인 개입이 필요함을 보여준다. 지난 20여 년 동안, 사회과학자들은 정성적 연구와 내러티브 방법론의 중요성을 지속적으로 입증해 왔다. 예를 들어, Mishler(2004)는 사람들이 자신의 삶의 사건을 내러티브 구조로 구성하지만 이 구조는 끊임없이 재해석되고 수정된다고 주장하였다.[88] 또한 Linde(1993)는 사람들이 삶의 단절 속에서도 자기 정체성과 일관성을 유지하기 위해 내러티브 전략을 활용한다고 설명한다.[89] 이러한 통찰은 많은 임상 및 심리치료 연구자들로 하여금 내러티브 접근에 주목하게 만든 계기가 되었으며 관련 연구들도 꾸준히 진행되고 있다.[90][91][92][93] 한편, 1980년 PTSD가 진단 분류 체계에 포함된 이후 인지행동치료(CBT)의 효과에 관한 실증적 연구가 활발히 이루어져 왔다. 현재 다양한 치료 지침에서는 PTSD 치료를 위해 트라우마 중심 인지행동치료(TF−CBT)를 권장하고 있다.[94] 허먼의 이론은 다층적이고 구조화된 접근 방식을 포함하고 있으며 측정 가능한 목표 설정과 과제 수행 — 예를 들어 내담자가 자신의 사고, 감정, 행동을 체계적으로 모니터링 하는 과정 — 을 포함한다는 점에서 인지행동치료의 틀 안에서 이해될 수 있다.[95][96]

허먼은 개인의 트라우마 치료에 있어 사회적 개입의 중요성을 강하게 강조하였으나 그녀의 이론은 여전히 대면 치료를 중심으로 한 개인 중심의 임상적 접근에 초점을 두고 있다. 이러한 특성으로 인해 집단 트라우마 상황에서의 사회적 개입 효과나 회복 단계별 집단 역동과의 상관관계에 대한 분석은 상대적으로 미흡한 편이다. 직접적인 피해를 당한 집단의 트라우마를 분석할 때는 개인의 증상보다는 집단 전체의 행동 양상 변화에 주목할 필요가 있다. 이러한 접근은 전쟁, 학살, 재난 등 집단적 외상 이후 나타나는 설명하기 어려운 사회 병리적 현상 — 예를 들어 침묵, 분열, 왜곡된 기억의 재구성 등 — 을 해석하는 데 유용한 분석틀을 제공한다.

2) 사회 영역: 요한 갈퉁(Johan Galtung)의 '평화 이론'

한나 아렌트(Hannah Arendt)가 20세기를 '폭력의 세기'로, 에릭 홉

스봄(Eric Hobsbawm)이 '극단의 시대'로 규정한 통찰처럼 20세기는 인류 역사상 가장 폭력적인 시기 중 하나였다. 첨단기술의 발전은 전쟁과 학살의 효율성까지 높였으며 두 차례의 세계대전으로 1억 명이 넘는 사람들이 목숨을 잃었다. 정부 주도의 대량 학살로 살해된 민간인은 약 2억 6,200만 명에 달한다.[97] 독일, 일본, 중국, 베트남, 폴란드, 파키스탄, 유고슬라비아, 멕시코, 캄보디아 등 세계 곳곳의 수많은 국가가 상상조차 어려운 폭력과 유혈 사태를 경험했다. 여기에 더해 규모는 작지만, 반복적으로 발생하는 국지적 비극들 역시 수십만 명의 생명을 앗아갔다. 그러나 1990년대 초를 기점으로 국가 간의 전쟁이나 국가주도의 무력 분쟁으로 인한 사망자 수는 급격히 감소하는 추세를 보인다. 이는 분쟁 양상의 변화와 더불어 국제사회와 시민사회의 노력 덕분이기도 하다. 그럼에도 불구하고, 비국가 행위자들 — 예컨대 테러 조직, 마약 카르텔, 해적 네트워크 — 이나 내전과 같은 국내 분쟁이 그 공백을 채우며 새로운 형태의 비전통적 안보 위협이 등장하고 있다.[98] 오늘날의 분쟁은 전통적인 국가 간 전쟁보다 강도는 낮고 희생자 수도 적은 경향이 있으나, 특정 민족이나 종교 집단을 무작위로 겨냥하는 테러 — 예를 들어 9·11 세계무역센터 테러나 IS의 공격 등 — 는 일상 속의 불안을 증폭시키며 평범한 사람들의 삶까지도 위협하고 있다.

특히 20세기 말은 다양한 형태의 집단폭력이 인간의 건강에 미치는 영향을 본격적으로 조명하기 시작한 전환점으로 평가된다. 이 시기부터 사망, 신체 질환, 장애, 정신적 고통 등 폭력의 다층적 영향에 대한 학제 간 연구가 활발히 이루어졌다. 모든 형태의 폭력은 궁극적으로 개인을 위협하고 통제하기 위한 행위이며 그 범주는 신체적·정서적 학대를 포괄한다. 고문, 사망, 불구, 폭행, 성폭력, 납치, 불법 구금, 협박, 굴욕 등 직접적인 피해를 경험한 생존자는 몸과 영혼 모두에는 지워지지 않는 상처와 흉터가 남는다. 그뿐만 아니라, 이러한 폭력은 생존자 개인에게만 국한되지 않는다. 가까운 가족, 지인, 심지어 사건을 목격한 사람들까지도 심각한 심리적·행동적 후유증을 겪을 수 있다. 이들은 우울, 불안, 자살 충동, 알코올 중독, 외상 후 스트레스 장애(PTSD) 등 다양한 형태의 정신적 고통을 경험하며 집단 전체의 회복력을 저하시키는 결과를 초래한다.

이처럼 폭력은 다양한 형태로 우리 삶의 여러 영역에 스며들어 있으며 때로는 인간의 영혼마저 갉아먹는다. 오랜 시간 동안 수많은 학자가 인류 역사 속 대표적인 폭력 현상에 주목해 왔으며 다양한 학문적 분석을 통해 폭력 그 자체를 개념화하고 이론화하려는 시도를 지속해 왔다. 이러한 노력은 결국 갈등과 평화연구라는 독립된 학문 분야의 형성에 기여하게 된다. 평화와 갈등 연구는 전쟁과 갈등의 원인, 그리고 지속 가능한 평화의 가능성에 대한 탐구를 목표로 다양한 과학적 접근과 학문적 토대를 기반으로 발전해 왔다. 특히 1946년부터 1990년까지의 시기는 평화와 갈등 연구의 학문적 역사에서 가장 중요한 시기로 평가된다. Dar(2015)는 이 시기를 '제도적 발전 단계(Institutional Development Phase)'라고 명명하면서 이 시기 동안 반전(反戰) 정서가 전 세계적으로 고조되었고 국제사회 역시 전쟁이 없는 국제 관계의 가능성을 적극적으로 모색하기 시작했다고 설명한다.[99] 요약하자면, 이 시기를 거치며 평화와 갈등 연구는 단순히 국가 간 전쟁을 다루는 차원을 넘어 국제적·구조적 갈등까지 포괄하는 국제적 연구 영역으로 확장되었다.

평화와 갈등 연구의 여러 학자 중 요한 갈퉁(Johan Galtung)은 평화 사유의 선구자로 평가받는다. 그는 폭력의 개념을 확장하고 이에 기반하여 '긍정적 평화(Positive Peace)'와 '부정적 평화(Negative Peace)'라는 두 가지 평화개념을 제시하였다. 갈퉁 이전까지 '평화'는 단지 '전쟁이 없는 상태'로 이해되었으며 사실상 '전쟁'의 반대말로만 여겨졌다. 그러나 갈퉁(1969)은 '평화'와 '폭력'은 서로 긴밀하게 연결된 개념이며 평화는 단순히 전쟁의 부재가 아니라 '폭력의 부재(absence of violence)'로 정의되어야 한다고 주장하였다.[100] 갈퉁은 폭력 개념을 확장함으로써 평화개념 또한 확장될 수 있다고 보았다. 즉, 모든 수준의 폭력이 제거되어야만 진정한 평화가 가능하며 이를 위해 폭력의 다양한 양상과 그것의 발생 구조를 이해할 필요가 있다고 강조했다. 그는 특히 갈등 상황을 전환하기 위한 접근 방식에 대한 이해, 그리고 갈등 자체에 대한 인식이 평화 구축에 핵심적이라고 주장하였다.

갈퉁은 '폭력'을 인간의 기본 욕구가 좌절되거나 모욕당하는 상태로 재정의하며, 이를 안전(security), 복지(well-being), 정체성(identity), 자유(freedom)에 대한 모욕이라는 네 가지 차원으로 나누었다. 이러한 정의는 전통적인 물리적 폭력의 범위를 넘어선 개념으로 그는 폭력을 다음과 같이 세 가지 유형으로 분류하였다. 이후 그는 폭력의 유형을 '직접적 폭력', '구조적 폭력', '문화적 폭력'의 세 가지 범주로 분류하였다.[101]

① '직접적 폭력'(Direct violence)은 개인, 사회, 세계의 공간에서 정의되며 개인들이 단독으로 또는 집단 내에서 의도적으로 행하는 것이다. 직접적 폭력의 행위자는 일반적으로 명확하므로, 법적 규제가 비교적 용이하며 폭력을 억제할 수 있다.

② '구조적 폭력'(Structural violence)은 개인, 사회, 세계 공간에 내재되어 있으며 의도되지 않은 것이다. 명확한 행위자가 존재하지 않더라도 개인에게 해를 끼치거나 기회를 박탈하는 방식으로 작동한다.

③ '문화적 폭력'(Cultural violence)은 직접적 폭력이나 구조적 폭력을 정당화하거나 합리화하고, 행위자들이 직접적 폭력을 행사하도록 동기를 부여하거나 구조적 폭력을 방치하도록 만드는 것이다. 이는 의도적일 수도 있고 의도되지 않았을 수도 있으며, 문화, 신념, 태도, 상징 등의 영역에서 발생한다.

갈퉁은 이 세 가지 폭력 유형의 관계를 '폭력의 삼각형(Triangle of Violence)'이라는 개념으로 설명하였다. 그는 이를 지진에 비유하며 직접적 폭력은 지진의 격렬한 충격처럼 사건 단위로 발생하고, 구조적 폭력은 지각판의 지속적인 움직임처럼 시간에 걸쳐 누적되며, 문화적 폭력은 단층선처럼 오랜 시간 동안 고정된 형태로 존재한다고 하였다. 이러한 개념을 시각화하기 위해 그는 '폭력의 층위(strata of violence)'라는 이미지를 제시하였다. 가장 아래에는 문화적 폭력이, 그 위에는 구조적 폭력이, 그리고 수면 위에는 우리가 가장 쉽게 인식할 수 있는 직접적 폭력이 존재한다. 이러한 구분은 세 가지 폭력 간의 인과적 흐름 — 문화적 폭력이 구조적 폭력을 낳고, 구조적 폭력이 직접적 폭력으로 이어지는 — 을 이해하는 데 유용하다.[102)]

갈퉁은 평화의 개념을 '소극적 평화(Negative Peace)'와 '적극적 평화(Positive Peace)'로 구분하였다.[103)] 소극적 평화는 개인적이고 물리적인 폭력이 부재한 상태를 의미하며 적극적 평화는 사회·경제적 구조에서 비롯되는 폭력, 즉 구조적 폭력이 존재하지 않는 상태를 뜻한다. 갈퉁은 소극적 평화보다 적극적 평화를 더 높은 이상으로 제시하며 평화 연구가 단순히 직접적 혹은 구조적 폭력을 종식시키는 것에 그쳐서는 안 되며 폭력 발생을 예방할 수 있는 조건을 이해하려는 시도를 포함해야 한다고 강조하였다.[104] 갈퉁의 이론에서 특히 주목할 점은, 그의 모든 정의가 인간 중심적 가치를 사회적 맥락 속에서 조명하고 있다는 것이다. 다시 말해, 개인이 공감, 비폭력, 창의성을 발휘함으로써 갈등을 평화적으로 통제할 수 있어야 하며 이러한 개인의 실천이 사회 구조와 문화의 변화를 이끌 수 있다고 보는 것이다.

갈퉁의 평화 이론은 폭력과 평화에 대한 이론적 틀을 제시하는 데 그치지 않고 화해(reconciliation)의 필수적인 역할 또한 강조하였다. 그는 화해를 "심리학적, 사회학적, 신학적, 철학적이며 깊이 있는 인간적인 뿌리를 가진 주제 — 그러나 아무도 그것을 어떻게 실현하는지 정확히 알지 못한다"라고 표현하였다.[105] 이러한 모호성에도 불구하고 그는 화해를 '마무리(closing)'와 '치유(healing)'의 결과로 정의하였다고도 언급하였다.[106] 이러한 관점에서 볼 때, 갈퉁이 제시한 평화의 개념은 단지 갈등의 종식이나 폭력의 부재에 머무르지 않는다. 그는 화해를 통한 치유의 과정을 평화 구축의 본질적 요소로 보았으며 이때의 치유는 단순한 개인의 회복에 국한되지 않고 공동체적 관계의 회복과 사회적 치유를 포함하는 훨씬 더 포괄적인 개념으로 다루어진다.

3) 포괄적 치유로의 개념 확장

서로 다른 접근 방식을 지닌 두 이론의 치유 개념을 분석한 결과, 이들이 공통으로 강조하는 핵심 요소는 개인과 사회를 회복할 수 있게 하는 '사회적 개입(social intervention)'의 중요성이었다. 즉, 사회적 개입은 트라우마 치유 과정에서 개인의 심리적 회복과 더불어 사회적 관계의 복원을 위한 필수 조건으로 작용한다. 따라서 치유 개념의 포괄적 확장을 위해서는 두 이론 각각의 고유한 본질적 요소를 면밀히 분석하고 각 단계에서 나타나는 공통점과 상호 보완적 관점을 종합적으로 고려할 필요가 있다. 이를 통해 개별적·구조적 차원을 아우르는 통합적 치유 모델을 제시할 수 있으며 이는 단순한 증상의 회복을 넘어 사회 정의와 집단적 회복을 지향하는 치유의 새로운 패러다임으로 이어질 수 있다.

앞서 논의한 바와 같이, 갈퉁의 평화 이론은 폭력의 근원을 구조적·문화적 차원까지 확장하여 설명하며 사회적 치유를 통한 평화 구축을 목표로 한다. 이 이론은 평화 실현을 위한 조건으로 사회적 개입의 필요성을 명시적으로 강조한다는 점에서 집단적 차원의 치유를 위한 이론적 기반을 제공한다. 반대로 허먼의 회복 단계 이론은 개인의 트라우마 치료에 초점을 둔 임상적 접근으로 주로 심리치료 현장에서 활용된다. 표면적으로는 사회적 개입에 대한 언급이 제한적이지만 이 이론의 각 회복 단계에 내재된 요소를 분석해 보면 사회적 개입이 효과적인 개인 회복을 위해 필수적인 기반임을 확인할 수 있다: 1단계(안전 확보)에서는 피해 생존자가 자신의 신체에 대한 통제감을 회복하고, 이를 외부 환경으로 확장할 수 있으려면 주변 사회의 안전 보장과 지지 체계가 마련되어야 한다. 2단계(기억의 재구성과 애도)에서는 피해 생존자가 자신의 트라우마 경험을 언어화하고 이를 외부 세계와 공유할 수 있으려면 사건에 대한 사회적 인식과 구조적 해결 노력이 수반되어야 한다. 3단계(연결과 회복)에서는 개인이 고립에서 벗어나 다시금 공동체 속의 의미 있는 존재로 자리매김할 수 있도록 사회적 관계의 복원과 사회로부터의 인정이 필요하다. 이처럼 허먼의 이론도 실질적으로는 각 단계에서 사회적 개입이 치료의 전제 조건으로 작용하고 있으며 치유는 궁극적으로 개인과 사회의 상호작용 속에서 완성되는 과정임을 시사한다. 결과적으로, 두 이론은 상이한 접근 방식을 취하고 있음에도 불구하고 트라우마 치유에 있어 사회적 개입의 결정적 역할을 공통으로 강조하고 있는 셈이다.

개인적 치유와 사회적 치유 간의 공통된 요소를 통해 살펴보면, 트라우마의 치유는 고립된 개인의 차원에서 완결될 수 없으며 반드시 사회적 맥락과의 유기적인 상호작용 속에서 이루어져야 함을 알 수 있다. 개인과 사회는 치료 과정 전반에서 상호 영향을 주고받으며 '치유 상태'는 정적 상태가 아닌 역동적으로 변화하는 과정으로 이해되어야 한다. 특히, 개인의 치유는 개인 차이에 따라 매우 주관적일 수 있어 치유의 정도를 파악하기 어려울 수 있다. 이러한 배경에서 사회적 개입을 포함한 단계적 회복 과정에서 치유의 정도를 개인의 특정한 행동 및 인지의 변화를 통해 평가하는 것이 필요하다. 이는 치유를 객관화하려는 시도이자, 개인의 내면적 회복을 사회적 변화와 연결시키기 위한 접근이다. 특히 집단 트라우마의 경우, 피해 경험이 개인을 넘어 공동체 전체에 영향을 미치기 때문에 치유 또한 사회적 과정으로서의 집단적 회복 양상과 함께 이해되어야 한다. 집단 트라우마 이후 나타나는 치유 변화의 양상은, 사회적 지지, 정의 실현, 공동체의 재구성 등과 결합할 때 비로소 확장된 개념의 치유로 설명될 수 있다.

트라우마는 더 이상 과거처럼 사회적 취약성의 표지로 낙인찍히거나 개인에게 제약을 부과하는 방식으로 다루어져서는 안 된다. 오히

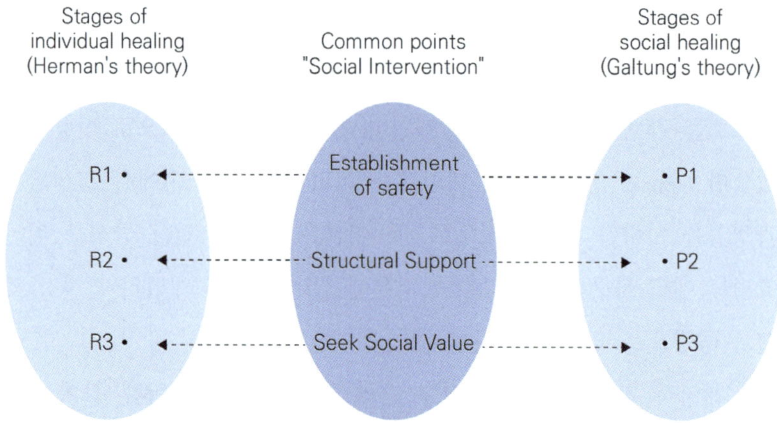

그림 2.2 개인 치유와 사회 치유가 지닌 공통점 "사회적 개입"

려, 폭력 사건의 발생에 기여한 구조적·환경적 요인들을 인식하고 이를 제거하거나 완화하기 위한 사회적 조치와 제도적 개입이 요구된다. 물론, 트라우마 사건 자체가 발생하지 않는 것이 바람직하겠지만, 급격한 변화와 복잡성이 공존하는 현대사회에서 폭력은 쉽게 사라지지 않는 구조적 현실이다. 이러한 맥락에서 집단적 폭력에 기인한 트라우마 치유는 단순한 회복을 넘어, 유사 사건의 재발을 방지하고 공동체의 건강성을 회복하기 위한 과정으로 이해되어야 한다. 이는 치유의 과정이 단지 개인 내면의 안정에 국한되지 않으며 사회 전체의 지속가능한 평화 구축과도 긴밀히 연결되어 있음을 의미한다. 따라서 지금까지 살펴본 이론적 논의를 바탕으로, 개인적 차원의 심리적 회복과 사회적 차원의 구조적 개입이 통합된 '확장된 의미의 트라우마 치유' 개념을 실천적으로 적용할 수 있는 방안의 모색이 시급하다. 이는 치유를 단순한 치료가 아닌, 정의·안전·연대·재구성의 과정을 포함하는 총체적 접근으로 전환시키는 중요한 전환점이 될 것이다.

2 포괄적 치유 모델(Comprehensive Healing Model, CHM)

본 연구는 집단 트라우마 치유를 위한 새로운 이론적·실천적 접근으로서 통합 치유 모델(Comprehensive Healing Model, 이하 CH 모델)을 제안한다. 이 모델은 집단적 폭력으로 인해 발생한 트라우마가 단순히 개인의 심리적 문제에 국한되지 않으며 개인 차원의 치유와 더불어 사회 구조의 회복과 재구성이 동반되어야 한다는 문제의식에 기반하여 설계되었다. CH 모델은 트라우마 치유에 있어 개인적 측면과 사회적 측면을 결합한 포괄적 접근이 필요하다는 전제에서 출발한다. 이를 바탕으로 본 연구는 포괄적 치유의 핵심 요소를 이론적으로 규명하기 위해, 앞서 논의한 요한 갈퉁(Johan Galtung)의 평화 이론과 주디스 허먼(Judith Herman)의 회복 단계 이론을 각기 사회 영역과 개인 영역의 대표적 관점으로 삼아 분석하였다. 두 이론은 각각 사회 구조와 개인 심리의 회복을 강조함으로써, 집단 트라우마 치유에 필요한 상호보완적 기제를 제공한다. 이러한 두 이론의 핵심 요소들을 보다 직관적으로 이해하고 상호작용을 시각화하기 위해, 본 연구는 그래프 형태의 이중 축 모델을 구성하였다. 즉, x축에는 허먼의 개인 회복 단계, y축에는 갈퉁의 평화 수준을 기준으로 설정하여 이론 간 교차지점을 중심으로 포괄적 치유가 발생할 수 있는 조건과 경로를 설명하고자 한다.

(1) CH 모델의 도식화: 이론 간 상호작용의 시각화

CH 모델을 설명하는 데 있어 그래프 형식을 채택한 이유는 다음과 같은 이론적·실천적 타당성에 기반한다. 첫째, 서로 다른 두 이론(갈퉁의 평화 이론과 허먼의 회복 단계 이론)의 상관관계를 사분면 구조를 통해 시각적으로 제시함으로써, 두 이론 간의 교차점 및 상호작용을 명확하게 드러낼 수 있다. 둘째, 각 이론은 서로 뚜렷하게 구분되는 세 개의 단계로 구성되어 있어, 축상의 좌표값으로 활용하기에 적합하다. 이를 통해 이론 간 대응 지점을 정량적/정성적으로 분석할 수 있는 기초를 제공한다. 셋째, 두 축의 발전 속도 및 경로에 따라 형성되는 상관관계와 방향성을 도식적으로 설명할 수 있어, 집단 트라우마 치유 과정의 동태성과 비선형성을 효과적으로 표현할 수 있다. 이러한 세 가지 이유를 바탕으로, 본 연구는 CH 모델의 조작적 정의(operational definitions)를 보다 구체화하고자 한다. 그래프는 각 축에 해당 이론의 세부 단계를 할당함으로써 치유 과정의 좌표들을 하나의 통합적 시스템 안에서 설명할 수 있도록 구성된다.

x축은 사회적 치유의 진전 정도를 나타내며 이는 갈퉁(Galtung)의 평화 이론에서 제시한 세 가지 단계, 즉 P1: 직접적 평화(Direct Peace), P2: 구조적 평화(Structural Peace), P3: 문화적 평화(Cultural Peace)로 구성된다. y축은 개인적 치유의 단계를 의미하며, 허먼(Herman)의 회복 이론에서 정의한 R1: 안전의 확립(Establishment of Safety), R2: 기억과 애도(Remembrance and Mourning), R3: 재연결(Reconnection)의 세 단계를 반영한다. 이 좌표 시스템에서 그래프의 원점(0,0)은 개인적·사회적 수준 모두에서 외상이 최초로 발생한 시점, 즉 사건의 공식적 종결 이후로 정의한다. 이후 각 축의 양의 방향으로 나아가면서 개인과 사회의 회복이 동시에 진행되는 이상적인 치유 경로를 제시할 수 있다. 결과적으로, CH 모델은 아래의 [그림 2.3]에 시각적으로 제시된 바와 같이 단계별 치유 과정의 진행 정도와 그 상호작용의 패턴을 분석하고 예측할 수 있도록 설계되었다. 이 모델은 단순히 이론 간의 병

력적 결합을 넘어 개인과 사회의 통합적 회복 메커니즘을 설명하는 새로운 틀로 기능한다.

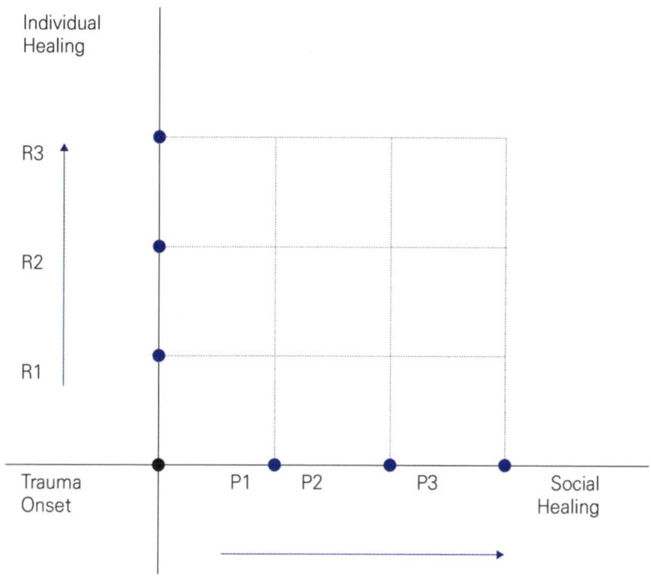

Individual Healing		Social healing	
R1	Establishment of Safety	P1	Direct Peace
R2	Remembering and Mourning	P2	Structural Peace
R3	Reconnection	P3	Cultural Peace

그림 2.3 포괄적 치유 모델의 단계별 이론적 가설

본격적으로 CH 모델의 구체적 구조를 설명하기에 앞서, 이 모델을 구성하는 그래프상의 두 축(x축과 y축)이 지니는 개념적 특성과 그 상호작용을 먼저 이해할 필요가 있다.

(2) x축: 평화 이론(Peace Theories)에 기반한 사회적 치유의 진행

x축은 갈퉁(Galtung)의 평화 이론을 기반으로 한 사회적 치유의 발전 단계를 나타내며 이는 궁극적으로 사회적 구조와 문화적 환경 속에서 폭력의 부재를 실현하려는 방향성을 가진다. 즉, 이 축은 개인이 느끼는 주관적 평온함이 아닌 사회 전체가 보다 고차원의 평화 상태로 진입하기 위해 요구되는 구조적·문화적 조건들을 포괄하는 것이다. 각 단계(P1: 직접적 평화, P2: 구조적 평화, P3: 문화적 평화)는 그 자체로 독립적이라기보다는 상호 연계된 진전의 경로로 이해된다. 이에 따라, 각 단계에 적절한 사회적 개입 요소가 충족되었을 때, 다음 단계로의 이행이 가능하다는 가설을 설정할 수 있다. 이러한 사회적 개입 요소들은 예컨대 제도적 안정화, 법적 정의 구현, 교육 시스템의 개혁, 문화적 공감 확산 등 매우 다양할 수 있으며, 사회적·역사적 맥락에 따라 그 형태는 예측 가능하면서도 유동적이다.

(3) y축: 트라우마 회복 이론(Trauma Recovery Theories)에 기반한 개인 치유의 단계

y축은 허먼(Herman)의 트라우마 회복 이론에 기반한 개인 치유의 발전 단계를 나타내며, 'R1: 안전의 확립', 'R2: 기억과 애도', 'R3: 재연결'이라는 세 단계로 구성된다. 이 축의 특성은 개인 내면의 심리적 복구 과정을 중점적으로 다루며 개인의 차이에 따라 회복의 속도와 깊이가 달라진다는 점에서 측정 가능성이 상대적으로 낮고 복합적이다. 그러나 앞서 기술한 바와 같이, 사회적 치유 단계에서 요구되는 사회적

개입 요소들은 동일하게 개인 치유 단계의 진전에 영향을 미치는 조건으로 작용한다. 즉, x축의 발전을 위한 개입은 동시에 y축의 회복을 촉진하며 반대로 개인 회복의 심화는 사회적 변화의 필요성을 부각시키는 내적 동력이 된다.

물론, 두 축의 발전속도는 항상 동일하지 않다. 사회구조는 변화했지만 개인은 여전히 고통 속에 머물 수 있고 반대로 개인이 회복되었음에도 사회는 여전히 구조적 폭력 상태에 머물 수 있다. 그러나 이 두 축이 서로를 정비례적으로 자극하고 진전시킬 수 있는 방향성을 가질 때, 가장 안정적이며 지속 가능한 치유 과정이 가능하다. 따라서 CH 모델은 단순히 치유의 병렬적 구조를 제시하는 것이 아니라, 양방향의 상호작용성을 전제로 하는 통합적 치유 메커니즘으로서 작동한다. 다음 장에서는 이러한 이론적 구조를 바탕으로 CH 모델의 세부 구조 및 각 사분면의 의미와 실천적 함의를 보다 구체적으로 설명하고자 한다.

(4) X축과 Y축의 각 좌표에 대한 설명

갈퉁이 1969년에 언급한 바와 같이, "폭력의 개념이 확장되면 평화의 개념도 확장된다"는 전제에 따라, x축은 세 가지 형태의 평화와 그에 상응하는 세 가지 형태의 폭력을 함께 나타낼 수 있다. x축이 양의 값을 가지는 축이라는 점을 고려할 때, 첫 번째 x좌표 (1, 0)는 '직접적 평화(Direct Peace, P1)'가 달성된 상태를 의미하며, 이는 특정 가해자의 직접적인 폭력 행위가 제거된 안전한 상태가 확립된 것을 뜻한다. 이 단계에서는 직접적 폭력의 문제가 해결되었지만, 구조적 폭력과 문화적 폭력은 여전히 존재할 수 있다. 두 번째 x좌표 (2, 0)는 '구조적 평화(Structural Peace, P2)'가 달성된 상태를 의미하며 이는 직접적 폭력과 구조적 폭력이 모두 제거된 상태이다. 갈퉁(1969)은 구조적 평화를 "사람들을 복종시키기 위해 사용된 사회적 불의가 제거된 유토피아적 사회구조의 속성"으로 정의하였다. 그러나 이 단계에서도 문화적 폭력은 여전히 사회 전반에 스며들어 있을 수 있다. 세 번째 x좌표 (3, 0)는 갈퉁이 제시한 가장 이상적인 평화 상태인 '문화적 평화(Cultural Peace, P3)'가 달성된 상태를 나타낸다. 이 단계는 '문화적 폭력(Cultural Violence)'의 반대 개념으로 다양성(diversity), 공생(symbiosis), 공정성(equity)의 정신 아래 앞선 직접적·구조적 평화를 정당화하고 정착시키는 데 기여하는 교차 문화적 요소(cross-cultural aspects)들을 포함한다. 즉, 평화의 개념은 단계가 발전할수록 점진적으로 확장되고 고도화되는 특성을 갖는다.

한편, y축은 개인의 심리적 치유 과정에서 나타나는 단계별 특성과 회복의 조건을 설명한다. 첫 번째 y좌표 (0, 1)는 '안전의 확립(Establishment of Safety, R1)'이 달성된 상태로, 이는 폭력 가해자로부터의 위협이 제거되고 동시에 재정적 안정, 이동의 자유, 자기 보호 수단 확보와 같은 안전한 생활 조건이 충족된 상태를 의미한다. 허만(2015)은 이 첫 번째 단계가 모든 회복의 전제 조건이며 다음 단계로 나아가기 위한 절대적 선결 요소임을 강조하였다. 두 번째 y좌표 (0, 2)는 '기억과 애도(Remembrance and Mourning, R2)'의 단계를 달성한 상태를 의미한다. 이 단계에서는 피해 생존자(victim-survivors)가 자신의 트라우마 경험을 구체적으로 서술할 수 있는 내적 힘을 회복하게 되며 이 과정을 통해 트라우마의 이야기를 재구성하고, 외상 이전의 삶과 사건이 발생한 사회적·심리적 맥락을 조망함으로써 공포의 시간

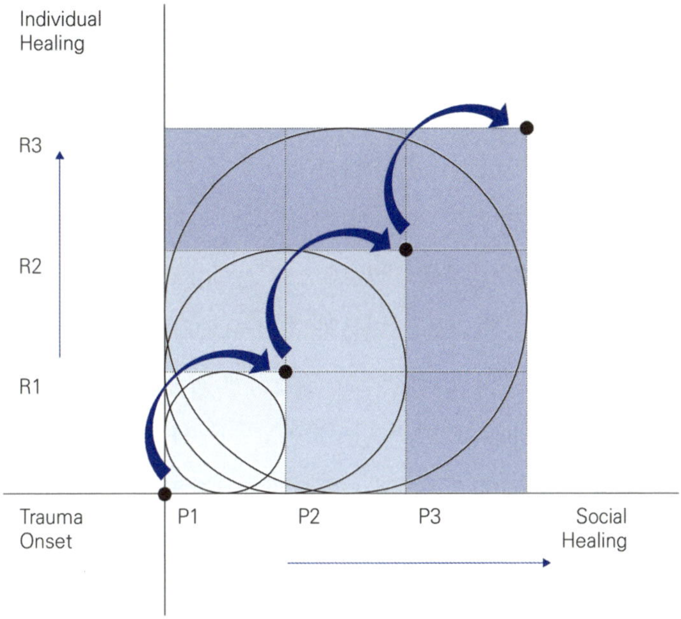

그림 2.4 포괄적 치유 발전 개념에 대한 이론적 전제

으로부터 자신을 분리할 수 있게 된다. 또한, 충분히 안전한 환경(safe environment)에서 분노와 상실에 대한 슬픔을 표현하는 것은 피해-생존자가 자신의 삶을 단지 기억과 애도에만 의존하는 방식에서 벗어나는 데 중요한 역할을 한다. 이야기를 '끝맺는' 행위가 이루어지면 그 트라우마적 경험은 '진정한 과거(true past)'로 전환되며 이는 개인이 현실을 직시하고 미래를 전망할 수 있는 심리적 자율성을 획득했음을 의미한다. 세 번째 y좌표 (0, 3)는 '재연결(Reconnection, R3)'의 단계로 이는 개인이 타인 및 사회와의 관계 속에서 감정 표현과 인내력의 다양한 양상을 회복하는 상태를 의미한다. 이 단계에서는 트라우마 이전과 유사하거나 더 확장된 사회적 상호작용 능력이 회복되며 개인은 자신의 경험에 새로운 의미를 통합하고 이를 통해 삶의 정체성을 재구성

할 수 있다. 보다 진전된 회복 단계에 이른 경우, 피해 생존자는 가해자에 대한 원한을 초월하고 나아가 사회 정의를 추구하고자 하는 윤리적 정체성을 형성하게 되며 이는 외상 후 성장(Post-Traumatic Growth)의 주요 징표로 간주될 수 있다. 따라서 마지막 단계인 R3는 타자와의 재연결감을 통해 존재감, 자존감, 인격을 회복하는 과정을 포함하며 이는 단순한 회복을 넘어선 삶의 재창조 과정으로 볼 수 있다.

CH모델의 이론적 가설은 다음과 같이 요약될 수 있다. 개인 치유의 발전과 사회 치유의 단계가 상호 밀접하게 작용할 때, 개인과 사회 모두가 집단적 트라우마로부터 안정적이고 지속가능한 회복에 도달할 수 있다는 것이다. CH 모델에서 x축(사회 치유 단계)과 y축(개인 치유 단계) 간의 비례적인 발전 관계는 개인과 사회가 유기적인 상호작용 속에서 치유 노력을 조화롭게 수행할 때 기대할 수 있는 이상적 방향성을 시사한다. 특히, 각 단계의 조건이 충분히 충족된 상태에서 다음 단계로 진입하는 과정은 가장 안정적이고 통합적인 치유가 이루어지는 이상적인 경로로 간주된다. 이러한 치유의 과정은 순차적이고 동심원적인 구조로 확장되며 이는 궁극적으로 포괄적 치유 상태에 도달하기 위한 필수 전제 조건이 되어야 한다. 곧, 단계별 요구되는 치유의 조건이 충분히 성취되지 않은 상태에서 무리하게 다음 단계로 이동할 경우, 언제든지 이전 단계로의 심리적·사회적 퇴행(regression)이 발생할 수 있으며 이로 인해 회복의 연속성이 붕괴되고 심각한 손상이 초래될 위험성 또한 커진다는 점을 시사한다.

(5) 포괄적 치유 모델의 현실적 고려

그러나 실제 사례에서의 치유 과정을 면밀히 살펴보면 다양한 혼란과 불안정성 요인으로 인해 치유의 진행 과정은 반드시 선형적이고 연속적인 양상을 보이지 않는다. 다시 말해, 종합적 치유 모델이 전제하는 단계별 발전 구조와 달리 현실에서는 이전 단계가 완전히 충족되지 않은 상태에서 다음 단계가 부분적으로 실행되거나, 두 축(개인 치유와 사회 치유)의 발전 속도가 서로 불균형하게 전개되는 경우가 빈번히 발생한다. 이와 같은 불연속성은 치유 과정의 복잡성과 현실적 제약을 반영하는 핵심적인 특징이다. 이러한 상황을 보다 구체적으로 이해하기 위해 CH 모델의 x축과 y축이 만들어내는 발전 방향을 그래프상에서 세 가지 주요 유형으로 나눠볼 수 있다.

첫 번째는 기울기 a가 1인 경우(y = ax, a = 1)로, 이는 CH 모델이 제시하는 이상적이고 조화로운 치유 상태를 나타낸다(그림 2.5 참고). 이 유형은 사회적 치유의 각 단계(x축)와 개인 치유의 각 단계(y축)가 유기적으로 연결되어 있으며 단계별 성취가 균형 있게 이루어지고 있는 상태로 해석된다. 다시 말해, 분쟁 이후 사회에서 이루어지는 평화 구축 노력과 개인의 트라우마 회복 과정이 순차적으로 맞물려 발전하고 있다는 것을 의미한다. 두 번째와 세 번째 유형은 기울기 a가 1이 아닌 경우(y = ax, a ≠ 1, a >0)에 해당한다. 이 경우의 'a'는 개인 치유와 사회 치유의 발전 속도 간의 불균형을 나타내며 그래프의 기울기에 따라 그 비대칭성이 드러난다. 기울기 a가 1보다 클 경우, 그래프는 y축 쪽으로 더 가파르게 기울며 이는 개인 치유가 상대적으로 빠르게 진행되고 있는 반면, 사회적 치유가 이에 비해 더디게 이루어지고 있음을 시사한다. 반대로 기울기 a가 1보다 작을 경우, 그래프는 x축 쪽으로 더 완만하게 기울게 되며 이는 사회 치유의 진전이 개인의 회복 속도보다 앞서 발생하고 있음을 의미한다(그림 2.6 참고). 이러한 비대칭적 발전 양상은 집단 트라우마 발생 이후의 치유 과정이 어느 한 영역에 편중되어 진행될 경우 전체적인 회복의 균형이 무너질 수 있음을 경고한다. 따라서 CH 모델은 이와 같은 현실적 불균형을 포착하고 개인과 사회 간 치유의 속도와 방향을 동시적으로 조율하는 통합적 접근의 필요성을 강조한다.

따라서 포괄적 치유 모델에서는 각 축의 변수들이 이동하는 속도와 방향에 따라 형성되는 두 축 간의 상호관계를 기반으로, 종합적 치유의 세 가지 유형을 도출할 수 있다: (1) 개인 = 사회, (2) 개인 > 사회, (3) 개인 <사회.

1) 유형 1: 개인 치유=사회 치유

개인의 회복 과정과 사회의 평화 구축이 동일한 속도로 동반 성장하는 이상적인 상태로, 기울기 $a=1$인 직선($y=x$)으로 표현된다. 이 유형은 CH 모델이 지향하는 조화로운 치유의 표준 모델로 간주된다.

2) 유형 2: 개인 치유 > 사회 치유 y=a↑x (a >1, a ≠ 0)

개인이 트라우마를 극복하고 재연결 단계를 향해 나아가는 속도가 사회의 구조적·문화적 평화 구축보다 상대적으로 빠르게 진행되는 경우이며, 이는 기울기 $a > 1$의 형태로 나타난다. 이러한 상황은 어려움을 스스로 극복할 수 있는 뛰어난 개인적 기질을 가졌거나, 외부 지원 없이도 종교적 신념을 통해 스스로를 지탱할 수 있을 때만 가능하다. 이 영역에 있는 사람들은 외상 후 성장의 징후를 통해 자신의 치유 상태가 안정적이라고 느낄 수 있으나, 사회적 개입이 뒤따르지 못할 경우 개인의 회복이 외부적 요인에 의해 제약되거나 퇴행 가능성이 존재한다.

3) 유형 3: 개인 치유 < 사회 치유 y=a↓x (0 <a <1, a ≠ 0)

사회적 평화가 제도적·구조적으로 진전되고 있음에도 불구하고 개인의 트라우마 회복이 이에 뒤처져 있는 상태로 기울기 a <1로 표현된다. 이 경우, 치유 격차가 발생하며 사회 시스템이 회복된 것처럼 보이더라도 개인 차원에서는 여전히 고통과 분리가 지속될 수 있다. 곧, 사회가 개인의 내재적 치유 상태를 고려하지 않은 채 오직 해결 지향적 태도만을 취한 경우이다. 비록 사회가 평화를 위해 노력하더라도 개인이 여전히 트라우마에 시달려 세상과 재연결을 시도할 수 없다면 사회는 자신들이 추구하는 치유의 방향이 잘못 설정되었음을 인지해야 한다. 그렇지 않으면, '사회 치유'를 명분으로 피해자에게 또 다른 폭력을 가하게 될 위험이 크다.

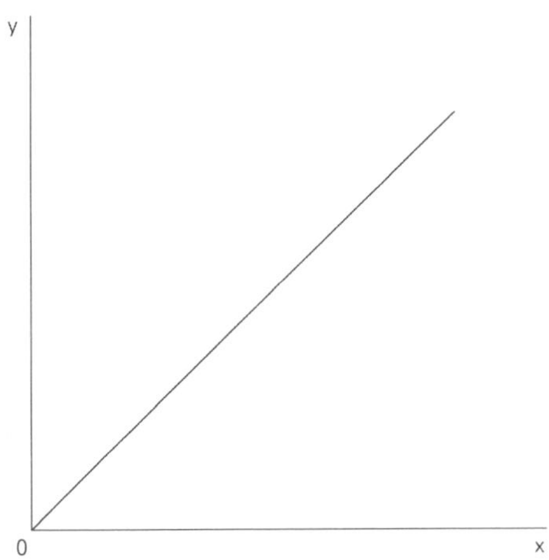

그림 2.5. 포괄적 치유의 균형적 발달 경우, y=x

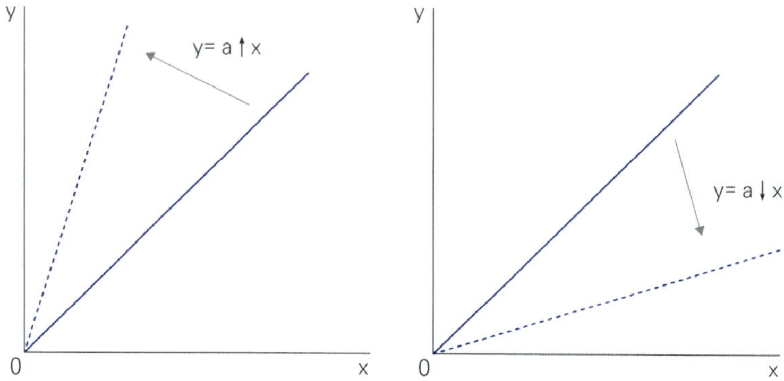

그림 2.6. 포괄적 치유의 불균형적 발달 경우 y=ax (a≠0, a>0)

포괄적 치유 모델에서 불균형적 발전 양상을 보다 객관적으로 설명하기 위해서는 각 축의 단계별 특성에 내재된 구체적인 요소들을 면밀히 살펴볼 필요가 있다. 이러한 요소들은 각 축의 진전을 구성하는 핵심 요인이며 동시에 독립 변수로 작용하여 전체 치유 과정에서 비대칭적 발전이 발생하는 원인을 제공한다. 중요한 점은, 이들 변수들이 각 축(x축: 사회적 치유/y축: 개인적 회복)의 발전 논리에 따라 분류되긴 하지만, 각 변수는 해당 축의 상위 단계 도달 여부와 무관하게 개별적으로 존재하고 작동할 수 있다는 것이다. 다시 말해, 특정 변수가 속한 단계 전체가 완성되지 않았더라도 그 변수 자체는 선제적으로 달성되거나 반대로 지연될 수 있는 특성을 가진다. 이러한 조작적 정의에 기반하여 각 축의 단계별 치유 구조에서 도출되는 핵심 요소들을 구체적으로 제시하고 그들이 포괄적 치유 모델에서 어떻게 상호작용하며 불균형적 치유 양상을 형성하는지를 설명하고자 한다.

(6) 사회적 치유(X축)의 아홉 가지 필수 요인

1) 첫 번째 속성으로서의 '사회적 보호'의 3가지 변수

직접적인 폭력에서 벗어난 이후에도, 피해자들은 여전히 파괴된 삶의 여러 영역을 복구하기 위해 힘겨운 싸움을 이어가야 한다. 폭력의 규모가 가정폭력처럼 매우 개인적인 차원이든 전쟁처럼 광범위한 차원이든, 대부분의 경우 신체적 폭력으로부터 벗어났다고 해서 곧바로 안전이 보장되는 것은 아니다. 이를테면, 피해자를 쫓던 늑대는 사라졌을지 몰라도 그가 뛰어든 숲에는 여전히 야생 동물들이 도사리고 있고 따뜻한 피난처와 도움을 줄 사람을 찾기 전까지는 추위와 배고픔을 견뎌야 한다. 신체와 정신에 직접적인 상처를 남긴 폭력이 멈췄다 해도 그 폭력의 여운은 마치 빙산의 일각처럼 보이지 않는 곳에서 계속 불안과 공포를 자극한다. 따라서 '안전의 확립(establishment of safety)'은 최소한의 보호 장치자 위기 개입(crisis intervention)의 핵심 역할을 수행한다. 이러한 최소한의 보호는 특히 집단 트라우마 사건을 겪은 피해 생존자들이 자기 자신과 주변 환경을 지킬 기본적인 능력을 상실한 상황이기 때문에 사회적 차원에서 반드시 고려되어야 한다. 이처럼 보호 기반이 무너진 상태에서는 영향을 받은 인구가 영양실조, 질병, 사망 등 생존에 필수적인 욕구 결핍에 더욱 쉽게 노출될 수 있다.

유엔(UN)과 국제 원조 기구들은 이러한 상황을 '복합 비상사태(complex emergencies)'로 정의한다. 이는 정치적·사회적·경제적 요인이 복합적으로 얽힌 주요 인도주의 위기로 체계적 대응을 요구하며 일반적으로 정치, 분쟁, 평화유지 활동이 장기적으로 결합되는 특성을 지닌다.[107] 이러한 정의는 곧, 보장된 안전 환경 속에서 피해 생존자들이 스스로를 보호할 수 있는 능력을 회복할 수 있도록 외부의 적극적인 개입이 필요하다는 점을 분명히 한다. 폭력의 규모와 그 여파가 클수록, 피해 생존자들의 기본적 욕구와 권리를 충족시키기 위한 인도적 지원 역시 더욱 확대되어야 한다.

20세기에 발생한 집단폭력에 대한 국제사회의 인도주의적 개입은 제2차 세계대전 이후 유엔(UN)의 설립과 함께 본격화되었다. 이러한 개입의 목적은 인도주의적 차원에서 평화, 안전, 정의를 실현하는 데 있으며, 이는 종종 국제법과 양립하기 어려운 무력 사용에 대한 사후적 정당화(post hoc rationalization)로 해석되기도 한다. 이에 따라 유엔(UN)은 회원국들에게 국제규범의 확립 필요성을 강력히 강조해 왔다.[108] 1990년대 냉전 종식 이후, 유엔(UN)은 20세기 근대화 과정과 신생 민주주의 국가들에서 발생한 인권침해 및 집단폭력에 대해 보다 적극적이고 적절한 개입을 시도하기 시작했다. 나아가, 2015년 유엔(UN)이 주최한 세계 정상회의에서 채택된 성과문서에서는 집단 학살(genocide), 전쟁 범죄(war crimes), 민족 청소(ethnic cleansing), 반인도적 범죄(crimes against humanity) 등 네 가지 중대한 범죄에 대해 '보호책임(Responsibility to Protect, R2P)'이라는 국제규범을 공식 채택하였다.[109] 이에 따르면, 해당 국가가 이러한 범죄로부터 자국민을 보호할 능력을 상실하거나 이를 수행하지 않을 경우 국제사회가 이를 대신해 개입하고 지원할 책임을 지게 된다. 이와 더불어, 인간 안보(human security)의 가치를 중시하는 유엔(UN) 회원국들과 국제기구들은 위기 상황과 폭력적 갈등에 신속히 대응하며 생존을 위한 긴급구호 활동을 활발히 펼쳐오고 있다.

국제사회가 복합 비상사태에 개입하고 대응하는 체계적 접근은

‘사회적 보호(social protection)’ 개념과 밀접하게 연결된다. 사회적 보호는 갈등 이후 피해를 입은 사람들이 겪는 위험과 취약성을 완화하고 그들의 복지를 포괄적으로 보장하기 위해 설계된 일련의 사회 개입 정책을 일컫는 실천적 개념이다.110) 이 정의는 사회적 보호가 다양한 이해관계자들의 다중 개입을 포함하며 위험과 취약성의 예방, 관리, 극복뿐만 아니라 소외된 개인·가구·지역사회의 사회적 지위와 권리를 강화하는 것을 목표로 한다는 점을 강조한다.111) 불안정한 사회 환경은 피해 생존자들이 또 다른 생존 위기에 직면하게 만들 수 있다. 생사의 문턱을 막 넘어선 이들에게 다시 닥쳐오는 생존의 고난은 그들을 절망 속 무기력으로 몰아넣기에 충분하다. 그렇기에 최소한의 안전을 보장하기 위한 사회적 개입은 인도주의적 차원에서 절실히 요구된다. Vázquez와 Perez－Sáles(2006)는 이러한 사회 기능의 결핍이 피해 생존자들로 하여금 1차 의료와 기본 생활 서비스를 중요하게 여기지 않게 만들고 이는 곧 수동적인 태도로 이어질 수 있다고 지적한다. 결국, 사회적 보호 접근법은 만연한 불안정성 속에서 훼손된 사회 구조와 개인의 삶을 회복하는 데 있어 핵심적인 역할을 수행한다.112)

이러한 맥락에서 첫 번째 사회 치유 단계의 본질적 속성으로서 ‘사회적 보호(social protection)’가 수행하는 세 가지 핵심 기능 — ① 예방(prevention), ② 보장(security), ③ 안전(safety) — 을 독립 변수로서 상세히 살펴보고자 한다.

① 예방(prevention)

첫 번째 독립 변수는, 피해－생존자가 기본적 욕구 충족의 결여와 붕괴된 법·제도 환경으로 인한 충격에 대응할 회복력이 부족한 불안정한 사회적 상황에서 추가적 물리적 폭력이 발생하는 것을 예방하는 것이다. 이를 위해 폭력과 강압에 취약한 피해 생존자를 보호하기 위한 기본 규칙과 시스템을 재구축해야 하며 이러한 불안정 상황의 통제는 일시적이라도 반드시 시행되어야 한다.

② 보장(security)

두 번째 독립 변수는, 식량 · 의복 · 주거 · 1차 의료 서비스 등 필수 재화와 서비스에 대한 접근이 제한된 상황에서 피해 생존자의 기본 생활을 보장하는 것이다. 집단 폭력이 막 종식된 직후, 피해 생존자를 둘러싼 인간관계와 사회적 관계망은 대부분 기능을 상실하며 이들은 생존 자체에 대한 불안과 위협 속에 놓이게 된다.

그 결과, 사회 · 경제 · 직업 기능 상실로 인한 정신 사회적 트라우마가 광범위하게 발생하며 주거 및 재산 상실, 외상 후 스트레스 장애(PTSD) 등의 증상은 비정상적인 사회 · 경제적 행동을 유발한다. 이러한 문제들은 추가적인 스트레스와 극심한 고통으로 이어질 수 있다. 따라서 피해 생존자의 기본 욕구를 조기에 보장하고 이로 인한 스트레스를 예방하기 위한 적극적인 사회적 개입과 지원이 필수적이다. 이는 다양한 연구에서도 입증된 바 있다.[113][114][115][116]

③ 안전(safety)

세 번째 독립 변수는, 피해 생존자와 그 가족 및 공동체의 회복력을 강화하고 장기적으로 피해 생존자가 자립적인 삶을 회복할 수 있도록 최소한의 안전한 환경을 제공하는 것이다. 긴급상황에 대응하는 사회적 개입은 본질적으로 일시적인 조치이기 때문에 장기적인 관점에서 안정적이고 지속 가능한 생활환경을 마련하는 것이 무엇보다 중요하다.

2) 두 번째 속성으로서의 '사회적 책무성'의 세 가지 변수

사회 공동체는 피해 생존자가 트라우마를 극복할 수 있도록 돕기 위해 개인의 자기 회복력(self-resilience)뿐만 아니라 사회 시스템의 회복력이라는 역동성을 함께 활용해야 한다. 이러한 지원이 효과적으로 이루어지기 위해서는 과거 인권침해에 대해 정부가 책임을 지고 바로잡는 조치를 시행하고 피해 생존자가 자신의 경험을 자유롭게 이야기할 수 있는 사회적 분위기가 우선적으로 조성되어야 한다. 이러한 환경 조성은 사회적 치유를 위한 사회 공동체의 핵심적 역할이며 불평등하고 구조적 격차가 고착된 사회 시스템을 개혁함으로써 사회 정의(social justice)를 실현하는 구조적 평화의 개념과도 맞닿아 있다. 따라서, 분쟁 이후 사회에서 '어떻게(how) 사회 정의를 실현할 것인가'라는 질문은 평화 구축(peace-building)을 위한 필수적인 물음이며 이를 해결하기 위한 실천적 접근이 요구된다. 일반적으로 사회 정의란 "사회 내 모든 개인이 동일한 기본적 권리, 보호, 기회, 의무, 그리고 사회적 혜택을 갖는 조건"을 의미한다.117) 이를 실현하려면, 사회적 책무성을 요구하는 구체적 방식의 사회적 행동이 필수적이다. 특히, 과거의 폭력에 가담했거나 이를 묵인한 전 정권과 가해자들에게 사회적 책임을 묻는 과정은 정의 실현의 핵심 절차이자 출발점이라 할 수 있다.

하지만 지난 20여 년 동안, 광범위한 인권침해를 겪은 이후 정치·사법·경제 시스템의 전환을 시도해온 대부분의 분쟁 이후 사회들은 변화된 사회구조에 부합하는 보다 구체적인 사회 정의 원칙을 요구받아 왔다. 이러한 배경 속에서 '이행기 정의(transitional justice)'라는 개념이 심각한 갈등 이후 사회가 스스로를 재구성하는 과정에서 점차 수용되기 시작했다.[118] '이행기 정의'는 1990년대 중반 처음 등장한 용어로 억압적 통치나 무력 분쟁에서 벗어나 평화, 민주주의, 법치, 인권 존중으로 나아가는 전환기 사회들이 광범위하거나 체계적인 인권침해의 유산을 청산하기 위해 채택하는 다양한 접근 방식을 의미한다.[119][120] 이후 유엔 안전보장이사회(United Nations Security Council)는 이 개념을 다음과 같이 더욱 명확히 정의하였다:[121]

> "…책임 추궁을 보장하고, 정의를 실현하며, 화해를 이루기 위해 사회가 대규모의 과거 인권 침해의 유산을 직면하려는 시도와 관련된 모든 과정과 메커니즘을 포함한다. 이러한 메커니즘에는 사법적 수단과 비사법적 수단이 모두 포함될 수 있으며, 국제적 개입의 수준은 다양하거나 전혀 없을 수도 있다. 또한, 개별 가해자 처벌, 배상, 진실규명, 제도 개혁, 인사 검증 및 해임, 혹은 이들의 복합적 조합이 해당될 수 있다."

따라서 과거 갈등을 겪은 국가들이 효과적이고 지속 가능한 평화를 달성하기 위해 직면한 복합적이고 현실적인 도전에 대응하는 직접적인 수단으로서 이행기 정의는 매우 유용한 개념이다. 물론 과거사 정의의 실현에는 다양한 사회적·정치적 조건이 고려되어야 하며 그에 따른 적절한 구제 방식은 침해의 성격과 피해의 정도에 따라 달라질 수 있다. 그러나 유엔 인권이사회 특별보고관(2011)은 과거사 정의를 달성하기 위해 다음의 네 가지 요소 — 진실, 정의, 배상, 재발 방지 보장 — 에 대한 포괄적 접근이 필요하다고 강조했다. 이 보고서는 이들 요소가 각각으로는 충분하지 않지만 상호 보완적으로 작동할 때 폭력

이후 정의 실현에 효과적임을 지적한다. 더 나아가 과거사 정의는 법적으로 정립된 정의 개념을 달성하기 위한 하나의 전략으로 간주되며 이 과정에서 '배상에 대한 권리'는 실질적으로 구체화되어 왔다. 특히 최근에는 유엔이 '재발 방지 보장(non-recurrence guarantees)'의 독자적 성격을 강조하면서 이를 단순히 배상의 한 유형으로 보는 관점을 넘어 배상 구현을 위한 핵심 요소 중 하나로 인식하고 있다.[122)]

이러한 논의를 바탕으로, '사회적 책무성'을 사회적 치유(social healing)의 두 번째 단계에서 핵심적인 속성으로 보고 그 주요 기능인 ① '진실 추구', ② '정의 추구', ③ '배상 추구'을 독립 변수로 설정하여 이들이 사회 회복 과정에서 수행하는 구체적 역할을 고찰하고자 한다.

① 진실 추구(promoting truth)

사회책임성(Social Accountability)의 첫 번째 핵심 변수는 '진실 추구(promoting truth)'이며 이는 '진실 찾기(truth-seeking)'와 '진실 말하기(truth-telling)'라는 두 가지 방식으로 작동하는 중요한 비사법적 기제로 이해된다. 이 두 메커니즘은 갈등 이후 사회에서 사람들의 태도와 행동의 변화를 유도하고 공동체 내 화합과 공존을 촉진하는 데 기여한다. 먼저, '진실 찾기'는 과거에 개인이나 가족, 그리고 사회 전반에 어떤 범죄나 인권침해가 발생했는지를 공식적으로 조사하는 과정이다. 가장 대표적인 수단은 진실위원회(Truth Commission)로 이는 특정 시기의 인권침해 역사를 조사하고 공식적인 보고서를 제출하기 위해 일시적으로 설립되는 국가기관이다. 진실위원회의 목적은 이미 알려졌으나 공개적으로 인정되지 않았던 사실들을 드러내고 공론화함으로써 집단 기억과 역사적 책임을 형성하는 데 있다. 1990년대 후반 이후 전 세계적으로 40개 이상의 진실위원회가 운영되었으며, 대표적인 사례로는 남아프리카공화국(1995), 볼리비아(1982), 아르헨티나(1983), 과테말라(1997), 페루(2001), 동티모르(2002), 모로코(2004) 등을 들 수 있다.[123]

이러한 진실위원회 모델의 발전과 함께, '진실 말하기' 방식 또한 점차 정교화되었으며, 특히 남아프리카공화국의 진실과 화해 위원회는 그 전환점을 마련한 대표적 사례로 평가된다.[124] 진실 말하기란, 피해자 또는 가해자의 기억을 바탕으로 한 개인의 이야기를 사회적으로 공유하는 과정을 말하며 이는 단순한 회고가 아닌 공동체 내 트라우마 치유를 위한 중요한 심리사회적 접근으로 간주된다. 많은 연구는 증언(testimony)을 통한 자기 서사의 구성과 발화가 트라우마 회복에 기여할 수 있음을 시사한다. 그러나 실제 현실에서는 이러한 과정이 결코 쉽지 않다. 이는 피해자나 가해자의 용기 부족만이 아니라 폭력과 고통을 말하는 것을 둘러싼 사회문화적 금기, 그리고 '침묵'이나 '망각'을 생존 전략으로 택하게 되는 구조적 현실 때문이다.[125] 특히 진실 말하기 과정에서 감정적 저항과 정체성 위기의 장벽을 해소하기 위해서는 가해자 혹은 국가권력의 공식적이고 진정성 있는 사과가 핵심적인 요소로 작용한다. 이러한 사과는 공동체가 과거의 폭력을 직면하게 하고 피해자에 대한 현재와 미래의 시민적·인간적 책임을 다하기 위한 건설적 대화의 출발점이 될 수 있다. 나아가 이는 공동체가 '화해(reconciliation)'라는 보다 높은 가치로 나아가기 위한 잠재적 기반이 된다.[126] 그러나 문제는 이러한 공식적 사과가 자발적으로 이루어지는 경우가 극히 드물다는 데 있다. 때로는 학살과 같은 잔혹한 행위가 발생한 후 수년, 혹은 여러 세대가 지나서야 사과가 이루어지기도 하며 이로 인해 피해자와 공동체의 회복은 더욱 지연되기도 한다.

② 정의추구(promoting justice)

사회 책임성(Social Accountability)의 두 번째 변수는 '정의 추구(promoting justice)'로, 이는 과거의 인권침해를 사법적으로 다루려는 응보적 정의(retributive justice)의 형태로 주로 구현된다. 이러한 정의 실현은 형사처벌을 통해 이루어지며 가해자에 대한 재판, 유죄판결, 그리고 법적 처벌의 과정을 포함하는 공식 사법 시스템의 핵심 기능 중 하나이다. 역사적으로 이를 대표하는 사례로는 제2차 세계대전 이후의 뉘른베르크(Nuremberg)와 도쿄(Tokyo) 군사재판이 있으며 이후에는 구유고슬라비아 국제형사재판소(ICTY)와 르완다 국제형사재판소(ICTR)와 같은 특별재판소(ad hoc tribunals)가 설립되었다. 이 외에도, 보편적 관할권에 따른 타국 재판, 자국 내의 사법체계, 국제법과 국내법이 결합된 특별법원(hybrid courts), 그리고 국제사법재판소(ICJ)와 국제형사재판소(ICC) 등의 다양한 사법 기구들이 정의 실현의 수단으로 활용되어 왔다.[127] 그러나 현실적으로 많은 과도기(post-conflict) 국가들은 정치적 안정을 고려하여 사면(amnesty) 조항을 도입하기도 한다. 특히 내전이나 독재 이후 이행기의 맥락에서는 최악의 인권침해를 저지른 가해자들을 형사처벌 대신 사면하는 선택이 이뤄지는 경우도 적지 않다. 이러한 조치는 단기적인 사회 통합에는 기여할 수 있을지 모르나, 장기적으로는 새로운 인권침해의 재발을 막고 폭력의 순환을 중단하는 데 오히려 장애가 될 수 있다. 그럼에도 불구하고, 가해자에 대한 책임 추궁의 다양한 형태는 국가의 사법 시스템에 대한 시민의 신뢰를 회복하고 법의 지배를 강화하는 데 필수적인 요소로 간주된다.[128]

③ 배상 추구(promoting reparation)

세 번째 변수인 '배상 추구(promoting reparation)'은 정의 실현을 넘어, 미래지향적이고 회복적인 정의(restorative justice)의 관점에서 접근된다. 배상은 피해자들의 권리 회복과 사회적 복원을 지향하며, 크게 물질적 배상(material reparation)과 상징적 배상(symbolic reparation)으로 나뉜다. 물질적 배상은 개인 또는 집단에 대한 금전적 보상, 건강 및 교육 서비스 제공, 제도 개혁, 그리고 재발 방지를 위한 보장 등을 포함한다. 반면 상징적 배상은 기념일 제정, 기념관이나 추모 공간의 조성, 피해자 이름을 딴 공공시설 명명 등으로 구체화된다.[129] 이러한 실천은 단순한 보상 차원을 넘어 사회가 피해 생존자들의 트라우마 경험에 공감하고 연대함으로써 피해자들이 사회와 다시 연결될 수 있는 정서적 회복의 기반을 마련한다. 배상의 목적은 과거의 잘못에 대한 책임 인정에 그치지 않으며 그러한 인권침해가 반복되지 않도록 하는 예방적 기능까지 포함한다. 따라서 배상은 과거와 미래를 잇는 정의의 다리로서 트라우마의 치유와 평화 구축의 핵심적 연결고리가 된다.[130]

3) 세 번째 속성으로서의 '사회적 기억'의 세 가지 변수

많은 경우, 분쟁 이후의 사회는 사회적 치유에 이르기까지 수십 년이 소요되며 경우에 따라 이보다 더 짧거나 긴 시간이 걸리기도 한다. 이러한 시간의 흐름 속에서 실제 피해 생존자들은 고령이 되거나 사망하고 폭력의 고통스러운 경험은 '기억(memory)'이라는 이름으로 점차 잊히는 과정을 겪게 된다. 이로 인해, 과거의 사건과 희생에 대한 사회적 기억을 지속시키는 재구성 작업(reconstruction work) — 예컨대 기념비, 기념관, 추모공원 조성, 기념일 제정 등 — 이 중요하게 여겨진다. 이는 사라져가는 기억의 순간들을 오늘날의 역사적 의식 속에 다시 위치시키는 동시에, 그러한 기억으로부터 얻은 교훈이 세대를 넘어 재인식되도록 하는 노력이기도 하다. 이와 관련하여, 이이화(2013)는 발터 벤야민(Walter Benjamin)이 강조한 '기억의 힘'을 인용하며 역사는 단순한 과거의 종결이 아니라 끊임없는 현재화의 행위를 통해 희망의 상징을 전달하는 과거의 목소리라고 설명한다.[131] 다시 말해, 기억은 단순한 회고가 아닌 행위이며 현재에 개입하는 정치적이고 윤리적인 실천이기도 하다. 한편, 트라우마는 개인 차원에서는 잠재의식 속 상처로 남지만, 집단이 이를 공유하고 기억할 경우 사회적 영역의 문제로 전환된다. 즉, 집단 기억(collective memory)은 사회구성원 간의 상호작용을 강화하며 공감과 연대의 기반이 되는 강력한 사회적 자산이 된다. 이러한 사회적 기억은 특정 집단의 고통을 독점하거나 피해의 위계를 매기기 위한 것이 아니다. 오히려 기억은 다양한 역사적 고통과 상호 소통하고 연결되며 공동의 정의와 연대를 추구하도록 이끄는 미래지향적 역량을 내포하고 있다.[132] 또한, 기억의 사회적 실천은 또 다른 중요한 기능도 수행한다. 바로 재발 방지이다. 산타야나(Santayana)가 1905년에 말했듯이, "과거를 기억하지 못하는 자는 그것을 반복하게 된다."[133] 이 명제는 단순한 도덕적 경구가 아니라 역사적 트라우마의 재생산을 방지하기 위한 실천적 경고로 이해되어야 한다. 따라서 기억은 직접적인 피해 생존자들만의 몫이 아니라 사회 전체의 책임으로 공유되어야 하며 구성원 모두가 집단폭력으로부터 발생한 끔찍한 사건들을 기억하고 교훈화해야 할 윤리적 의무를 갖는다.

그러나 현실적으로는 사회구성원들이 이러한 기억의 의무를 자각하고 실천하는 것이 매우 어렵다. 그 주요한 이유 중 하나는 피해 생존자들에 대한 낙인(stigma)과 사회적 편견(social prejudice) 때문이며, 이는 사회적 거리(social distance)라는 개념에 근거하고 있다.[134] 사회적 거리는 타인에 대한 심리적·정서적 거리감을 의미하며 특정 집단을 '우리'와 구별되는 '그들'로 인식하게 만든다. 이러한 인식은 피해 생존자들을 '특이한 경험을 가진 소수자'로 규정하며 그들을 사회의 주변부로 밀어내고 낙인찍는 결과를 초래한다. 이러한 낙인은 개인적, 종교적, 경제적 자유의 제한뿐만 아니라, 피해자에 대한 비인격화 및 비인간화 작업으로도 이어진다. 특히, 국가나 사회 집단에 의해 수행되는 선전(propaganda) 활동은 피해자들을 음해하고 왜곡된 정체성을 덧씌우며, 그들의 고통을 사회적으로 지워버리는 역할을 하기도 한다.[135] 이처럼 문화적 폭력이 구조적으로 내재된 사회에서는 실제 발생한 폭력을 명확하게 인식하지 못하거나 심지어 그것을 폭력으로조차 인지하지 못하는 불투명한 현실이 형성된다. 따라서, 과거의 트라우마적 사건들을 정확히 기억하고 이를 기념하는 일은, 단지 피해자만을 위한 것이 아니라 현재를 살아가는 모든 사회 구성원을 위한 윤리적·정치적 과제이다. 이는 공동체의 역사적 책임을 환기시키는 동시에 기억의 윤리를 실천하는 출발점이기도 하다. 아울러, 그러한 기억을 바탕으로 해당 사건을 직접 경험하지 못한 미래 세대를 대상으로 한 지속적인 교육과 사회적 학습 역시 필수적이다. 이는 단절된 역사의 고리를 잇고, 폭력의 재생산을 방지하는 가장 강력한 예방 전략이 될 수 있다.

이러한 맥락에서 '사회적 기억(social memory)'의 구체적 역할을 사회적 치유의 세 번째 단계의 핵심 속성으로 간주하고자 한다. 이 단계에는 세 가지 핵심 기능인 ① '기념', ② '교육', ③ '더 높은 차원에서의 사회적 가치'가 독립 변수로 포함된다.

① 기념(commemoration)

사회적 기억의 첫 번째 변수는 기념(commemoration)이며, 이는 '시간(time)'과 '공간(space)'이라는 두 범주를 중심으로 구성된다. 트라우마적 사건을 경험한 사회는 고통의 집합적 기억을 보존하고 다음 세대에 전승하기 위해, 일정한 날짜를 공식 기념일로 제정하고, 그날을 중심으로 애도와 반성의 시간을 갖는다. 이와 함께 기념비, 기념관, 묘지, 기념 공원 등 기억의 장소를 조성함으로써, 과거의 상흔을 물리적 공간 속에 고정시키고 그 장소에서 이루어지는 다양한 기억 의례는 기념일과의 상호작용을 통해 기억의 형식을 정착시키고 강화한다. 이러한 공간적·시간적 기념 실천은 집단 트라우마의 사회적 인정을 위한 제도적 장치이자 공공 영역에서의 기억 투쟁을 가능하게 하는 기반이 된다.

② 교육(education)

두 번째 변수인 교육(education)은 사회적 기억을 다음 세대에 지속적으로 전승하기 위한 핵심 수단이다. 트라우마 사건과 관련된 자료의 기록, 정리, 분류, 학술적 연구 등의 과정은 교육적 재구성을 위한 기초 작업이며 이를 바탕으로 교과서 및 정규 교육과정에 반영함으로써 미래 세대가 역사적 진실을 왜곡 없이 학습할 수 있는 구조를 마련해야 한다. 더불어, 피해 경험에 대한 다층적 이해와 비판적 사고를 촉진하는 교육프로그램의 개발은 단지 지식의 전달을 넘어서 공감(empathy)과 윤리적 감수성(ethical sensitivity)을 함양하는 데 중요한 역할을 한다.

③ 더 높은 차원에서의 사회적 가치(high social value)

세 번째 변수는 더 높은 차원에서의 사회적 가치(high social value)의 추구로 트라우마 이후 피해자와 사회 전체가 새로운 삶의 의미와 집단적 윤리적 방향성을 발견하는 데 기여한다. 문화적·사회적 규범은 개인의 행동 형성과 사회적 상호작용의 토대를 이루기 때문에 트라우마 이후의 사회에서는 기존 규범을 재해석하거나 새로운 규범을 정립하려는 움직임이 나타난다. 이 과정에서 문화 기반의 치유 전략—예를 들어 전통 의례, 공동체 활동, 예술 표현, 집단 명상 등의 실천—은 개인적 회복과 공동체적 재통합을 동시에 도모할 수 있다. 이러한 고차원적 가치의 추구는 사회 전체가 긍정적인 관계, 건강한 사회 규범, 그리고 의미 있는 집단 정체성을 재구성하도록 돕는 중요한 자원이 된다.

(7) 개인적 치유(Y축)의 여섯 가지 필수 요인

1) 첫 번째 속성으로서의 '자기 보호'의 두 가지 변수

트라우마는 단 한 번의 경험이라도 인간 삶에 깊고 지속적인 흔적을 남긴다. 그것은 다양한 방식과 강도로 영향을 미치며, 완전히 제거되기보다는 평생 함께 살아가야 할 내면의 요소로 남는다. 그러므로 트라우마의 의미를 재구성하고 그로부터 생겨난 고통과 내면의 안식처가 공존할 수 있도록 하는 것이 이후 삶을 보다 건강하게 살아가는 최선의 길일 수 있다. 그러나 반 데어 콜크(Van der Kolk)는 대부분의 사람이 트라우마 상황에서 끔찍한 감각을 차단하기 위해 뇌의 특정 부위, 즉 신체의 감정과 감각을 전달하는 뇌 영역(내측 전전두엽 피질, medial prefrontal cortex)의 기능을 무의식적으로 비활성화하게 된다고 설명한다. 이러한 반응은 인간의 본능적인 생존 전략으로 이해될 수 있지만, 동시에 삶을 온전히 느끼고 살아가는 능력을 손상시키는 비극적인 적응이기도 하다. 자기 감각 체계가 지속적으로 훼손될 경우, 원인을 알 수 없는 신체적 증상이 나타나거나 자신의 감정을 정확히 인식하지 못하게 된다. 이는 곧 자기 보호 능력의 상실로 이어진다.[136)]

트라우마는 단지 몸에만 영향을 주는 것이 아니라 자율성과 존엄성까지 침범하며 결국 '자기 상실(self-loss)'의 상태로 내몬다. 이러한 상황에서 피해 생존자에게 가장 시급한 것은 안도감과 보호다. 기본적인 안전감(sense of safety)이 자리 잡지 않으면 이들은 지속적인 불안과 고립감에 시달리며 삶의 질은 급격히 저하된다. 그만큼 트라우마 이후의 피해자는 극도로 취약한 상태에 놓이게 된다. 이들이 다시 삶의 방향을 잡기 위해서는 먼저 직접적인 폭력으로부터의 완전한 보호와 생존의 보장이 이루어져야 한다. 그때서야 비로소 피해 생존자는 자신이 안전하다는 감각을 되찾고 변화된 환경을 받아들이려는 첫걸음을 내디딜 수 있다. 그리고 그 후에야 자신의 미래에 헌신하고 능동적으로 행동할 힘을 회복하게 된다. 이런 맥락에서 안전감은 재활과 회복, 나아가 삶의 재건에 핵심적인 역할을 한다. 하지만 중요한 사실은 그 누구도 혼자 힘으로 안전한 환경을 완전히 만들어낼 수 없다는 점이다. 특히, 개인의 능력을 넘어서는 집단적 폭력을 경험한 경우에는 위기 개입의 필요성이 더욱 강조된다. 직접적인 폭력은 때로는 개인이나 집단의 생명을 위협할 정도로 극심하게 나타나기도 한다. 하지만 가해자를 제거한다고 해서 폭력이 자동으로 사라지지는 않는다. 직접적 폭력은 형태를 달리하여 다시 나타날 수 있다. 예컨대, 인간다운 삶을 영위하기 위한 기본적인 조건들 — 의식주, 안전, 인간관계 — 이 결여된 상태는 생존자들에게 또 다른 위협이자 폭력으로 작용할 수 있다. 결국, 생존을 넘어 '삶'을 지속하기 위해서는 물리적 보호를 넘어선 심리적, 사회적 회복 기반이 마련되어야 하며 이러한 구조적 배려와 환경 조성이야말로 트라우마 회복의 첫걸음이자 필수 조건이다.

이러한 논의는 매슬로우의 욕구 위계 이론(Maslow's hierarchy of needs)의 가장 하위 단계인 생리적 욕구(physiological needs)와 안전의 욕구(safety needs)와도 밀접하게 연결된다. 매슬로우는 하위 욕구가 충족되어야만 그보다 상위의 욕구가 행동에 영향을 줄 수 있다고 보았다.[137] 가장 기본적인 욕구인 생리적 욕구는 인간의 본능적 생존과 직결되며 이 욕구가 만족되지 않은 상태에서는 다른 모든 욕구는 후순위로 밀려난다. 생리적 욕구가 어느 정도 충족되면, 그다음으로 등장하는 것이 안전 욕구다. 이는 자신이 속한 환경에서 신체적, 심리적으로 위협받고 있지 않다고 느끼는 상태를 의미하며 인간이 생존을 유지하기 위해 본능적으로 작동시키는 안전 추구 메커니즘에 해당한다. 이처럼 개인의 기본적인 욕구가 충족될 수 있도록 직접적인 폭력으로부터 보호하는 사회적 시스템과 실용적인 틀이 마련될 때, 치유의 과정은 한층 수월해질 수 있다. 기본 욕구가 어느 정도 충족된 이후, 개인은 자신의 행동과 인지에 변화를 일으킬 수 있는 기반을 갖추게 되며 이는 곧 개인 치유의 시작점이 된다.

이러한 맥락에서 자기 보호(self-protection)는 개인 치유의 첫 번째 단계에서 핵심적인 속성으로 작용한다. 자기 보호는 두 가지 주요 변수, 즉 ① 자기 통제(self-control)와 ② 자기 결정(self-determination)으로

나뉘며 이는 독립적인 기능으로 작용한다. 첫 번째 변수인 자기 통제는 트라우마 이후 상실된 감각과 반응을 점차적으로 회복하는 과정이다. 심리적으로 큰 충격을 받은 개인은 감정과 감각이 마비되는 경험을 하게 되는데 외부의 지원을 통해 안전한 환경이 형성되면 서서히 잃어버린 감각과 정서 반응을 되찾게 된다. 이러한 과정에서 개인은 다시금 자신의 신체 상태를 인지하고 돌볼 수 있게 되며 점차 주변 세계에 대한 통제력도 회복하게 된다. 두 번째 변수인 자기 결정은 회복된 감각을 바탕으로 스스로 선택하고 삶을 계획할 수 있는 힘을 의미한다. 다시 말해, 개인은 일상의 작은 선택에서부터 삶의 중요한 결정을 내리는 데까지 이르는 자기결정권을 되찾게 된다. 이러한 자기 결정의 회복은 단순한 선택 능력을 넘어 인간의 존엄성을 유지하는 데 필수적인 요소다. 결국, 자기 보호는 치유의 가장 기초적인 단계를 구성하며 개인이 다시 삶을 주체적으로 살아갈 수 있도록 돕는 핵심적 토대가 된다.

2) 두 번째 속성으로서의 '사회적 의미'의 두 가지 변수

안전이 일정 수준 확보되면, 피해 생존자들은 자신이 폭력의 과거에서 벗어났다고 느끼기 시작한다. 그러나 그 직후, 이들은 종종 트라우마 기억과 그것이 야기하는 압도적인 증상에 다시 지배당하게 된다. 이는 곧, 마치 과거에 영원히 갇힌 듯한 무력감을 불러일으킨다. 이러한 상태를 극복하기 위해 피해 생존자들은 과거의 기억을 회피하는 대신 직면하고 마주할 용기가 필요하다. 임상심리학의 여러 연구는 트라우마 기억을 재구성하는 과정, 즉 '서사(narrative)'가 가장 효과적인 치료 도구임을 강조하였다.[138][139][140][141] 물론, 이야기를 꺼내는 과정에서 재트라우마화(re-traumatization)가 일어날 수 있다는 우려도 있다. 그러나 전문 치료사나 상담자의 적절한 개입은 피해 생존자가 불안을 보다 안전하게 다루고 트라우마를 더 건강한 시각에서 바라볼 수 있도록 돕는다. 다만, 이러한 전문가의 개입이 항상 가능하거나 접근 가능한 것은 아니므로 그 외적 조건 또한 중요하게 고려되어야 한다. 결국, 피해 생존자가 자신의 이야기를 꺼낼 수 있게 하는 가장 중요한 조건은 공동체의 분위기이다. 피해 생존자가 "자신의 이야기를 해도 괜찮다"고 느끼려면, 주변 사람들이 그의 목소리에 진심으로 귀 기울이는 태도를 보여야 한다. 그의 고통을 진지하게 듣고 그것이 개인의 힘만으로는 감당하기 어려운 상황임을 인정하고 지지하는 자세가 필요하다. 이러한 공동체적 수용 속에서 피해 생존자는 자신이 더 이상 혼자가 아님을 깨닫고 사회와 다시 연결될 수 있는 희망을 갖게 된다.

그러나 트라우마적 사건은 개인의 내면뿐만 아니라 공동체와의 유대감을 깊이 손상시키며 타인에 대한 신뢰를 파괴한다. 그 결과, 피해 생존자는 최소한의 신뢰를 회복했다 하더라도 자신이 안전하고 보호받고 있다는 확신 없이는 다른 사람에게 자신의 고통스러운 경험을 털어놓기 매우 어렵다. 그런데도 타인과 트라우마의 경험을 공유하는 것은 세상과의 단절을 극복하고 삶에 의미가 있다는 감각을 다시 회복하는 데 필수적인 과정이다. 이는 단순한 감정의 표출을 넘어서 상실과 고통을 사회적 맥락 안에서 이해하고 통합하는 과정이기도 하다. 앞서 살펴본 바와 같이, 사회적 책임과 지지를 보장하는 핵심 변수들—예컨대 안전한 환경, 신뢰 형성, 공감적 경청, 제도적 보호—이 사회 속에서 적절히 작동할 때 피해 생존자는 자신의 트라우마를 기억하고 애도하는 서사적 과정을 통해 긍정적인 변화를 경험할 수 있다. 이러한 변화를 통해 생존자는 자신이 회복할 준비가 되어 있음을 인식하게 되며 단지 살아내는 데서 멈추지 않고 현재의 삶을 재건하고 미래를 향한 열망을 품을 수 있는 가치의 지평으로 나아갈 수 있게 된다.

이와 관련하여, 두 번째 개인 치유 단계에서 사회적 의미의 탐색을 하나의 핵심 속성으로 설정하고자 한다. 이 속성은 두 가지 핵심 기능을 독립 변수로 포함한다. ① 첫째는 '이야기를 할 수 있는 능력', ② 둘째는 '과거를 삶의 일부로 받아들이는 능력'이다.

① 이야기를 할 수 있는 능력

먼저, '이야기를 할 수 있는 능력'을 살펴보면 다음과 같다. 트라우마 사건이 사회적 책임에 기반한 다양한 활동을 통해 공적 영역에서 다뤄지고 공표될 때 사회 전체에는 피해자의 고통과 희생을 이해하려는 공감적 분위기가 형성된다. 이 과정은 단순히 개인의 감정을 나누는 차원을 넘어 사회와 그 구성원들이 집단적 폭력과 그에 따른 트라우마를 '사건'이나 '사고'로 축소하지 않도록 만든다. 더 나아가, 이러한 사회적 공감은 피해 생존자들이 자신의 이야기를 꺼낼 수 있는 심리적 조건을 형성하는 동시에, 그들이 다시 사회의 일원으로 돌아갈 수 있도록 돕는 제도적·구조적 기반을 마련하는 공공의 책임이라는 인식을 확산시킨다. 결과적으로 이는 피해 생존자 개인뿐 아니라 그 집단 전체의 정서적 역동성에도 긍정적인 영향을 미친다.[142] 이러한 사회적 의미 회복은 피해 생존자들에게 "나는 불운해서 이런 일을 겪었다"거나 "신이 나를 벌하신 것이다"와 같은 죄책감과 자기 비하에서 벗어날 수 있는 기회를 제공한다. 허먼(2015) 역시, 피해 생존자들이 "말할 수 없었던 것을 말함으로써, 다른 사람들을 도울 수 있다는 믿음"을 통해 자신을 초월한 더 큰 힘과의 연결을 경험하게 된다고 강조한다.

② 과거를 삶의 일부로 받아들이는 능력

이러한 맥락에서 사회적 의미 탐색의 두 번째 핵심 변수는 '과거를 삶의 일부로 받아들이는 능력'이다. 피해 생존자가 속한 공동체가 이들을 돕고 치유하려는 실질적인 행동을 취할 때, 피해 생존자는 자신의 고통스러운 경험을 공공의 인정을 통해 더 쉽게 받아들이게 된다. 이는 단순히 과거에 머무르는 것이 아니라 '현재'를 살아갈 힘을 회복하게 만드는 과정이다. 특히, 타인의 고통이나 죽음을 목격하고 자신만이 살아남았다는 이유로 겪는 '생존자 죄책감'을 완화하는 데도 이 과정은 중요하다. 이러한 변화는 매슬로의 인간 욕구 위계 이론에서 세 번째와 네 번째 수준, 즉 소속감 및 사랑의 욕구와 자아존중감의 욕구와도 밀접하게 관련된다. 이 두 욕구는 의미 있는 관계와 상호 신뢰를 통해 충족되며 정의를 위해 행동하는 개인이나 사회에 대한 신뢰가 회복될 때 피해 생존자는 욕구의 상위 단계로 나아갈 수 있는 내적 동기를 갖게 된다. 따라서 개인이나 집단이 트라우마를 경험할 때, 공동체의 적극적인 참여가 이루어진다면 그 트라우마는 단지 개인의 고통에 머무르지 않고 사회 전체가 기억하고 성찰해야 할 의미 있는 경험으로 확장된다. 결국, 트라우마적 경험은 단순한 '사건'이 아니라 사회와 인류가 다시는 반복하지 말아야 할 역사적 교훈이자 메시지로 자리매김하게 된다. 이렇게 볼 때, 사회적 의미 탐색은 피해 생존자의 삶에서 과거를 온전히 받아들이게 하는 중요한 계기가 되며 개인과 공동체 사이의 신뢰 회복에도 긍정적인 영향을 미치는 것이다. 나아가, 문화적 폭력을 해체하고 평화로운 공동체를 구성하는 데 핵심적인 기반이 된다.

3) 세 번째 속성으로서의 '화해의 시작'의 두 가지 변수

트라우마 사건이 사회적 문제로 인식되고 이에 따른 사회적 변화의 요구가 제기되면서, 피해 생존자들은 자신이 공동체와 다시 연결되어 있다는 감각을 회복하기 위한 노력을 기울이게 된다. 피해 생존자들의 상실과 슬픔을 공동체가 기억하고 재현하는 행위는 그들에게 더 이상 혼자가 아니라 현재와 연결된 존재라는 느낌을 제공하기 때문이다. 이와 같은 경험은 갈등이 나선형 구조로 증폭되는 가운데 '적응적 나선형'(adaptive spiral)을 통해 피해 생존자가 다시 공동체에 수용되는 과정을 의미하며 이는 피해자가 자신의 정체성을 재인식하고 변화된 현실을 수용하도록 돕는다.[143)]

이러한 과정은 '트라우마에 대한 잠재적 반응 이론'(Potential Responses to Trauma Theory)의 네 번째 기능과도 관련이 있다. 이 이론은 개인이 원래의 기능 수준을 넘어 성장하고 번창할 수 있다는 가능성을 제시한다.[144)] 이는 심리적, 신체적 웰빙 모두에 해당하며 개인은 회복을 거치며 그 경험에서 의미 있는 이득을 얻고 이를 미래의 삶에 적용함으로써 더욱 강인한 삶의 태도를 형성하게 된다.[145)] 이와 같은 긍정적 변화는 매슬로우의 인간 욕구 위계 이론에서 최상위 수준인 '자아실현(self-actualization)' 단계와도 연결된다. 이 단계에서는 개인이 더 이상 환경에 수동적으로 반응하지 않고 그것을 초월하여 삶의 본질적 의미를 추구한다. 일부 피해 생존자들은 트라우마가 되돌릴 수 없는 현실이라는 사실을 받아들이고 보상이나 복수에 대한 개인적 열망을 내려놓는다.[146)] 나아가 그들은 다양한 사회적 개입을 통해 단지 고통을 견디는 것을 넘어 타인에게 헌신할 준비가 된 주체로 변화한다. 곧, 더 이상 '피해자'가 아닌 '생존자'로서 그들은 강한 의지를 바탕으로 새로운 관계를 형성하고 가족, 친구, 치료사, 영적 지도자와의 연결을 통해 기본적인 신뢰를 다시 구축한다. 이러한 과정은 향상된 대인관계, 삶에 대한 감사, 새로운 가능성의 인식, 그리고 영적 성장을 포함한 긍정적 변화를 가져온다.[147]

이처럼 모든 조건이 충족된다면 피해 생존자들의 상실은 오히려 귀중한 성과로 전환될 수 있다. 이와 관련해 가장 널리 알려진 개념은 '외상 후 성장(Post-Traumatic Growth, PTG)'으로 이는 심각한 삶의 도전 이후에 나타나는 긍정적 심리 변화를 의미한다.[148] PTG는 드문 현상이 아니지만 트라우마 사건을 겪은 모든 사람이 경험하는 것 또한 아니다. 성장과 긍정적인 변화의 발전을 촉발하는 데 여러 가지 요소들이 중요한 역할을 하며 그 중에는 종교와 영성,[149] 성격, 대처 방식, 사회적 지원[150] 등이 포함된다. 특히, 사회적 지지는 PTG와 강한 상관관계를 보이며 사회적 지지에 대한 만족도 또한 그 효과를 증대시킨다.[151] 이러한 이론적 관점들을 종합하면, 트라우마를 극복하기 위해서는 개인의 회복탄력성과 더불어, 사회의 지속적이고 실질적인 지원이 필수적임을 알 수 있다.

이러한 맥락에서 세 번째 개인 치유 단계로서의 화해의 시작에 대해 살펴보고자 한다. 이 단계에는 두 가지 핵심 변수가 포함된다: ① 자아정체성의 재구성과 ② 사회와의 재연결.

① 자아정체성의 재구성

첫 번째 변수인 자아정체성의 재구성은 삶에 의미를 부여하는 사회적 관계, 세대 간 소통, 그리고 공동체의 활력을 되살리는 데 필수적이다.[152] 자아를 회복한 생존자들은 종종 미래에 누군가가 경험할 수 있는 동일한 고통을 예방하기 위해 노력하며 유사한 경험을 가진 이들과 연대하여 사회적 활동에 적극 참여한다.

② 사회와의 재연결

이러한 활동은 두 번째 변수인 사회와의 재연결과도 깊은 관련이 있다. 다만, 이러한 폭발적인 자기 성장은 흔한 일이 아니다. 공동체의 기억과 재현 활동에 참여함으로써 생존자들은 자신을 보호하고 정체성을 다시 구성하는 과정을 시작하게 된다. 그러나 이러한 기억의 사회적 활동에 포함되지 못하는 경우 피해 생존자들은 단지 과거를 '기억'할 수 있을 뿐, 그것을 '재현'하거나 '공유'할 수는 없게 되며 이는 사회적 활력을 상실한 상태로 이어진다. 결국, 피해 생존자가 트라우마 사건 이전의 사회적 정체성과 연결성을 회복하지 못한다면, 신체적으로는 생존했더라도 '사회적 죽음'(social death)을 경험할 수밖에 없다.[153] 그러므로 사회 공동체의 기억과 재현 활동은 단순한 과거 회상이 아닌, 생존자의 참여를 가능케 하는 포용적 실천이 되어야 하며 이는 트라우마 후 성장을 지원하는 지속적이고 의도적인 사회적 기여를 필요로 한다.

(8) 포괄적 치유 모델(CH model) 분석을 통한 경향성 분석

포괄적 치유 모델에서는 앞서 설명한 사회적 치유와 개인적 치유의 독립 변수를 각각 x축과 y축으로 설정하여 다양한 치유 접근 방식을 통합적으로 분석할 수 있도록 한다. 이와 같은 구조를 통해 다양한 변수 조합을 시각적으로 표현함으로써, 전체 치유 과정의 위치와 진행 정도를 파악할 수 있다. 따라서 이론에서 제시된 단계적 치유의 특성을 구성 요소별로 분해하고 각 단계에 필요한 변수들을 포괄적 치유의 독립 변수로 정립할 필요가 있다. 이 모델에서는 각 변수에 대해 0점에서 2점까지의 점수를 부여함으로써 전체적인 개인 치유와 사회 치유의 수준을 정량화하고 이를 바탕으로 개인－사회 치유의 관계를 이차원 좌표 평면상에 시각적으로 나타낼 수 있다(표 2.1 참조).

1) x축: 사회 치유의 독립 변수

x축에는 총 9개의 변수가 위치하며 각 변수당 최고 점수는 2점이다. 따라서 최고 점수는 총 18점이다. 각 변수에 대해 다음과 같은 기준으로 점수를 부여한다.

- 2점: 변화가 충분히 이루어진 상태

이는 사회 전체의 참여도가 높고 해당 변수에서 요구하는 사회적 역할이 명확히 수행되며 공식적이고 제도적인 차원에서 인정되고 실행이 지속되는 경우를 의미한다.

- 1점: 변화가 진행 중이거나 부분적으로 실현된 상태

공식적으로 변화가 완료되지 않았으며, 일부만 수행되고 있는 상태를 말한다.

- 0점: 변화에 대한 노력이 없거나, 진전이 없는 상태

기록이나 분석이 전혀 이루어지지 않은 상태를 의미한다.

2) y축: 개인 치유의 독립 변수

y축은 총 6개의 하위 변수를 포함하고 있으며 각 변수당 최고 점수는 2점으로 최고 총점은 12점이다. 이 변수는 동일한 트라우마를 경험한 집단의 인식 및 행동 변화를 측정하며 단일 개인의 치유 상태가

아닌, 집단적 수준에서 나타나는 변화의 양상을 추적한다.

- 2점: 변화가 충분히 이루어진 상태

이는 변수에서 요구하는 치유 상태가 집단 전체에서 명확히 인식되며 이에 상응하는 행동 변화가 다수 구성원에게서 관찰되는 상태를 의미한다.

- 1점: 변화가 부분적으로 실현되었거나 진행 중인 상태

일부 개인에게만 변화가 나타났으며, 전체 집단의 동의나 실천이 미진한 상태를 의미한다.

- 0점: 변화가 이루어지지 않았거나, 노력이 부족한 상태

분석 가능한 기록이 전혀 없는 상태를 의미한다.

이러한 점수 체계는 개인과 사회 수준의 치유 과정이 각각 어떤 위치에 있는지를 시각적으로 보여주며 치유 진행의 격차, 개입이 필요한 영역, 또는 상호 보완의 가능성 등을 파악하는 데 효과적으로 활용될 수 있다. 또한, 이 모델은 치유 과정을 단순히 결과로만 판단하지 않고 진행 단계와 동역학을 반영한다는 점에서 중요한 의의를 갖는다. 각 평가 시점에서 x축(사회적 치유)과 y축(개인적 치유)의 총 점수는 각각 하나의 좌표값이 되며 이를 이차원 좌표 평면상에 표시하여 집단의 치유 상태를 시각화할 수 있다. 예를 들어, 트라우마 사건 발생 후 10년이 지난 시점에서 사회적 치유 점수가 10점, 개인적 치유 점수가 5점이라면 해당 집단의 치유 수준은 좌표 평면상 (10, 5)에 위치하게 된다. 이 점수는 개인과 사회 수준의 치유 노력이 통합된 포괄적 치유 점수를 나타낸다.

표 2.1 포괄적 치유 모델의 점수 평가표

Individual Healing

Attributes	variables	Score
Self-Protection	Regain of self-control	
	Regain of self-choice	
Social Meaning	Ability of telling a story	
	Accept of the past as a part of life	
Initiatives of Reconciliation	Rebuilding self-identity	
	Reconnecting with society	
Overall Score		

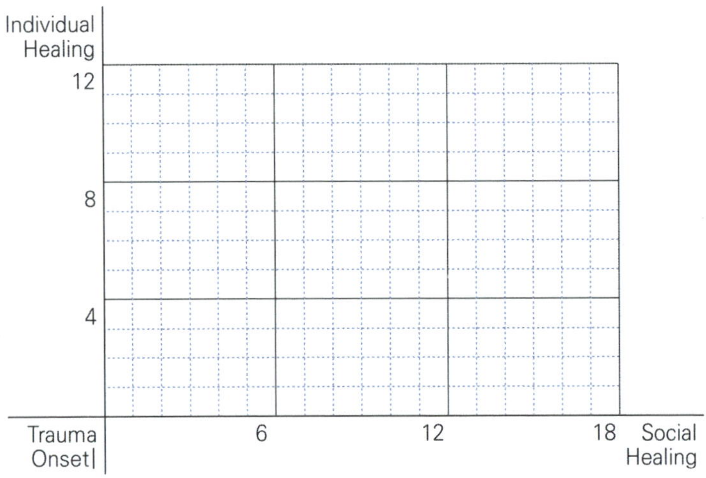

Social Healing

Attributes	variables	Score
Social Protection	Prevention of violence	
	Security of basic needs	
	Safety of living environment	
Social Accountability	Promoting truth	
	Promoting justice	
	Promoting reparation	
Social Memory	Commemoration	
	Education	
	Advance to higher social value	
Overall Score		

이러한 방법을 적용함으로써 본 연구의 다음 장에서는 포괄적 치유 모델의 독립 변수 체계에 따라 대표적인 집단 트라우마 사례를 분석할 것이다. 수많은 역사적 집단 폭력 사건 중 본 연구의 목적에 부합하는 사례를 선정하기 위해 다음과 같은 기준을 적용하였다. 첫 번째 기준은 당시 총인구의 약 10% 이상이 피해를 입은 사례이다. 두 번째 기준은 사회적, 정치적, 이념적 성격이 강한 집단폭력 사례로 트라우마 치유에 대한 포괄적 접근의 중요성을 드러낼 수 있는 경우이다. 세 번째 기준은 20세기의 '인류에 대한 범죄' 사례로, 비교적 많은 관련 자료와 문서가 존재하는 경우이다.

📖 CHAPTER 2 참고문헌

1) Kleinman, A., V. Das, and M. Lock (eds) 1997. *Social Suffering. Berkeley*, CA: University of California Press.

2) Wilkinson, I., & Kleinman, A. (2016). A passion for society. California: University of California Press.

3) 1)동일

4) Kleinman, A. (2010). Four Social Theories for Global Health. The Lancet, 375 (9725), 1518-1519.

5) Lacapra, Dominick. (2001). Writing History, Writing Trauma. Baltimore: Johns Hopkins University Press.

6) Kellermann, P. F. (2007). Sociodrama and collective trauma. London: Jessica Kingsley.

7) Giller, E. (1999). What Is Psychological Trauma?. Presentation, Annual Conference of the Maryland Mental Hygiene Administration "Passages to Prevention: Prevention across Life's Spectrum,"

8) United Nations Office for Disaster Risk Reduction (UNISDR) (2009). 2009 UNISDR terminology on disaster risk reduction (pp. 9−10, Publication). Geneva, Switzerland. Retrieved from http://www.unisdr.org/we/inform/publications/7817

9) Butler, A., Panzer, A. and Goldfrank,L.(2003). Preparing for the psychological consequences of terrorism. 1st ed. Washington, DC:National Academies Press

10) World Health Organization (2002). World report on violence and health: summary. Geneva, Switzerland. Retrieved from http://www.who.int/violence_injury_prevention/violence/world_report/en/summary_en.pdf

11) Suárez−Orozco MM & Robben ACGM (2000). Interdisciplinary perspective on violence and trauma. In ACGM Robben & MM Suárez−Orozco (eds) Cultures under siege: Collective violence and trauma (pp. 1-41). Cambridge: Cambridge University Press.

12) Richters, A. (2010). "Suffering and healing in the aftermath of war and genocide in Rwanda: Mediations through community−based sociotherapy", in Kapteijns. L., & Richters, A. (Eds.) Mediations of violence in Africa: Fashioning new futures from contested pasts (pp. 173−210). Leiden: Brill

and Johannesburg: Wits University Press.

13) Krieg, A. (2009). The Experience of Collective Trauma in Australian Indigenous Communities. Australasian Psychiatry, 17(1_suppl). doi : 10.1080/10398560902948621.

14) Luszczynska, A., Benight C. C., Cieslak R. (2009). Self－efficacy and health－related outcomes of collective trauma: a systematic review. Eur. Psychol. 14, 51-62. doi: 10.1027/1016－9040.14.1.51.

15) Hoffman, M.L.& Kruczek, T. (2011). A Bioecological Model of Mass Trauma. The Counseling Psychologist, 39(8), 1087－1127. doi: 10.1177/0011000010397932.

16) Norris, F. H., Baker, C. K., Murphy, A. D., & Kaniasty, K. (2005). Social Support Mobilization and Deterioration after Mexicos 1999 Flood: Effects of Context, Gender, and Time. American Journal of Community Psychology, 36(1－2), 15－28. doi: 10.1007/s10464－005－6230－9.

17) Lifton, R. J. (2005). Americans as Survivors. New England Journal of Medicine, 352(22), 2263－2265. doi: 10.1056/NEJMp058048.

18) Updegraff, J. A., Silver, R. C., & Holman, E. A. (2008). Searching for and finding meaning in collective trauma: Results from a national longitudinal study of the 9/11 terrorist attacks. Journal of Personality and Social Psychology, 95(3), 709－722. doi: 10.1037/0022－3514.95.3.709.

19) Birmes, P., Hatton, L., Brunet, A., & Schmitt, L. (2003). Early historical literature for post－traumatic symptomatology. Stress and Health, 19(1), 17-26. doi:10.1002/smi.952.

20) Benedek, D. M., & Wynn, G. H. (Eds.). (2010). Clinical manual for management of PTSD. United States: American Psychiatric Publishing.

21) Herman, J. L. L. (2015). Trauma and recovery: The aftermath of violence － from domestic abuse to political terror. New York, NY: Basic Books.

22) Crocq, M., & Crocq, L. (2000). From shell shock and war neurosis to posttraumatic stress disorder: a history of psychotraumatology. Dialogues In Clinical Neuroscience, 2(1), 47－55.

23) Pitman, R. K. (2013). A brief Nosological history of PTSD. Journal of Traumatic Stress Disorders & Treatment, 2(1).1－4. doi: 10.4172/2324－8947.1000101.

24) Brown, C., & Millington, C. (2015). The Memory of the Cambodian Genocide: the Tuol Sleng Genocide Museum. History Compass, 13(2), 31－39. doi: 10.1111/hic3.12214

25) Fassin,D., and Rechtman, R., (2016). The empire of trauma: An inquiry into the condition of victimhood. Korean (Ed.). Seoul: Bada Publishing Co.

26) Pols, H., & Oak, S. (2007). War & military mental health. American Journal of Public Health, 97(12), 2132-2142. doi: 10.2105/AJPH.2006.090910.

27) 25)와 동일

28) Andreasen, N. (2010). Posttraumatic stress disorder: A history and a critique. Annals of the New York Academy of Sciences., 1208, 67-71. doi: 10.1111/j.1749－6632.2010.05699.x.

29) Hagopian, P. (2009). The Vietnam war in American memory: Veterans, memorials, and the politics of healing. New York, NY, United States: University of Massachusetts Press.

30) Friedman, M. (2016). PTSD History and Overview. PTSD: National Center for PTSD. U.S. Department of Veterans Affairs. http://www.ptsd.va.gov/professional/PTSD－overview/ptsd－overview.asp

31) Frances, A. (2013). The New Crisis in Confidence in Psychiatric Diagnosis. Annals of Internal Medicine, 159(3), 221－222. doi: 10.7326/0003－4819－159－3－201308060－00655.

32) Garfield, R., Morales, C. and Dresde, E. (2003). Addressing Collective Violence: An Epidemiologic Context for Human Rights Promotion. Health and Human Rights, 7(1), 144－157.

33) Girard, R. (2000). Violence and the sacred. Korean (Ed.). (Vols. 2). Seoul: Minumsa.

34) Seery, M. D., Silver, R. C., Holman, E. A., Ence, W. A., & Chu, T. Q. (2008). Expressing thoughts and feelings following a collective trauma: Immediate responses to 9/11 predict negative outcomes in a national sample. Journal of Consulting and Clinical Psychology, 76(4), 657－667. doi: 10.1037/0022－006X.76.4.657.

35) Perkonigg, A., Kessler, R., Storz, S., & Wittchen, H. (2000). Traumatic events and post－traumatic stress disorder in the community: prevalence,risk factors and comorbidity. Acta Psychiatrica Scandinavica, 101(1), 46－59. doi: 10.1034/j.1600－0447.2000.101001046.x.

36) Young, A. (2007). 9/11: Mental health in the wake of terrorist attacks. The Journal of Nervous and Mental Disease, 195(12), 1030-1032. doi: 10.1097/NMD.0b013e31815c861f.

37) Yehuda, R., & Bierer, L. (2009). The relevance of epigenetics to PTSD:

Implications for theDSM−V. Journal Of Traumatic Stress, 22(5), 427−434. doi: 10.1002/jts.20448.

38) D'Andrea, W., Sharma, R., Zelechoski, A. D., & Spinazzola, J. (2011). Physical health problems after single trauma exposure: When stress takes root in the body. Journal of the American Psychiatric Nurses Association, 17(6), 378-392. doi: 10.1177/1078390311425187.

39) Brady, K., Killeen, T., Brewerton, T., & Lucerini, S. (2000). Comorbidity of psychiatric disorders and posttraumatic stress disorder. The Journal of Clinical Psychiatry, 61(suppl 7), 22-32.

40) D'Andrea, W., Sharma, R., Zelechoski, A. D., & Spinazzola, J. (2011). Physical health problems after single trauma exposure: When stress takes root in the body. Journal of the American Psychiatric Nurses Association, 17(6), 378-392. doi: 10.1177/1078390311425187.

41) 40) 동일

42) Satorius, N. (2006). The Meanings of Health and its Promotion. Croatian Medical Journal, 47(4), 662−664. Retrieved from http://neuron.mefst.hr/docs/CMJ/issues/2006/47/4/17_CMJ_47(4)_Sartorius_16909464.pdf

43) World health statistics 2024: monitoring health for the SDGs, Sustainable Development Goals. Geneva: World Health Organization; 2024. Licence: CC BY−NC−SA 3.0 IGO.

44) United Nations (2015). Universal Declaration of Human Rights (Publication). Retrieved from http://www.un.org/en/udhrbook/pdf/udhr_booklet_en_web.pdf

45) Marmot, M. (2012). Fair society, healthy lives. Public Health, 126(Suppl 1), S4−10. doi: 10.1016/j.puhe.2012.05.014.

46) Prince, M., Patel, V., Saxena, S., Maj,, M., Maselko, J., Phillips, M., & Rahman, A. (2007). No health without mental health. The Lancet, 370, 859−877. doi: 10.1016/S0140−6736(07)61238−0.

47) Chandra, V. (2001). Agenda for the Mental Health Programme in South−East Asia. Regional Health Forum, 5(1), 1−69. Retrieved from http://apps.searo.who.int/PDS_DOCS/B0038.pdf

48) World Health Organization and Calouste Gulbenkian Foundation (2014). Social determinants of mental health (p.8, Publication). Geneva, Geneva, Switzerland. Retrieved from http://apps.who.int/iris/bitstream/10665/112828/1/9789241506809_eng.pdf

49) Braga, L. L., Mello, M. F., & Fiks, J. P. (2012). Transgenerational transmission

of trauma and resilience: a qualitative study with Brazilian offspring of Holocaust survivors. BMC Psychiatry, 12(1). doi:10.1186/1471-244x-12-134

50) Bowers, M., & Yehuda, R. (2016). Intergenerational Transmission of Stress in Humans. Neuropsychopharmacology, 41(1), 232-244. doi: 10.1038/npp.2015.247.

51) Gerdes, K. (2011). Empathy, Sympathy, and Pity: 21st-Century Definitions and Implications for Practice and Research. Journal of Social Service Research, 37(3), 230-241.doi: 10.1080/01488376.2011.564027.

52) Decety, J. (2012). Empathy: From Bench to Bedside (Social Neuroscience Series) (1st ed.). MIT Press.

53) Gonzalez-Gadea, M. L., Herrera, E., Parra, M., Mendez, P. G., Baez, S., Manes, F., & Ibanez, A. (2014). Emotion recognition and cognitive empathy deficits in adolescent offenders revealed by context-sensitive tasks. Frontiers in Human Neuroscience, 8, 1-11. doi: 10.3389/fnhum.2014.00850.

54) Hoffman, M. L. (1982). Development of prosocial motivation: Empathy and guilt. In N. Eisenberg (Ed.), The development of prosocial behavior (pp. 281-313). Academic Press.

55) Hoffman, M. L. (2000). Empathy and moral development: Implications for caring and justice. Cambridge University Press.

56) Batson, C. D., &Coke, J. S. (1981). Empathy: A source of altruistic motivation for helping. In J. P. Rushton &R. M. Sorrentino (Eds.), Altruism and helping behavior (pp. 167-211). Erlbaum.

57) Batson, C. D., Darley, J. M., &Coke, J. S. (1978). Altruism and human behavior. In J. Aronfreed (Ed.), Altruistic behavior: Social, personality, and developmental perspectives (pp. 46-69). Academic Press.

58) Hoffman, M. L. (1975). Developmental synthesis of affect and cognition and its implications for altruistic motivation. Developmental Psychology, 11(5), 607-622.

59) Segal, E. A., Wagaman, M. A., &Gerdes, K. E. (2012). Developing the empathic practitioner: The art of understanding. Oxford University Press.

60) Sontag, S. (2003). Regarding the Pain of Others. Farrar, Straus and Giroux.

61) Ozbay, F., Johnson, D. C., Dimoulas, E., Morgan, C. A., Charney, D., &Southwick, S. (2007). Social support and resilience to stress: From neurobiology to clinical practice. Psychiatry (Edgmont), 4(5), 35-40.

62) Sipple, J. A., Hopko, D. R., &Dever, L. (2015). Social support as a buffer in

the relationship between posttraumatic stress disorder and depressive symptoms among military veterans. Psychological Services, 12(2), 179-185.

63) Krahé, C., Springer, A., Weinman, J. A., &Fotopoulou, A. (2013). The social modulation of pain: Others as predictive signals of salience - A systematic review. Frontiers in Human Neuroscience, 7, 386.

64) Decety, J., &Fotopoulou, A. (2015). Why empathy has a beneficial impact on others in medicine: Unifying theories. Frontiers in Behavioral Neuroscience, 8, 457.

65) Segal, E. A. (2007). Social empathy: A model built on empathy, contextual understanding, and social responsibility that promotes social justice. Journal of Social Service Research, 34(4), 29-42.

66) Adelman, M., Rosenberg, K., &Hobart, M. (2016). Social empathy: The art of understanding others. Cognella Academic Publishing.

67) 65)동일

68) Segal, E. A. (2011). Social empathy: A model for social work practice. Oxford University Press.

69) 59) 동일

70) Burkhardt, M. A., &Nagai－Jacobson, M. G. (2001). Spirituality and health. Delmar Cengage Learning.

71) Kaiser, L. (1994). The future of multihospital systems. Health Administration Press.

72) Egnew, T. R. (2005). The meaning of healing: Transcending suffering. Annals of Family Medicine, 3(3), 255-262. https://doi.org/10.1370/afm.313

73) Yoo, S. H. (2015). 치유 개념의 철학적 재조명. 의료와 사회, 25(1), 85-106.

74) Gutlove, P., &Thompson, G. (2004). Psychosocial healing in post－conflict societies: The challenge of reconciliation and rebuilding. Institute for Resource and Security Studies.

75) Fletcher, L. E., &Weinstein, H. M. (2002). Violence and social repair: Rethinking the contribution of justice to reconciliation. Human Rights Quarterly, 24(3), 573-639.

76) Wessells, M. (2007). Do no harm: Toward contextually appropriate psychosocial support in international emergencies. American Psychologist, 64(8), 842-854.

77) Zelizer, C., &Rubinstein, R. A. (2009). Peacebuilding and conflict resolution:

The role of health. In L. Finnegan (Ed.), Conflict and health (pp. 11-29). Springer.

78) de Jong, J. T. V. M. (2002). Public mental health, traumatic stress and human rights violations in low-income countries: A culturally appropriate model in times of conflict, disaster and peace. In J. de Jong (Ed.), Trauma, war, and violence: Public mental health in socio-cultural context (pp. 1-91). Springer.

79) Ajdukovic, D. (2004). Social contexts of trauma and healing. Medicine, Conflict and Survival, 20(2), 120-135.

80) Somasundaram, D. (2014). Addressing collective trauma: Conceptualisations and interventions. Intervention, 12(1), 43-60.

81) Wessells, M., &Monteiro, C. (2000). Psychosocial interventions and post-war reconstruction in Angola: Interweaving Western and traditional approaches. In D. Christie, R. Wagner &D. Winter (Eds.), Peace, conflict, and violence: Peace psychology for the 21st century (pp. 262-275). Prentice Hall.

82) Ajdukovic, D. (2006). Building resilience through narrative: Empowering children in war. In C. Fernando &M. Ferrari (Eds.), Handbook of resilience in children of war (pp. 145-158). Springer.

83) Sippel, L. M., Pietrzak, R. H., Charney, D. S., Mayes, L. C., &Southwick, S. M. (2015). How does social support enhance resilience in the trauma-exposed individual? Ecology and Society, 20(4), Article 10.

84) Walker, D. F., Reid, H. W., O'Neill, T., &Brown, L. (2004). Changes in personal religion/spirituality during and after childhood abuse: A review and synthesis. Psychological Trauma: Theory, Research, Practice, and Policy, 6(2), 130-145.

85) Courtois, C. A. (2004). Complex trauma, complex reactions: Assessment and treatment. Psychotherapy: Theory, Research, Practice, Training, 41(4), 412-425. doi: 10.1037/0033-3204.41.4.412.

86) Herman, J. L., Perry, J. C., & van der Kolk, B. A. (1989). Childhood trauma in borderline personality disorder. The American Journal of Psychiatry, 146, 490 - 495. doi: 10.1176/ajp.146.4.490.

87) Kallivayalil, D., Levitan, J., Brown, N., & Harvey, M. R. (2013). Preliminary findings from a qualitative study of trauma survivors in treatment: Changes in personal narratives. Journal of Aggression, Maltreatment & Trauma, 22(3), 262-281. doi: 10.1080/10926771.2013.743942.

88) Mishler, E. (2004). Historians of the Self: Restorying Lives, Revising Identities.

Research in Human Development, 1(1), 101–121. Doi: 10.1080/15427609.2004.9683331.

89) Linde, C. (1993). Life Stories: The Creation of Coherence. London: Oxford University Press.

90) Androutsopoulou, A., Thanopoulou, K., Economou, E., & Bafiti, T. (2004). Forming criteria for assessing the coherence of clients life stories: a narrative study. Journal of Family Therapy, 26(4), 384–406. doi: 10.1111/j.1467–6427.2004.00290.x.

91) Angus, L. E., & McLeod, J. (2004). Toward an Integrative Framework for Understanding the Role of Narrative in the Psychotherapy Process. In L. E. Angus & J. McLeod (Eds.), The handbook of narrative and psychotherapy: Practice, theory, and research (pp. 367–374). Thousand Oaks, CA: Sage Publications.

92) Palesh, O. G., Classen, C. C., Field, N., Kraemer, H. C., & Spiegel, D. (2007). The Relationship of Child Maltreatment and Self–Capacities with Distress When Telling Ones Story of Childhood Sexual Abuse. Journal of Child Sexual Abuse, 16(4), 63–80. doi: 10.1300/J070v16n04_04.

93) Tummala–Narra, P., Kallivayalil, D., Singer, R., & Andreini, R. (2012). Relational experiences of complex trauma survivors in treatment: Preliminary findings from a naturalistic study. Psychological Trauma: Theory, Research, Practice, and Policy, 4(6), 640–648. doi: 10.1037/a0024929.

94) Kar, N. (2011). Cognitive behavioral therapy for the treatment of post–traumatic stress disorder: A review. Neuropsychiatric Disease and Treatment, 7, 167–181. doi: 10.2147/NDT.S10389.

95) Krupnick, J. L. (2013). Cognitive behavioral treatment of PTSD in residents of battered women's shelters: Results of a Randomized clinical trial. Yearbook of Psychiatry and Applied Mental Health, 2013, 101-103.

96) Rogers, L. (2010). Clinicians' use of mindfulness as an adjunct to trauma treatment : a project based upon an independent investigation (Master dissertation). Smith College School for Social Work.

97) Rummel, R. J., & Horowitz, I. L. (1997). Death by government: Genocide and mass murder since 1900 (6th ed.). United States: Transaction Publishers.

98) Srikanth, D. (2014). Non–Traditional Security Threats in the 21st Century: A Review. International Journal Of Development And Conflict, 4, 60–68. Retrived from http://www.ijdc.org.in/uploads/1/7/5/7/17570463/2014junearticle4.pdf

99) Dar, S. (2015). Peace and Conflict Studies Need and Evolution. The Journal

of Central Asian Studies, 22, 179－196

100) Galtung, J. (1969). Violence, peace, and peace research. Journal of Peace Research, 6(3), 167-191. Retrieved from http://www.jstor.org/stable/422690.

101) Galtung, J. (2000). Peace by peaceful means: peace and conflict, development and civilization (Korean ed.). Seoul: Dulnyouk.

102) Galtung, J. (1990). Cultural Violence. . Journal of Peace Research, 27(3), 291－305. Retrieved from https://www.jstor.org/stable/pdf/423472.pdf

103) Galtung, J. (1969). Violence, peace, and peace research. Journal of Peace Research, 6(3), 167-191. Retrieved from http://www.jstor.org/stable/422690.

104) Grewal, B. (2003). Johan Galtung: Positive and Negative Peace. School of Social Science, Auckland University of Technology. Retrieved from http://www.activeforpeace.org/no/fred/Positive_Negative_Peace.pdf

105) Galtung, J. (2001). 'After Violence, Reconstruction, Reconciliation, and Resolution: Coping with visible and Invisible Effects of War and Violence.' In: Abu－Nimer, Mohammed (ed.) Reconciliation, Justice, and Coexistence: Theory and Practice (pp. 3－23). Lanham, Maryland: Lexington Books:

106) Philipps－Universitat Marburg. (2010). Reconciliation in the transformation of the conflict. CCS Working Paper N.11. General Assembly. Marburg, Germany : Nicole Hoffmann. Retrieved from https://www.uni－marburg.de/konfliktforschung/publikationen/ccswp－alt/ccswp11.pdf

107) United Nations (1994). Strengthening of the Coordination of Humanitarian Emergency Assistance of the United Nations, Report of the Secretary General, A/48/536, 18 October, New York: United Nations

108) United Nations (1951). Agreement for the prosecution and punishment of the major war criminals of the European Axis (Treaty Series No. 251). Retrieved from http://www.un.org/en/genocideprevention/documents/atrocity－crimes/Doc.2_Charter%20of%20IMT%201945.pdf

109) United Nations (2005). World Summit Outcome. Resoultion adopted by the General Assembly 60/1. Retrieved from http://www.un.org/womenwatch/ods/A－RES－60－1－E.pdf

110) Department for International Development (DFID). (2001). Social Protection Concepts and Approaches: Implications for Poilcy and Practice in International Development. London: Overseas Development Institute. Retrieved from https://www.odi.org/sites/odi.org.uk/files/odi－assets/publications－opinion－files/2999.pdf

111) Anich, R., Crush, J., Melde, S., & Oucho, J. (2014). New perspective on human mobility in the South. Dordrecht: Springer.

112) Vázquez, C., &Pérez−Sales, P. (2006). Post−traumatic growth in Spain: Post traumatic symptoms, personal values, and social sharing of emotions. Journal of Social Issues, 62(2), 413-427. https://doi.org/10.1111/j.1540−4560.2006.00455.x

113) Sherman, D. K., Kim, H. S., &Taylor, S. E. (2009). Culture and social support: Neural bases and biological impact. Social and Personality Psychology Compass, 3(5), 835-847. https://doi.org/10.1111/j.1751−9004.2009.00203.x

114) Croezen, S., Avendano, M., Burdorf, A., &van Lenthe, F. J. (2010). Social participation and depression in old age: A fixed−effects analysis in 10 European countries. American Journal of Epidemiology, 172(3), 311-319. https://doi.org/10.1093/aje/kwq160

115) Holt−Lunstad, J., Smith, T. B., &Layton, J. B. (2010). Social relationships and mortality risk: A meta−analytic review. PLoS Medicine, 7(7), e1000316. https://doi.org/10.1371/journal.pmed.1000316

116) Olff, M. (2012). Bonding after trauma: On the role of social support and the oxytocin system in traumatic stress. European Journal of Psychotraumatology, 3(1), 18597. https://doi.org/10.3402/ejpt.v3i0.18597

117) Barker, R. (2003). The social work dictionary (5th ed.). Washington, DC: NASW Press.

118) International Journal of Transitional Justice (IJTJ) (2009). What is transitional justice? Retrieved from http://www.ictj.org.

119) Kritz, N. J. (1995). Transitional justice. (Vols. I-III). Washington, DC: US Institute of Peace Press.

120) Pham, P. N., Vinck, P., & Weinstein, H. M. (2010). Human rights, transitional justice, public health and social reconstruction. Social Science & Medicine, 70(1), 98-105. doi:10.1016/j.socscimed.2009.09.039.

121) United Nations Security Council (2004). The rule of law and transitional justice in conflict and post−conflict societies, Rep. No. S/2004/616. Geneva

122) 75)와 동일

123) Hayner, P. B. (2010). Unspeakable truths: Transitional justice and the challenge of truth commissions (2nd ed.). New York: Taylor & Francis.

124) Millar, G. (2010). Assessing Local Experiences of Truth−Telling in Sierra Leone: Getting to 'Why' through a Qualitative Case Study Analysis. International

Journal of Transitional Justice, 4(3), 477−496. doi: 10.1093/ijtj/ijq017.

125) Guthrey, H. L. (2016). Local norms and truth telling: Examining experienced Incompatibilities within truth commissions of Solomon Islands and Timor−Leste. The Contemporary Pacific, 28(1), 1-29. doi: 10.1353/cp.2016.0009.

126) The Monitor's Editorial Board. (2016, May 17). Has Brazil begun a moral reckoning? Retrieved from https://www.csmonitor.com/Commentary/the−monitors−view/2016/0517/Has−Brazil−begun−a−moral−reckoning

127) International Criminal Court (ICC). (2011). Understanding the International Criminal Court. Public Information and Documentation Station. Hague, Netherlands. Retrieved from https://www.icc−cpi.int/iccdocs/PIDS/publications/UICCEng.pdf

128) United Nations Security Council (2004). The rule of law and transitional justice in conflict and post−conflict societies, Rep. No. S/2004/616. Geneva

129) Greiff, P. (2008). Justice and Reparations. In P. Greiff (Ed.), The handbook of reparations (pp. 451-477). Great Britain: Oxford University Press.

130) Gahima, G. (2013). Transitional justice in Rwanda. London: Routledge.

131) Lee, H. (2013). A Study of the Messianic Power : Focusing on Walter Benjamin`s Messianism (Master dissertation). Methodist Theological University, Seoul.

132) Rothberg, M. (2009). Multidirectional memory: remembering the Holocaust in the age of decolonization. Stanford: Stanford University Press.

133) Austin, M. J. (2013). Organizational Histories of Nonprofit Human Service Organizations. Routledge.

134) Wark, C., & Galliher, J. F. (2007). Emory Bogardus and the Origins of the Social Distance Scale. The American Sociologist, 38(4), 383−395. doi:10.1007/s12108−007−9023−9.

135) Newman, S. & Erber, R. (2012). Understanding Genocide : The Social Psychology of the Holocaust. (1st Ed.). New York: Oxford University Press.

136) Van der Kolk, B. (2015). The body keeps the score. New York, New York: Penguin Books.

137) Maslow, A. H. (1970). Motivation and personality. New York: Harper & Row.

138) Conway, M. A., Cowan, N., &Bunting, M. F. (2001). The cocktail party phenomenon revisited: The importance of working memory capacity. Psychonomic Bulletin &Review, 8(2), 331-335. https://doi.org/10.3758/BF03196169

139) Schauer, M., Neuner, F., &Elbert, T. (2005). Narrative exposure therapy: A short－term intervention for traumatic stress disorders after war, terror, or torture. Hogrefe Publishing.

140) Tuval－Mashiach, R., Freedman, S., Bargai, N., Boker, R., Hadar, H., &Shalev, A. Y. (2004). Coping with trauma: Narrative and cognitive perspectives. Psychiatry, 67(3), 280-293. https://doi.org/10.1521/psyc.67.3.280.48977

141) Peri, T., &Gofman, M. (2014). Narrative reconstruction: A new approach to cognitive processing therapy. Journal of Traumatic Stress, 27(5), 675-682. https://doi.org/10.1002/jts.21966

142) Doorn, N. (2008). Forgiveness and Reconciliation in Transitional Justice Pract ices. Ethical Perspectives, 15(3), 381－398. Doi: 10.2143/EP.15.3.2033157.

143) Herman, J. L. L. (2015). Trauma and recovery: The aftermath of violence － from domestic abuse to political terror. New York, NY: Basic Books.

144) O'Leary VE, & Ickovics JR (1995). Resilience and thriving in response to challenge: an opportunity for a paradigm shift in women's health. Womens Health. 1(2): 121－42.

145) Carver, C. S. (1998). Resilience and thriving: Issues, models, and linkages. Journal of Social Issues, 54(2), 245-266. doi: 10.1111/j.1540－4560.1998.tb01 217.x.

146) Herman, J. L. (1998). Recovery from psychological trauma. Psychiatry and Clinical Neurosciences, 52(S1), S98-S103. doi: 10.1046/j.1440－1819.1998.0520 s5S145.x.

147) Tedeschi, R. G., & Calhoun, L. G. (2004). Posttraumatic growth: Conceptual foundations and empirical evidence. Psychological Inquiry, 15(1), 1-18. doi: 10.1207/s15327965pli1501_01

148) Calhoun, L. G., & Tedeschi, R. G. (2001). Posttraumatic growth: The positive lessons of loss. In R. A. Neimeyer (Ed.), Meaning reconstruction and the experience of loss (pp. 157－172). Washington, DC: American Psychological Association.

149) Shaw, A., Joseph, S., & Linley, P.A. (2005). Religiosity, spirituality and posttraumatic growth: A systematic review. Mental Health, Religion, and Culture, 8, 1－11. doi: 10.1080/1367467032000157981.

150) Linley, P.A., & Joseph, S. (2004). Positive change following trauma and adversity: A review. Journal of Traumatic Stress, 17(1), 11－21. doi: 10.1023/B:JOTS.0000014671.27856.7e.

151) Park, C.L., Cohen, L.H., & Murch, R. (1996). Assessment and prediction of stress-related growth. Journal of Personality, 64, 71-105. doi: 10.1111/j.1467-6494.1996.tb00815.x.

152) Card C. (2005) Genocide and Social Death. In: Roth J.K. (Ed.), Genocide and Human Rights (pp.238-254). London: Palgrave Macmillan.

153) Borgstrom, E. (2017). Social Death. An International Journal of Medicine, 110(1), 5-7. doi: 10.1093/qjmed/hcw183.

CHAPTER 3

사례로 만나는 포괄적 치유의 과정

1. 독일 홀로코스트
2. 캄보디아 킬링필드
3. 제주 4·3 사건
4. 북아일랜드 분쟁
5. 아르헨티나 추악한 전쟁
6. 르완다 집단학살
7. 포괄적 치유 경향성
8. 포괄적 치유의 유형

트라우마는 시간을 따라 옅어지지 않는다. 오히려, 기억되지 못한 고통은 공동체의 틈에 남아 반복된다. 집단적 폭력은 개인의 몸에 흔적을 남기고, 공동체의 구조를 파괴하며, 사회의 정체성을 뒤흔든다. 그로 인해 발생한 트라우마는 단지 피해자의 문제가 아닌, 전체 사회의 응답 책임이 요구되는 윤리적 과제가 된다.

Chapter 3에서는 본 연구에서 제안한 '포괄적 치유 모델'을 바탕으로 20세기의 주요 국가폭력 사례를 분석한다. 각각의 사례는 사회적 · 역사적 맥락은 다르지만 공통적으로 심각한 집단 트라우마를 발생했으며 그에 대한 개인과 사회의 회복 양상은 상이하게 전개되었다. 본 장은 이러한 사례들에 동일한 분석 틀을 적용하여 시간에 따른 치유의 진행 양상, 개인과 사회의 상호작용, 균형성과 편중성의 문제를 정량적 · 정성적으로 분석하고자 한다. 또한, 개별 변수에 0~2점의 척도를 부여하여 치유 수준을 계량화하고 이를 좌표값으로 시각화함으로써 치유가 '얼마나 되었는가'가 아니라 '어떻게 관계 맺고 있는가'를 읽어낼 수 있는 틀을 제시한다. 곧, 집단 트라우마의 회복 과정은 개인과 사회 간 유기적인 연계를 바탕으로 단계적으로 진행되어야 하며, 어느 한쪽에 편중된 치유는 바람직하지 않다. 다시 말해, 개인과 사회 치유 간의 '균형성(balance)'은 치유가 얼마나 빠르게 진행되었는가보다 훨씬 더 중요한 평가 요소가 된다.

따라서 이번 장에서 이루어지는 사례분석은 단지 과거의 상처를 복기하는 것이 아니라 치유되지 않은 트라우마가 어떻게 현재를 구성하고 있는지를 읽어내는 윤리적 독해의 시도이며 동시에 실천적 개입의 방향을 예측하는 분석적 도구의 실험이라 할 수 있다.

1 독일 홀로코스트(Holocaust, 1933-1945)

1933년부터 1945년 사이, 아돌프 히틀러(Adolf Hitler)가 이끈 나치 독일과 그 협력 세력은 약 600만 명에 달하는 유대인을 조직적이고 체계적인 방식으로 박해하고 살해하였다. 이 비극적 사건은 일반적으로 홀로코스트(Holocaust)로 지칭된다. 홀로코스트는 단순히 우연적이거나 일회적으로 발생한 사건이 아니다. 개인, 단체, 그리고 국가기관이 차별과 편견, 증오를 조장하거나 이를 방조·묵인하는 일련의 결정들을 내렸으며 이러한 집단적 행위가 궁극적으로 대량 학살을 가능하게 하였다.[1] 홀로코스트는 인류 역사상 가장 조직적이고 대규모로 자행된 집단 학살(genocide) 중 하나로 기록된다.[2] 유엔(UN)이 정의한 집단학살은 "전체 또는 일부 집단을 의도적으로 파괴하려는 폭력 행위"를 의미한다. 이 시기 유럽 전역에 거주하던 약 890만 명의 유대인 중 3분의 2에 해당하는 인원이 비인도적인 방식으로 목숨을 잃었다. 홀로코스트는 초기의 유대인 상점에 대한 보이콧으로 시작되었지만, 아우슈비츠 수용소의 가스실에서 집단학살이라는 극단적 형태로 끝이 났다.[3]

보이콧에 앞서 이미 독일 사회 전반에는 유대인을 열등한 인종으로 규정하는 인종주의적 이데올로기가 광범위하게 확산되고 있었다. 이는 나치즘의 대두와 함께 공고화되었으며, 유대인에 대한 체계적 박해의 정당화 기반으로 기능하였다. 그러나 유대인들은 20세기 초까지 2,000여 년 이상 유럽 사회에서 뿌리내리고 살아온 집단이었다. 그들은 단일한 정체성을 가진 동질적 집단이 아니었으며 경제적 지위, 교육 수준, 정치적 성향, 종교적 실천 양상에 있어서 매우 이질적이고 다층적인 특성을 지닌 공동체였다. 특히 독일 내 유대인 공동체는 19

세기 후반부터 지속적으로 성장하였으며 문화적 · 경제적으로도 두드러진 성취를 이룩하였다. 그럼에도 불구하고 이들은 수 세기 동안 반유대주의(antisemitism)의 확산 속에서 끊임없이 차별과 폭력의 대상이 되어왔다. 역사학자 라울 힐베르크(Raul Hilberg)는 반유대주의의 역사적 발전 과정을 분석하면서 기독교적 종교적 배제에서 근대적 정치 · 인종적 배제에 이르기까지 반유대주의가 어떻게 변화하고 강화됐는지를 체계적으로 설명하였다. 그에 따르면, 유대인에 대한 박해는 단절된 사건이 아니라 일정한 연속성과 누적성을 지닌 역사적 과정이었다. 이러한 해석은 홀로코스트의 발생을 이해하는 데 있어 중요한 개념적 틀을 제공한다.

1919년 바이마르 공화국 수립 이후에도 독일 사회 전반에는 반유대주의적 정서가 널리 퍼져 있었다. 특히 제1차 세계대전 참전 용사들이 주축이 되어 결성한 극우 정당들, 그중에서도 나치당(Nationalsozialistische Deutsche Arbeiterpartei, NSDAP)의 등장 이후 반유대주의는 더욱 심화되었다. 나치 이데올로기는 독일 민족의 자긍심을 고취하는 동시에 군국주의, 인종주의, 반유대주의, 민족주의에 기반한 정책들을 정당화하였다. 아돌프 히틀러는 1920년에 창당된 나치당에 곧바로 입당하였으며 1921년에는 당의 최고지도자가 되었다. 1929년 세계 대공황은 독일 사회에 급격한 정치 · 경제적 혼란을 초래하였고 이는 대중이 기존 정치 체제에 대한 불신 속에 새로운 형태의 급진적 권위주의를 수용하는 분위기를 조성하였다. 히틀러는 강렬하고 선동적인 연설을 통해 대중의 불안을 정치적 지지로 전환시키는 데 성공하였고 나치당은 빠르게 정치적 입지를 확장하였다. 1933년, 히틀러는 독일 총리로 임명되며 정권을 장악하였고 다수의 독일인은 그를 국가의 구원자로 인식하였다.

그러나 나치 이데올로기가 실제 정책으로 구체화되기 시작하면서 전례 없는 대규모 폭력과 박해가 뒤따랐다. 나치 독일 정부는 유대인을 "인종적으로 열등한 존재"로 규정하고 이들을 제도적 차별의 대상으로 삼았다. 박해의 대상은 유대인에 국한되지 않았으며 집시, 장애인, 슬라브계 민족 등도 포함되었다. 1935년에는 독일 민족의 순수한 혈통을 보호한다는 구실로 이른바 '뉘른베르크 법(Nürnberger Gesetze)'이 제정되어 유대인의 독일 시민권이 박탈되고 유대인과 비유대인 간의 혼인과 성적 관계가 금지되었다. 이후 유대인은 사회, 경제, 정치 전 영역에서 점차 배제되며 '2등 시민'으로 전락하였다. 일부 유대인은 이러한 억압 속에서도 시민적 지위를 어느 정도 유지하는 데 만족하려 하였으나, 독일의 제2차 세계대전 준비가 더욱 가시화되면서 유대인을 향한 국가적 탄압은 더욱 체계적이고 폭력적인 방식으로 전개되었다.

1939년 9월 독일의 폴란드 침공 이후, 나치 독일은 점령 지역을 확장하며 수많은 유대인을 통제하에 두게 되었다. 초기에는 이들을 게토(ghetto)로 강제 이주시켜 열악한 환경 속에 거주하게 하였다. 게토에서는 극심한 식량 부족, 전염병, 강제 노동, 신체적 폭력이 일상화되었고 많은 이들이 사망하였다. 이후 나치 정권은 유대인을 대상으로 한 체계적 말살 정책을 구체화하였다. 20,000개 이상의 강제수용소가 설립되었으며 1941년부터 1944년 사이에 본격적인 대량 학살이 자행되었다.[4] 나치는 유대인 학살을 '최종 해결책(Die Endlösung der Judenfrage)'이라는 암호명으로 실행하였다. 유대인들은 대량 이송된 후 살해의 효율성을 극대화하기 위해 특별히 고안된 가스실에서 조직적으로 살해되었다. 그 외에도 수많은 사람들이 굶주림, 강제 노동, 생체 실험, 질병, 구타, 고문 등의 방식으로 사망하였다. 아우슈비츠-비르케나우(Auschwitz-Birkenau)는 가장 큰 수용소로 이곳에서만 100만 명 이상의 유대인이 희생되었다. 1944년 여름까지 유럽 유대인 인구의 약 3분의 2가 살해되었으며 이는 역사상 유례를 찾기 어려운 학살의 규모였다.

나치 정권은 수용소의 존재와 학살 규모를 철저히 은폐하고자 하였으나 그 규모와 잔혹성으로 인해 점차 외부에 알려지기 시작하였다. 일부 목격자 증언과 언론 보도를 통해 유대인에 대한 조직적 학살 사실이 전해졌지만, 연합국 정부는 초기에 이를 신뢰하지 않았고 구조적 대응 또한 미흡하였다.[5)] 1944년 후반, 연합군이 유럽 전역에서 나치 독일에 대한 공세를 본격화하자 나치 당국은 학살의 증거를 은폐하기 위해 수용소를 철거하거나 수감자들을 타 지역으로 강제로 이송하였다. 이 과정은 극한의 환경 속에서 수많은 사망자를 낳았으며 '죽음의 행진(Death Marches)'으로 불리게 되었다. 수용소는 연합군에 의해 점차 해방되었고 그 과정에서 나치 정권이 자행한 조직적 폭력과 집단학살의 실상이 세계에 드러나게 되었다. 비록 나치 정권과 그 협력 세력은 패망하였지만, 수백만 명이 이미 목숨을 잃고 수많은 생존자들은 깊은 상흔을 안은 채 살아가야 했다.

(1) 첫 번째 속성의 각 변수의 진행

1) X-① 사회적 보호로서의 기능

1945년 봄, 제2차 세계 대전이 끝나면서 독일과 그 동맹국들은 연합군에 항복했다. 그러나 홀로코스트에서 살아남은 유대인 생존자들은 극히 일부에 불과했고, 대부분은 돌아갈 집도, 살아남은 가족도 없는 현실에 직면했다. 설상가상으로 일부 생존자들은 귀향 후 납치, 추방, 심지어 살해당하기도 했다. 반유대주의는 전쟁이 끝난 후에도 사라지지 않았으며 오히려 여러 지역에서 포그롬(pogrom, 유대인 학살)으로 이어졌다. 그 중 대표적인 사건이 키엘체 포그롬(Kielce Pogrom)이다. 1946년 7월 4일, 폴란드 키엘체에서 퍼진 허위 소문 — 유대인이 개신교 어린이를 납치해 의식에 사용했다는 주장 — 으로 인해 지역 주민들이 폭도로 변했고 집으로 돌아온 유대인을 공격했다. 이 사건으로 최소 42명이 사망하고 40명이 부상당했으며 이로 인해 공포에 휩싸인 약 7만 5천 명의 유대인이 포그롬 이후 3개월 동안 폴란드를 떠났다.[6)]

전쟁 이후 유엔 구호 및 재활 관리국(United Nations Relief and Rehabilitation Administration, UNRRA)은 유럽 전역에 실향민(displaced persons) 수용소를 설치해 난민들을 임시 수용했다. 1945년부터 1951년까지 운영된 이 수용소들은 정상적인 삶으로 돌아가기를 희망하는 이들을 위한 임시 거처였다. 연합군은 약 600만 명의 난민을 본국으로 송환하려 했으나 약 100만 명은 이를 거부했다. 특히 많은 유대인 생존자들은 공산 정권 하의 국가로 돌아가는 것을 두려워했고 가족이 몰살된 고향으로 돌아가기를 원하지 않았다. 독일, 오스트리아, 이탈리아의 수용소에는 최소 100만 명이 머물렀고 이 중 약 25만 명은 강제수용소 생존자였다.[7)8)] 여기에 포그롬을 피해 탈출한 유대인들이 계속 합류하면서 숫자는 증가했다. 초기에는 국적에 따라 난민들을 분류했기 때문에 유대인 생존자들이 자신을 박해했던 이들과 같은 수용소에 배정되기도 했다. 이 문제는 1945년 8월, 미국 정부가 발표한 '해리슨 보고서'(Harrison Report)를 통해 공론화되었고 이후 유대인 전용 구역이 미국 관할 수용소 내에 설치되며 큰 전환점이 되었다. 대부분의 유대인 난민들은 자신들을 박해한 국가로 돌아가길 거부하고 새로운 삶을 위해 이민을 원했다. 1947년부터 1953년 사이, 벨기에, 미국, 이스라엘, 캐나다, 프랑스, 남아프리카, 라틴 아메리카 등의 나라로 이주가 이루어졌지만, 조건을 충족하지 못해 남겨진 사람들도 많았다. 1953년까지 약 25만 명이 유럽에 여전히 남아있었고 이들 대부분은 고령자, 병약자, 장애인 등으로 이민 자격에서 제외된 이들이었다. 일부는 절망 속에 극단적인 선택을 하기도 했다.9) 1948년 이스라엘의 독립과 미국의 이민법 개정은 유대인 재정착에 결정적인 전환점을 마련했다. 이후 실향민 수용소는 점차 폐쇄되었고 마지막 수용소는 1957년에 문을 닫았다.10)

2) Y-① 자기 보호로서의 기능

1945년, 연합군이 나치의 집단 수용소를 해방했을 당시 홀로코스트 생존자의 정확한 수는 파악되지 않았다. 각 수용소마다 수십 명에서 수천 명의 생존자가 발견되었으나 대부분은 극심한 쇠약과 질병, 영양실조로 인해 거의 생존이 불가능한 상태였다. 이들은 오스트리아, 이탈리아, 독일 전역에 연합군이 설립한 900여 개의 실향민 수용소에서 유엔 구호 및 재활 관리국(UNRRA)의 지원을 받으며 기본적인 삶의 조건을 회복해 나갔다.11) 이러한 실향민 수용소는 이후 국제 인도주의 군단을 창설하는 기반이 되었다. 1946년, UNRRA는 약 6,000명의 남성과 5,000명의 여성으로 구성된 인력을 유럽 전역에 배치했으며 YMCA/YWCA, 적십자사, 여러 종교 단체 등 약 125개의 자원봉사 단체들과 협력하였다.12) 그러나 초기에는 실향민의 급증, 물자 부족, 질병 발생 가능성, 언어 장벽 등의 요인으로 인해 심각한 어려움이 뒤따랐다. UNRRA는 의료 물자와 기본적인 생활필수품을 지원하는 동시에, 실향민의 심리적 회복과 사회적 행동 재교육을 위한 휴양 시설도 제공하였다. 이는 실향민이 극심한 무기력과 무관심 상태에서 벗어나 보다 안정된 삶으로 회복하는 데 크게 기여했다.

실향민 수용소는 재단사, 의사, 학교, 식당, 종교 시설, 심지어 대학에 이르기까지 유대인 실향민이 필요한 대부분의 사회적 기능을 갖춘 자립적 공동체였다.[13] 이곳에 머무는 유대인 실향민은 주로 강제 수용소에서 살아남거나 전쟁 기간 중 은신 생활을 했던 소수의 생존자였다. 이들은 신체적·정신적으로 극심한 피폐 상태에 있었으며, 초기에는 과거의 가해자 혹은 협력자와 같은 공간에 수용되면서 상태가 더욱 악화되기도 했다. 그러나 1945년 미국에서 발표된 '해리슨 보고서' 이후 유대인 실향민은 별도의 공간으로 분리되었고 독일 내 미국 점령 구역에 '해방된 유대인 중앙 위원회'와 같은 자율 조직을 구성할 수 있는 권한을 부여받았다.

유대인 실향민 수용소들은 자율적인 위원회를 통해 위생, 교육, 종교 활동, 문화행사 등을 스스로 관리하며 전 유대인 구역에 걸쳐 안전하고 보호받을 수 있는 '유대인 전용 센터'를 설립하였다. 이는 지역 주민들로부터의 위협으로부터 어느 정도 독립된 보호 환경을 제공함으로써, 자율적 공동체를 형성하고 일상을 회복하는 데 중요한 역할을 했다. 깊은 상처와 고통스러운 트라우마 기억에도 불구하고, 유대인 실향민들은 결혼과 출산, 교육, 노동, 휴양 등의 활동을 통해 수용소 내에서 가능한 한 일상의 삶을 복원하려 노력했다. 특히 1946~1948년 사이, 실향민 수용소는 세계에서 가장 높은 출산율을 기록했고 한 수용소에서만 최대 700명의 아이가 태어났다.[14] 이에 따라 산모와 아이들을 위한 보호와 교육이 최우선 과제가 되었으며 유대인 위원회는 유대인 조인트분배위원회(JDC)와 협력하여 탁아소 및 교육 시설을 마련했다. 또한, 유대인 실향민들은 홀로코스트 동안의 경험을 기억하고 기록할 필요성을 느껴 신문과 기념문서(Yizkor Book)를 제작하였다. 전통적인 유대인 기념 의식도 공동체 내에서 지속적으로 진행되었다. 이는 문화적 정체성과 공동체의 연속성을 유지하고 집단적 기억을 보존하기 위한 노력이었다.

이러한 과정 속에서 유대인 실향민들은 점차 자기 통제와 자기 결정능력을 회복해 나갔다. 그러나 일부 국제 유대인 지원 기구들은 특히 독일 내 유대인 실향민에 대한 반유대주의 정서가 지속되거나 재확산될 가능성에 깊은 우려를 표했다. 이에 따라, 여러 국제단체와 유대인 공동체는 독일 내 유대인 실향민 시대를 조속히 종료할 것을 촉구하고 이들의 재정착, 특히 이스라엘로의 이민을 적극적으로 추진하였다. 교육은 실향민의 삶에서 중심적인 요소였으며 이민 이후 새로운 삶을 준비하는데 있어 결정적인 역할을 했다. 국제 시온주의 단체(International Zionist Organization, ORT)는 UNRRA와 협력하여 미국 및 영국 점령 구역에서 활동을 시작하였다.[15] 실향민들에게 기초 문해 교육, 히브리어, 직업 기술 교육 등을 제공했다. 이 같은 교육프로그램은 실향민들이 새로운 사회에 적응하고 생계를 유지할 수 있는 기반이 되었다.[16]

대다수 유대인 실향민들은 유럽을 떠나, 특히 이스라엘로 이주하는 것만이 진정한 해방이라 믿었다. 학살과 같은 물리적 폭력은 종식되었으나 유대인 생존자들은 여전히 정체성에 대한 위협과 불안 속에서 살아야 했기에 완전한 안전과 자유가 보장되는 새로운 삶을 절실히 원했다.

(2) 두 번째 속성의 각 변수의 진행

1) X-② 사회적 책임으로서의 기능

1945년 이후 분단된 독일에서의 이행기 정의는 전후 사회의 가장 복잡한 사례 중 하나로 평가된다. 이는 독일이 직면한 구조적 도전뿐만 아니라 전환이 이루어져야 했던 정치적·사회문화적 맥락의 특수성에서 기인한다. 1949년 독일의 점진적 주권 회복과 함께 독일연방공화국(Federal Republic of Germany, FRG)과 독일민주공화국(German Democratic Republic, GDR)이라는 두 개의 독립된 국가가 등장하게 되었다. 그 이전까지는 미국, 영국, 프랑스, 소련 등 4개 연합국이 각각의 점령 구역에서 전후 독일의 재편을 위한 다양한 계획을 수립하고 집행하였다. 이들 국가의 목표와 접근 방식에는 차이가 있었지만 공통된 핵심 과제는 폭력적 사회 질서에서 평화적 사회 질서로의 전환을 실현하는 것이었다.[17] 앞서 언급한 바와 같이, 홀로코스트는 제2차 세계대전 중 발생한 가장 중대한 전쟁 범죄로 간주되며 이는 단순한 전쟁 책임을 넘어서 민간인을 상대로 자행된 조직적 학살과 반인도적 범죄에 대한 책임 소재 규명을 요구하였다. 이러한 맥락에서 국제사회의 신속한 대응은 전후 과도기 정의의 중요한 특징 중 하나로 평가된다.

전후 시기에는 인권침해 및 전쟁 범죄를 다루기 위한 국제적, 혼합형, 국내 차원의 전범 재판이 연이어 진행되었다. 연합국은 1945년 국제군사재판소(International Military Tribunal, IMT) 헌장을 채택하였으며, 이는 일반적으로 뉘른베르크 헌장으로 알려져 있다. 이 헌장의 목적은 "유럽 추축국의 주요 전쟁 범죄자들을 공정하고 신속하게 재판하고 처벌하기 위한 것"이었다.[18] IMT는 반인도적 범죄(crimes against humanity)를 "정치적, 인종적, 종교적 이유에 기반한 살해, 박멸, 노예화, 강제 이주 또는 박해"로 정의하였다. 이에 따라 1945년부터 1949년까지 독일 뉘른베르크에서 나치 전범 처벌을 위한 재판이 진행되었다. 피고인은 나치당 고위 간부, 군 지휘관, 산업계 인사, 법조인, 의료인 등 다양한 분야의 핵심 인물들이었으며, 그들은 평화에 대한 범죄(crimes against peace) 및 반인도적 범죄 혐의로 기소되었다. 최종적으로 12명에게 사형, 3명에게 종신형, 다수에게 10~20년형이 선고되었으며 일부는 무죄 판결을 받았다. 이 재판은 다양한 법체계가 혼합된 하이브리드 방식으로 진행되었으며 영미법 전통에 따라 검사와 변호인이 존재하였으나 배심원 없이 판결 및 형량은 재판소가 결정하는 구조를 갖추었다. 또한, 1946년부터 1949년까지 미국은 뉘른베르크에서 자국 군사재판소를 통해 12건의 후속 재판(Nuremberg Military Tribunals)을 실시하였다. 이 재판에서는 고위 관료, 산업가, 군 장교 등을 대상으로 총 177명이 기소되었으며 그중 97명에게 유죄가 선고되었다.[19] 이 일련의 사법적 조치는 국제법의 발전뿐 아니라 전후 독일 사회의 과거 청산 및 법적·도덕적 책임 확립에 중대한 기여를 한 것으로 평가된다.

연합국은 나치 전범에 대한 기소와 처벌을 위해 방대한 증거 수집에 힘썼으나, 아돌프 히틀러의 자살과 다수 고위 인사의 해외 도피로 인해 뉘른베르크 재판은 '불완전한 정의'에 그쳤다는 비판도 제기되었다. 그럼에도 불구하고 이 재판은 국제적 책임성을 향한 중요한 진전이었으며 단순한 처벌이나 보복을 넘어 독일 국민과 국제사회에 법치주의의 원칙을 교육하고, 전쟁 범죄에 대한 영속적 기록을 남기기 위한 '탈나치화(Denazification)' 프로젝트의 핵심이었다.[20] 뉘른베르크 재판은 국제형사법 발전의 이정표로 평가되며 인권 담론의 전례 없는 성장을 이끌었다.[21] 이 재판의 법적·윤리적 성과는 이후 1948년 '집단 학살 방지 및 처벌 협약(Genocide Convention)', '세계인권선언(Universal Declaration of Human Rights)', 그리고 1949년 '제네바 협약(Geneva Conventions)'의 제정으로 이어지는 계기를 제공하였다.

한편, 전범 재판과 같은 응징적 정의와 함께 진실 규명과 진실 전달을 중시하는 비사법적 정의 절차도 주목되었다. 이러한 과정은 피해자 존엄 회복과 가해자의 역사적 책임 인식을 촉진하는 데 목적이 있었다. 독일에는 남아공이나 중남미 국가들처럼 공식적인 '진실위원회(Truth Commission)'가 설치되지는 않았지만 유사한 기능을 수행한 민간 기구로 '독일에 대한 유대인 배상 청구 회의(Claims Conference)'가 존재했다. 이 회의는 1951년 전 세계 23개 유대인 단체의 연합으로 결성되었으며 독일 정부와의 협상을 통해 홀로코스트 피해자들에 대한 물질적 배상(material compensation)을 추진하였다. 물론 금전적 배상이 피해자들의 고통이나 상실을 온전히 보상할 수는 없었다. 그러나 이는 생존자들이 인간다운 삶을 회복하기 위한 실질적 재활 수단이었다. 그럼에도 불구하고, 당시 배상을 "피의 돈(blood money)"으로 보는 시각도 존재했으며 가해국의 배상이라는 개념 자체가 전례 없는 시도였기 때문에 많은 논란과 사회적 갈등이 수반되었다.[22]

이러한 복잡한 협상 과정 끝에, 1952년 독일 연방공화국(FRG)-이스라엘-배상 청구 회의(Claims Conference) 간에 체결된 룩셈부르크 협정(Luxembourg Agreement)이 첫 공식적인 배상 프로그램을 탄생시켰다. 이 협정은 두 개의 의정서를 포함하고 있으며 총 4억 5천만 독일 마르크(DM)를 유럽 유대인 공동체의 재건 및 나치 희생자에 대한 복지 서비스 제공에 사용하기로 합의하였다. 당시 외환 부족 문제로 인해 독일은 이스라엘에 총 34억 5천만 DM에 해당하는 물품과 서비스를 제공하였고 이스라엘은 일부를 현금화하여 배상청구 회의에 지급하였다. 이 협정과 그에 따른 입법 조치에 따라, 278,000명 이상의 피해 생존자들이 독일연방배상법(Bundesentschädigungsgesetz, BEG)에 근거해 평생 연금을 수령하였다. 이 법은 1952년 독일 연방공화국(FRG) 정부가 배상 청구 회의와의 협상 결과를 반영해 제정한 것이며 수만 명의 피해 생존자가 현재까지도 그 혜택을 받고 있다. 또한, 수십만 명의 피해 생존자들은 독일 정부, 배상 청구 회의, 혹은 기타 국제 지원 프로그램을 통해 일시불 배상금(lump-sum compensation)을 수령하였다. 이러한 배상 프로그램에는 다음과 같은 하위 기금이 포함된다: 어려움 기금(Hardship Fund), 중동부 유럽 기금(Central and Eastern European Fund), 제2조 기금(Article 2 Fund), 아동 생존자 기금(Child Survivor Fund), 고아 기금(Orphan Fund), 상속인 배상(Heirs), 독일 정부 게토 기금(BADV), 독일 사회보장/게토 연금(ZRBG). 이 모든 프로그램은 전후 독일이 법적·도덕적 책임을 기반으로 피해자들의 존엄을 복원하려는 과거 청산과 배상적 정의(reparative justice)의 일환으로 기능하였다.

또한, 유대인 강제노동자에 대한 개별 보상도 점진적으로 이루어졌다. 독일 내 다수의 주요 기업들이 이 과정에 참여하였으며 수십 년에 걸쳐 막대한 금액의 배상금이 지급되었다. 1953년에는 독일 기업 I.G. 파르벤(I.G. Farber)으로부터 2,780만 독일 마르크(DM), 1959년에는 프리드리히 크루프(Friedrich Krupp Company)로부터 1,000만 마르크, 1960년에는 AEG-텔레풍켄(AEG-Telefunken)으로부터 430만 마르크, 1962년에는 지멘스－할스케(Siemens－Halske)로부터 700만 마르크, 1966년에는 라인메탈(Rheinmetall Company)로부터 250만 마르크, 그리고 1998년에는 폭스바겐(Volkswagen)으로부터 1,200만 달러를 각각 수령하였으며 이 외에도 많은 사례가 존재한다. 이 외에도 강제 노동과 관련된 개별 보상 사례는 다수 존재한다. 이러한 지급은 자발적 혹은 협상을 통한 보상금 형식으로 이루어졌으며 나치 정권하에서 이들 기업이 유대인을 포함한 강제노동자들을 착취했던 역사적 책임을 인정하는 차원에서 추진된 것이다. 배상청구 회의는 약 최대 16만 명의 유대인 생존자들이 과거 강제노동자로서 보상을 받을 자격이 있는 것으로 추산하였으며 이들에 대해 최대 15,000마르크가 지급되었다. 반면, 비유대인 강제노동자들은 상대적으로 낮은 금액인 최대 5,000마르크의 보상을 받았다. 이러한 차별적 보상 기준은 이후 다양한 논쟁을 불러일으켰으나, 전후 독일 기업과 정부가 공동으로 과거의 책임을 물질적으로나 도덕적으로 수용한 중요한 선례로 평가된다.[23)]

2004년, 배상청구 회의는 독일 정부로부터 홀로코스트 생존 고령자들을 위한 재택 서비스 지원을 목적으로 한 최초의 자금을 확보하였으며 첫 해에는 600만 유로의 협약이 체결되었다. 이후 지원 규모는 점차 확대되어 2012년까지 총 1억 2,600만 유로가 지급되었다. 더 나아가, 2014년부터 2017년까지 독일 정부는 추가로 10억 달러를 지급하기로 합의하였다.[24)] 전반적으로, 1952년 룩셈부르크 협정 체결 이후 2012년까지 독일 정부는 배상청구 회의와의 협상을 통해 총 700억 달러 이상의 배상금을 지급하였으며 이 배상 절차는 현재까지도 진행 중이다.[25)] 이러한 보상 프로그램을 통해 지금까지 약 60만 명 이상의 홀로코스트 피해자들이 직·간접적인 배상을 받았고 약 9만 7천 명의 생존자들은 현재도 정기적인 지원금을 수령 중이다. 이와는 별도로, 이스라엘 내 피해 생존자 5만여 명도 이스라엘 재무부를 통해 홀로코스트 관련 연금을 지급받고 있다.

독일의 이 같은 장기적이고 제도화된 배상 노력은 단지 금전적 보상을 넘어 역사적 책임의 이행과 정의 실현이라는 측면에서 국제사회의 모범적 사례로 평가받고 있다. 이 경험은 2005년 유엔(UN) 총회에서 채택된 「국제인권법 및 국제 인도법 위반 피해자에 대한 구제와 배상에 관한 기본 원칙과 지침」(UN Basic Principles and Guidelines, 2005)의 형성과 채택에도 영향을 미쳤다.

그러나 물질적 형태의 배상만으로는 피해자들의 고통을 온전히 치유할 수 없다. 상징적 배상이 병행되지 않는다면 그 어떤 금전적 보상도 피해자들에게 충분한 정의로 받아들여지기 어렵다. 상징적 배상이란, 공동체 차원에서 과거의 불의와 인권 침해로 고통받은 피해자들의 아픔을 공적으로 기억하고 추모하며 그 고통을 사회적으로 인정하는 행위를 말한다. 이는 단지 과거를 반성하는 차원을 넘어, 피해자의 권리와 존엄성을 회복하고자 하는 윤리적·정치적 헌신을 담고 있다. 그 대표적 사례로, 1970년 12월 7일, 당시 빌리 브란트(Willy Brandt) 독일 연방공화국 총리는 1943년 유대인 게토 봉기를 기리는 바르샤바 유대인 희생자 추모비 앞에서 무릎을 꿇는 행위(Warschauer Kniefall)를 통해 나치 범죄에 대한 독일의 역사적 책임을 상징적으로 표현하였다. 이는 독일의 첫 공식적 사과이자 이후 상징적 정의 구현의 전례로 기억되고 있다. 이러한 사과와 책임 표명은 일회성에 그치지 않고 지속적으로 이어졌다. 1990년 동독 의회를 시작으로, 1994년 로만 헤어초크(Roman Herzog) 대통령, 2000년 요하네스 라우(Johannes Rau) 대통령, 2008년 앙겔라 메르켈(Angela Merkel) 총리, 그리고 2012년, 2013년, 2014년 요아힘 가우크(Joachim Gauck) 대통령에 이르기까지 독일의 고위 지도자들은 공식적인 연설과 국제 회담을 통해 반복적으로 나치에 의한 유대인 학살과 전쟁 범죄에 대한 공동의 책임을 인정하고 약 600만 명의 유대인 희생자에 대한 역사적 사죄와 추모의 메시지를 전달해 왔다.

2) Y-② 사회적 의미로서의 기능

제2차 세계대전 직후 개시된 뉘른베르크 재판은 국제법의 선례를 정립하는 데 있어 중요한 역할을 하였으나 많은 홀로코스트 생존자들에게는 여전히 깊은 실망을 안겨주었다. 이 재판이 국제적 정의 실현의 첫걸음이었던 것은 사실이나 유대인 피해자들의 고통이 재판 과정에서 충분히 조명되지 않았다는 점은 피해 생존자들에게 큰 좌절감을 안겼다. 일부 가해자들은 자신들의 행위를 범죄로 인정했지만, 대다수는 여전히 반유대주의적 신념의 정당성을 내면화하고 있었거나, 단지 국가의 명령에 따른 행동이었다고 주장하였다. 독일 정부는 이후 홀로코스트 생존자들에게 배상금을 지급하기 위한 연방 법률을 비교적 신속히 제정하였으나 1950년대 서독 사회 내부에는 여전히 과거사에 대한 반성보다 피로감과 부정적 정서가 팽배하였다. 그 결과, 생존자들이 공적으로 홀로코스트에 대해 말하는 것은 사회적으로 암묵적으로 금기시되었고 이는 피해자의 침묵을 강요하는 사회 분위기를 형성하게 되었다. 홀로코스트 피해 생존자들은 독일에 남기기로 했든, 혹은 해외로 이주했든, 새로운 환경에 적응하며 정상적인 삶을 회복하는 동시에 사회적 소수자의 지위를 받아들여야 하는 이중의 과제를 떠안았다. 이 과정에서 많은 피해 생존자는 '침묵'을 선택할 수밖에 없었고 이 침묵은 여전히 사회 곳곳에 남아 있는 가해자들의 존재, 그리고 그들의 책임 회피와 사회적 억압 때문에 묵인되고 유지되었다.[26]

이처럼 피해 생존자들이 가족, 친구, 이웃, 더 나아가 사회 전체로부터 자신의 고통을 말하는 데 낙담하게 만든 구조적 침묵은 학자들에 의해 '침묵의 공모'(conspiracy of silence)로 설명된다.[27] 이 시기에는 부모가 자신의 경험을 자녀에게 말하지 않았고 자녀들도 부모에게 감히 묻지 않았다. 홀로코스트는 전후 초기 사회에서 사실상 '금기'였기 때문이다. 이 침묵의 공모는 1961년 아이히만 재판을 계기로 깨지기 시작했다. 이스라엘 정보기관(모사드)은 제2차 세계대전 후 아르헨티나로 도피한 나치 친위대(SS) 중령 아돌프 아이히만을 비밀리에 체포하여 1960년 이스라엘로 이송하였고 이듬해 예루살렘 법정에서 공개 재판이 진행되었다. 이 재판은 전 세계적인 주목을 받았으며 이는 홀로코스트에 대한 집단적 침묵이 얼마나 광범위했는지를 역설적으로 보여주는 계기였다. 뉘른베르크 재판이 주로 물적 증거를 기반으로 고위급 나치 인사들을 단죄하고자 했던 것과 달리, 아이히만 재판은 피해자들의 구술 증언을 정의 실현의 중심에 둔다는 점에서 전환점이 되었다. 수석 검사 기데온 하우스너는 100명이 넘는 홀로코스트 생존자들을 증언대에 세웠고 이들은 자신이 경험한 학살의 실상을 직접 언어로 드러내며 역사적 진실을 증명해냈다.[28] 전후 첫 재판에서 피해자의 감정과 목소리를 '정의의 핵심 요소'로 포함시킨 이행기 정의의 중대한 이정표였다.[29]

재판 과정은 생존자들에게도 치유적 경험으로 작용하였다. 수십 년간 억눌러온 고통을 말할 수 있게 되었다는 사실은 이들에게 일종의

'카타르시스'를 제공하였으며,[30] 피해자 중심의 기억 문화가 대두되는 계기가 되었다. 특히 재판에서 증언할 생존자들을 선정하는 데에는 야드 바셈(Yad Vashem) 홀로코스트 기념관의 증언부서가 중심적인 역할을 했다. 초기에는 이 기념관에 기록된 1,700여 명의 증언자 가운데 역사적으로 중요한 학살 단계 — 강제 이송, 죽음의 행진, 총기 집단학살, 사망 수용소, 집행 부대 — 를 대표할 수 있는 10~15명의 인물이 선별되었고 이후 이스라엘 경찰청 06국과의 협의를 통해 최종 명단이 확정되었다.[31] 무엇보다 젊은 이스라엘 국가가 나치 전범을 자국 법정에서 심판하게 된 사건은 생존자들에게 '기본적인 안도감'과 '국가의 복권된 정의감'을 제공하였다. 이 사건 이후 생존자들은 마침내 침묵을 깨고 말하기 시작했으며 은폐되었던 기억들이 사회 속으로 흘러나오기 시작하면서 유대인 집단의 정체성과 트라우마 서사가 새롭게 형성되었다.[32]

아이히만 재판 이후 홀로코스트에 대한 사회적 인식은 근본적으로 변화하였다. 생존자들은 수십 년간 숨겨왔던 상처를 공개적으로 이야기하기 시작했고, 고령화에 따른 새로운 정서적 위기 — 은퇴, 질병, 배우자의 사망 등 — 는 과거의 트라우마를 재활성화시켰다. 이로 인해 많은 이들이 처음으로 전문적인 심리적·의료적 도움을 요청하게 되었고 이는 피해자 지원 체계의 확산으로 이어졌다. 또한, 트라우마의 세대 간 전이(transgenerational transmission)가 후속 세대의 심리와 정체성에 미치는 영향에 대한 연구와 사회적 관심도 증가하였다. 전쟁이 끝난 지 40년이 지난 시점에서야 홀로코스트 생존자들은 체계적인 정신건강 지원과 사회적 치유를 경험할 수 있게 되었다.[33] 이후 수많은 심리적·사회적 서비스 단체들이 등장했으며, 대부분은 유대계 시민사회

단체의 주도로 설립되어, 피해자 지원뿐 아니라 기억의 보존과 교육 활동에도 적극적으로 참여하고 있다.

2001년, 독일 정부와 시민사회 간의 본격적인 협력이 수년간의 국내외 협상 끝에 이루어졌다. 이는 2000년에 제정된 '기억, 책임, 미래 재단 설립법(Gesetz zur Errichtung der Stiftung „Erinnerung, Verantwortung und Zukunft", EVZ) 근거한 것으로, 나치 시절 강제 노동을 강요받은 피해자들에게 재정적 배상과 기억 사업을 통한 역사적 책임이행을 목적으로 한다. EVZ 재단의 이사회는 독일 연방정부, 독일 산업계, 중동 유럽, 이스라엘, 독일 내 시민사회단체(NGO) 대표 등 총 27명의 위원으로 구성되었으며, 정부-산업-시민사회 삼자 협력의 상징적 구조를 형성하였다. 배상금 지급은 2001년부터 시작되어 2007년까지 약 6년간 단계적으로 이루어졌으며, 이 기간에 100개국 1,660,000여 명의 강제 노동 피해자들에게 총 44억 유로가 지급되었다.[34] 재단의 기금은 단순한 배상금 지급을 넘어 기억의 보존, 인권교육, 생존자 지원을 위한 국제적 프로젝트 수행에도 활용되었다. 총 20개국 230개 프로젝트가 지원을 받았으며, 특히 미국, 이스라엘, CIS 국가(구 소련권)의 생존자들에게 자원이 집중되었다. 주요 프로그램은 고령 생존자들을 대상으로 한 사회복지 및 의료 서비스로 구성되었으며, 주간 보호센터 운영, 가정 간호, 요양시설 제공, 심리치료 등의 서비스를 포함하였다. 이 중 대표적인 기관으로는 1987년부터 이스라엘 내 홀로코스트 생존자들에게 정신 사회적 지원을 제공해온 국가기관 AMCHA가 있으며 재단의 재정 지원을 통해 매달 1,800명 이상의 생존자와 그 가족에게 심리치료와 사회 서비스를 제공하고 있다.[35]

한편, 생존자에 대한 임상적 이해는 20세기 후반에 이르러서야 본격적으로 발전하기 시작하였다. Giberovitch(2014)에 따르면, 1950년대 당시 독일 의료계는 생존자들의 심리적 고통을 외상에 따른 결과로 보지 않고 이를 개인의 유아기 신경증에서 비롯된 병리적 반응으로 해석하였다. 이는 오늘날의 외상 후 스트레스 장애(PTSD) 개념이 정립되기 이전의 정신의학적 한계를 반영한다. 그러나 1960년대에 들어서면서, 정신건강 전문가들 사이에서는 생존자의 정신병리를 더욱 명확히 기술하고자 '생존자 증후군'(Survivor Syndrome, 1968), '강제수용소 증후군'(Concentration Camp Syndrome, 1964)과 같은 개념들이 등장하였다. 이들 개념은 홀로코스트 생존자들에게 나타나는 만성 불안, 우울, 수면장애, 기억력 및 인지 장애, 생존자 죄책감, 사회적 고립, 심인성 신체 증상 등을 임상적 특성으로 제시하였다. 1950년대부터 1970년대에 걸쳐 발표된 임상 문헌과 연구들은, 대부분의 피해 생존자들이 고정적이고 만성적인 트라우마 반응을 보이며 장기화된 생존자 증후군을 경험하고 있다는 가정에 근거하고 있었다.[36] 이러한 진단적 틀은 이후 PTSD 개념의 확립과 함께 재정립되며 트라우마 치료의 방향성과 지원 체계를 형성하는 기반이 되었다.

(3) 세 번째 속성의 각 변수의 진행

1) X-③ 사회적 기억으로서의 기능

전후 10년 동안 유대인 학살을 기념하는 제도적 노력은 미비하였다. 기념관 건립은 거의 이루어지지 않았고 베르겐-벨젠(Bergen-Belsen)의 유대인 묘비와 같은 일부 기념 표식들은 대부분 지역 차원에서 시작되거나 민간 후원에 의해 설립되었으며 이들 대부분은 유대인 생존자 단체와 연계된 비공식적 노력의 일환이었다. 그러나 1970

년대 후반에서 1980년대 초 사이, 서독의 젊은 세대를 중심으로 억압되고 침묵된 과거를 재조명하려는 '기억의 붐'(memory boom)이 일기 시작했다.[37] 이러한 집단적 전환은 단순한 문화 현상을 넘어 정치적 의식의 변화와 역사적 책임에 대한 성찰로 이어졌으며 이는 독일의 교육정책에도 중요한 영향을 미쳤다. 이미 1960년대 초부터 독일의 각 주 교육·문화 장관 회의(Kultusministerkonferenz)는 나치즘과 홀로코스트에 대한 명확한 교육 지침을 제시하기 시작하였다.[38] 특히 1959~1960년 독일 전역에서 급증한 반유대주의 사건들—예컨대, 1959년 크리스마스이브에 쾰른의 시나고그가 스와스티카로 훼손된 사건[39]—은 독일 사회에 강한 충격을 주었고 단기간에 685건 이상의 반유대주의 혐오 범죄가 보고되면서[40] 홀로코스트 교육의 시급성과 필요성에 대한 사회적 인식이 확산되었다. 이후 독일의 교과서에는 홀로코스트 생존자들의 증언과 전후 전범 재판의 내용이 본격적으로 수록되기 시작하였다. 이러한 교육적 전환은 1960년대 말 "뉴 레프트"(New Left) 학생운동과 함께 더욱 가속화되었으며 이는 독일 사회의 민주주의적 성숙과 집단적 역사 책임 수용이라는 맥락과도 맞물려 있다. 독일 철학자 테오도르 아도르노는 1966년 "아우슈비츠 이후의 교육" 연설에서 "모든 교육의 가장 중요한 요구는 아우슈비츠가 다시 일어나지 않도록 하는 것이다"라고 말했다. 요컨대, 1980년대에 이르러 홀로코스트 교육을 위한 제도적 기반은 대부분 마련되었으며 이는 독일 사회가 과거의 침묵을 넘어 기억의 정치와 교육적 책임의 시대로 이행했음을 보여주는 중요한 지표이다.[41]

1979년 서독에서 방영된 미국 TV 미니시리즈 《홀로코스트: Weiss 가족의 이야기》는 기념 활동의 또 다른 형태로 기능하며 나치의 역사와 제2차 세계대전 중 유대인 학살에 대한 사회적 인식을 제고하는 데 중요한 역할을 했다.[42] 이 시리즈는 "홀로코스트"라는 용어를 대중적으로 확립시켰으며 유대인 학살을 독립된 사건으로 가시화하는 데 기여했다. 이에 따른 대중적 관심의 증가는 새로운 기념관의 개발과 기존 기념관의 보수로 이어졌다.

1996년, 독일 정부는 1월 27일을 나치 사회주의 희생자들을 위한 공식 국가기념일로 제정했다. 이날은 1945년 아우슈비츠 강제수용소가 해방된 날로 이후 매년 독일 연방의회에서는 기념식이 열리고 홀로코스트 생존자들이 직접 연설을 진행해왔다. 2005년에는 유엔 총회가 이날을 국제 홀로코스트 기념일로 선언하고 각 회원국이 홀로코스트의 기억을 미래 세대에 전하기 위한 교육프로그램을 개발할 것을 촉구하였다. 또한, 독일 정부는 홀로코스트를 기념하는 물리적 형태의 기념사업에도 착수했다. 1987년, 서독은 유럽에서 학살당한 유대인들을 위한 세계 최대 규모의 기념비 건립 이니셔티브를 시작하였고,[43] 격렬한 논의를 거쳐 1999년 독일 의회는 '유럽의 학살된 유대인들을 위한 기념비' 건설을 승인하였다. 해당 기념비는 2005년 베를린 국회의 중심부에 완공되었다. 이와 함께, 독일 연방 정부는 베를린의 독일 역사박물관, 본의 역사박물관 등 국가적 의미를 지닌 박물관과 역사적 장소에 대한 지속적인 지원을 해오고 있다. 2008년부터는 야드 바셈(Yad Vashem), 미국 홀로코스트 기념관, 그리고 세계 여러 홀로코스트 관련 기관들과 협력하여 배상 청구 회의(Claims Conference)는 홀로코스트 생존자들의 미발표 회고록을 수집하는 전 세계적인 "쇼아 회고록 수집 프로젝트"를 시작했다. 이 전자 회고록 컬렉션은 홀로코스트를 연구하고 기록하려는 개인 및 기관들에게 중요한 자료로 제공되고 있다.[44]

최근 들어 홀로코스트 생존자의 수가 급격히 줄어들면서 기억의 힘을 바탕으로 한 교육의 중요성이 새로운 세대에게 향한 비전으로 떠오르고 있다. 이는 단지 과거의 비극을 전달하는 것을 넘어, "결코 잊지 말라"는 교훈을 통해 현재와 미래에 의미 있는 방향성을 제시하려는 노력이다. 야드 바셈(Yad Vashem) 회장 아브너 샬레브는 이에 대해 "기억은 단지 슬로건이 아니다. 우리는 그것이 현재와 미래를 위해 봉사하도록 해야 한다"고 강조했다. 유대인 단체를 중심으로 한 여러 조직과 시민사회는 홀로코스트 생존자와 젊은 세대가 직접 대화할 수 있는 교육프로그램을 적극적으로 추진하고 있다. 이러한 프로그램은 교육적 측면과 아울러, 치유와 화해를 위한 사회적 운동으로서도 높이 평가받는다. 역사적 갈등을 경험한 집단 간의 대화는 평화 구축의 도구가 될 수 있으며 상호 이해의 격차를 줄이고 감정적 상처를 완화하는 데 중요한 역할을 한다. 실제로 홀로코스트 생존자 후손과 나치 가해자 후손 간의 대화는 그러한 효과를 잘 보여준다.[45)][46)][47)][48)][49)][50)][51)]

또한, 비슷한 트라우마를 겪은 생존자들 간의 연대는 인류에게 강력한 희망의 메시지를 전달한다. 예를 들어, 홀로코스트 생존자들과 일본군 성노예제 피해자들이 2011년 처음 만나, 2016년까지 세 차례의 만남을 통해 서로의 고통을 나누고 위로를 주고받았다.[52)] 이러한 사회적 노력은 아직 생존자로서의 정체성을 회복하지 못한 많은 피해생존자에게도 긍정적인 지지를 제공하며 그들의 고통을 잊지 않고 사회적으로 의미 있는 경험으로 전환될 수 있도록 돕는다. 나아가, 이는 후속 세대의 트라우마 극복에도 중요한 심리사회적 기반이 된다.

2) Y-③ 화해의 시작으로서의 기능

홀로코스트 이후, 대부분의 피해 생존자들은 고향을 떠나 이스라엘을 포함한 제3국에서 새로운 삶을 선택했다. 물리적 공간이 어디든, 이들의 집단적 트라우마를 치유하려는 국제적 연결망은 견고하게 구축되었으며 오늘날까지도 다양한 형태의 활동이 지속되고 있다. 이러한 노력은 생존자들이 공적 영역에서 '생존자'로서의 존재 의미를 회복하고, 새로운 사회 속에서의 분리와 소외를 극복하는 데 긍정적인 역할을 해왔다. 이러한 회복이 가능했던 중요한 요인 중 하나는 그들이 대량 학살이 발생했던 과거의 장소에서 물리적으로 분리되어 전혀 새로운 공간에서 유대인 공동체를 재건할 수 있었다는 점일 것이다. 그러나 동시에, 그들은 여전히 디아스포라의 조건 아래 있었고 대부분은 1990년대 초에 이르러서야 비로소 자신의 심리사회적 고통이 자녀세대에게까지 영향을 미친다는 연구 결과들이 나오기 전까지 침묵과 말문 막힘 속에 살아야 했다.

이후, 홀로코스트 생존자들을 위한 다양한 사회적 지원은 이들이 '생존자'로서의 정체성을 회복하는 데 중요한 기반이 되었으며 개방적이고 직접적인 정보의 흐름을 가능하게 하는 유효한 틀로 작용하였다.53) 더 나아가, 생존자들은 국제사회와 독일 정부의 체계적인 사회적 지원을 통해 자신들처럼 트라우마를 겪은 다른 사람들이 고통의 기억에서 벗어나도록 돕는 데도 적극적으로 참여하고 있다. 이는 단순한 경험의 공유를 넘어, 타인의 고통에 대한 사회적 감수성을 확장시키고 공감적 연대를 가능케 하는 새로운 연결 방식이다. 이처럼 홀로코스트 생존자들의 고통은 사적인 영역에 머무르지 않고, 유사한 경험을 지닌 타인의 고통에 관심을 기울이도록 하는 공적이고 감정적인 분위기 형성에 결정적인 기여를 하고 있다. 오늘날 대부분의 피해 생존자들은 고령이거나 이미 세상을 떠났다. 그러나 지난 70여 년간, 그들이 자신의 트라우마적 경험을 기억하고 나누며 동일한 비극이 반복되지 않도록 경고해온 여정은 화해와 용서를 향한 깊은 성찰의 흔적을 남겼으며 다음 세대가 홀로코스트의 의미를 계승하는 데 깊은 인상을 남기기에 충분하다.

홀로코스트(1933-1945) 포괄적 치유 회복 경향성 분석 평가표

X축(사회의 영역)		1955	1975	1995	2025
속성 (attributes)	변수 (variables)	점수(0~2) Score			
공적 영역에서의 최소한의 보호 social protection	(직접적인 폭력의 멈춤) 폭력 방지 Prevention of violence	2	2	2	2
	(경제, 사회, 문화적 권리를 세우기 위한 기본적인 의식주 지원) 최소한의 필요 보장 Security of basic needs	2	2	2	2
	(가족, 지역사회 등의 2차 외상 방지를 위한 지원 및 교육) 생활환경의 안전 보장 Safety of living environment	2	2	2	2
사회적 책임 Social accountability	(진실 규명, 진실 말하기) 진실 추구 Promoting truth	2	2	2	2
	(가해자 처벌, 재판, 법/제도, 공식적 사과 등) 정의 추구 Promoting justice	2	2	2	2
	(물질적/상징적 보상) 배 · 보상 추구 Promoting reparation	2	2	2	2
사회적 기억 social memory	(기억의 형성 - 추모일/추모 장소) 추모 Commemoration	0	1	2	2
	(기억의 표상 - 후세대 교육, 연구 등) 교육 Education	0	1	2	2
	(도덕적 암시를 통한 새로운 삶 설정) 더 높은 사회적 가치 추구 Advance to higher social value	0	0	0	1
X축 총점(Overall score of X-axis)		12	14	16	17

Y축(개인의 영역)		1955	1975	1995	2025
속성 (attributes)	변수 (variables)	점수(0~2) Score			
자기 보호 self protection	(현실 상황 인식이 가능한) 자기조절 능력 획득 Regain of self-control	2	2	2	2
	(장기적인 생존을 위한 방안 모색이 가능한) 자기결정능력 획득 Regain of self-choice	2	2	2	2
사회적 의미 social meaning	(사적/공적 영역에서) 자신의 경험 이야기하기 Ability of telling a story	0	2	2	2
	외상 경험을 과거 삶의 일부로 받아들이기 Accept of the past as a part of life	0	2	2	2
화해의 시작 Initiatives of reconciliation	(피해자에서 생존자로의 성장 가능한) 자기정체성의 재확립 Rebuilding self-identity	0	0	1	2
	(생존자 임무를 찾기 위한 사회와의 재결합 및 정의 실현 추구 가능한) 사회로의 복귀 Reconnecting with society	0	0	0	1
Y축 총점(Overall score of Y-axis)		4	8	9	11

2 캄보디아 킬링필드(The Killing Fields, 1975-1979)

앙코르 문명이 번성했던 캄보디아는 인류 역사상 가장 찬란한 문명 중 하나로 손꼽히며, 그 위대한 문화유산을 보기 위해 전 세계에서 수많은 관광객이 찾고 있다. 그러나 아이러니하게도, 과거 동서양을 막론하고 가장 큰 도시 중 하나였던 이 땅은 오늘날 개발도상국으로서 심각한 사회경제적 어려움을 겪고 있으며, 특히 1975년부터 1979년까지 민주 캄푸치아 정권하에서 벌어진 대규모 학살, 이른바 '킬링필드'의 비극으로 인해 심대한 집단적 트라우마를 안고 있다. 앙코르 시대를 지나 1863년 캄보디아는 프랑스의 보호령이 되었고 1887년에는 프랑스령 인도차이나에 편입되었다. 이 시기 동안 캄보디아의 왕위는 노로돔 1세(Norodom, 재위 1860-1904), 시소와(Sisowath, 재위 1904-1927), 시소와 모니봉(Sisowat Monivong, 재위 1927-1941)으로 이어졌다. 1907년에는 프랑스와 태국 간 조약을 통해 태국으로 넘어갔던 앙코르 지역이 캄보디아로 반환되면서 오늘날 캄보디아의 영토 기반이 확립되었다. 제2차 세계대전 중에는 프랑스와 일본의 지배를 반복해서 받았으나 1941년 즉위한 노로돔 시아누크가 1953년 캄보디아의 완전한 독립을 이끌어내면서 비교적 안정된 시기를 맞이하였다.

그러나 1970년 론 놀(Lon Nol) 장군이 시아누크 국왕을 쿠데타로 축출하며 크메르 공화국(Khmer Republic)이 수립되었고 이로써 천 년 이상 유지되어 온 군주제는 종식되었다. 론 놀 정권은 미국과의 동맹을 강화했으며 이에 반발한 시아누크는 중국과 북베트남, 그리고 크메르루주의 지지를 받으며 '캄푸치아 민족 통일전선(National United Front of Kampuchea, FUNK)'을 결성하였다. 5년간의 내전과 미군의 대규모 폭격 그리고 미국의 인도차이나 철수 이후, 크메르 공화국은 1975년 붕괴되었고 민족 통일전선(FUNK)은 캄푸치아 공산당(Communist Party of Kampuchea, CPK)을 중심으로 1975년 4월 17일 수도 프놈펜을 점령하였다.

크메르루주는 지도부와 조직 구조가 철저히 비밀리에 운영되었으며 실질적 권력은 폴 포트(Pol Pot, 1925-1998)를 중심으로 집중되었다. 집권 직후 폴 포트는 '영년(Year Zero)'을 선포하고 기존의 모든 사회체제를 파괴하여 농업 유토피아 건설을 시도하였다. 도시 시민들의 대규모 강제 이주, 지식인과 종교인에 대한 조직적 학살, 사유재산과 종교의 전면적 부정, 집단농장 체제 도입 등 극단적인 사회공학적 실험이 전국적으로 시행되었다.54) 이로 인해 1975년부터 1979년까지 약 200

만 명이 학살, 고문, 기아, 질병 등으로 사망했으며 이는 당시 전체 인구의 약 3분의 1에 해당하는 규모이다.[55] 프놈펜의 뚜얼슬렝 감옥(S-21)과 청 억(Choeung Ek) 등은 이 학살의 대표적 현장으로 남아있다. '킬링필드'로 대표되는 이러한 집단 학살지는 전국적으로 수천 곳에 달하며 크메르루주가 자행한 대규모 인명 학살의 규모와 조직성을 보여준다. 전통적 불교 국가였던 캄보디아에서는 승려 대부분이 환속되거나 살해되었고 사원 역시 파괴되거나 전용되었다.

민주 캄푸치아 정권은 1979년 1월 7일 베트남군과 캄푸치아 민족구원 전선(Kampuchean United Front for National Salvation, KUFNS)의 침공으로 붕괴되었다. 이후 헹 삼린(Heng Samrin)이 이끄는 캄푸치아 인민공화국(People's Republic of Kampuchea, PRK)이 수립되었으나 크메르루주 잔존 세력은 태국 국경지대에서 게릴라전을 지속하며 정치적 불안정성을 심화시켰다. 1980년대 후반 냉전 완화와 국제사회의 조정 하에 1991년 파리 평화협정이 체결되었고 유엔 캄보디아 잠정행정기구(United Nations Transitional Authority in Cambodia, UNTAC)가 창설되어 과도정부와 선거를 감독하였다. 1993년 총선 결과, 노로돔 시아누크가 입헌군주제 하 국왕으로 복위하였고 오늘날까지 캄보디아는 입헌군주제를 유지하고 있다. 그러나 실질적 권력은 오랜 기간 총리직을 유지해온 훈센(Hun Sen)에게 집중되었다. 훈센은 1985년부터 2023년까지 장기집권하며 권력을 공고히 했으며 2023년에는 아들인 훈 마넷(Hun Manet)에게 총리직을 이양하였다. 이로써 캄보디아는 형식상 민주주의 체제 아래 있으나 실질적으로는 권위주의적 통치와 세습적 권력 집중이라는 하이브리드 정치 체제가 고착화되었다. 크메르루주 체제가 종식된 이후에도 권위주의적 정치문화는 여전히 잔존하고 있으며 그 변형된 모습이 훈센-훈 마넷 체제를 통해 지속되고 있는 것이다. 이러한 현실은 전쟁과 학살의 기억 이후에도 정치적 치유와 민주적 회복이 여전히 미완의 과제로 남아있음을 보여준다.

(1) 첫 번째 속성의 각 변수의 진행

1) X-① 사회적 보호로서의 기능

1979년 베트남의 캄보디아 침공 이후 대규모 학살은 종료되었으나 크메르루주의 직접적인 해체는 즉각 이루어지지 않았고 캄보디아인들의 고통스러운 삶은 한동안 지속되었다. 약 4만 명에 달하는 크메르루주의 잔여 세력은 태국 국경지대에서 베트남군과 전투를 이어갔다. 민주 캄푸치아 정권의 지도자들과 병사들이 프놈펜을 탈출해 국경 인근 북서부 지역으로 이동하면서 다수의 민간인을 강제로 동원하여 물자, 탄약, 무기 운반에 투입하였다.[56] 이 두 번째 강제 이주 과정에서 많은 이들이 기아, 질병, 부상 등으로 목숨을 잃었다.[57]

한편 일부 생존자들은 가족을 찾기 위해 고향으로 귀향했지만, 대부분은 폐허가 된 마을과 잃어버린 가족이라는 냉혹한 현실을 마주해야 했다. 시간이 흐르며 식량난이 심화되었고 이에 따라 많은 캄보디아인이 태국 국경지대로 몰려들었다. 태국 정부가 입국을 통제하고 있었음에도 1979년 말까지 약 11만 명이 난민으로 간주되어 태국 내 유엔난민기구(United Nations High Commissioner for Refugees, UNHCR) 산하 캠프에 수용되었다. 그러나 35만 명이 넘는 캄보디아인들은 태국-캄보디아 국경의 캄보디아 측 지역에 형성된 캠프에 머무르며 유엔국경구호작전(UN Border Relief Operation, UNBRO)의 지원하에 캄보디아 저항세력의 통제를 받는 환경에 놓이게 되었다.[58] UNHCR의 보호를 받는 난민들과 달리, 국경 내 거주자들은 제3국 재정착을 위한 면접 기회조차 받지 못했다. 1982년까지 이 지역의 캠프 수는 최대 23개에 이르렀으며 이들은 이후 10여 년간 지속된 게릴라전이 끝날 때까지 무려 12년 이상을 정치적·물리적 완충지대에 갇혀 생활하였다.[59] 국경 캠프의 환경은 극히 열악하였다. 유엔아동기금(UNICEF), 국제적십자위원회(ICRC) 등 국제기구들은 인도주의적 개입을 시도했으며 특히 당시 미국 대통령 지미 카터의 부인 로잘린 카터 여사의 사케오(Sakeo) 캠프 방문은 국제적 관심을 촉발시켰다.

그러나 초기에는 신생 캄보디아 정부가 크메르루주 세력이 여전히 존재한다는 이유로 구호 활동에 제약을 가하였다. 장기적인 협상 끝에 국제 구호단체들과 국가들은 국경 난민들에게 식량과 생필품을 전달할 수 있었으며 이후 1980년대 후반까지 약 20만 명의 캄보디아 난민이 미국, 프랑스, 호주 등 제3국으로 재정착하였다. 1992년 초 기준, 국경 지역에 남아있던 약 367,040명의 캄보디아인은 UNHCR이 주관한 자발적 본국 송환 프로그램에 따라 이듬해 모두 귀환하게 되었다.[60] 귀환 과정에서는 귀향지 선택이 가능했으며 지원 기관들은 쌀, 벼·채소 종자, 괭이 날, 어망, 의약품 등 생필품 키트를 제공하였다.[61] 하지만 이 같은 귀환 조치는 캄보디아의 현실적인 사회·경제적 조건을 충분히 고려한 것이라기보다는 유엔이 주도한 선거 일정을 맞추기 위한 정치적 판단의 성격이 더 강했다.[62] 그럼에도 불구하고 강제로 고국을 떠나야 했던 이들이 다시 고향 땅을 밟을 수 있었다는 점은 상징적으로 중요한 의미를 가진다. 1991년 파리 평화협정이 "캄보디아의 비극적 분쟁과 유혈 사태를 종식하기 위한 노력"으로 체결되었음에도 불구하고[63] 협정 이후에도 일부 지역은 여전히 크메르루주의 통제하에 있었고 무력 충돌은 계속되었다. 캄보디아 내전은 1998년 폴 포트의 사망과 함께 마침내 종식되었다. 그러나 이처럼 집단학살 이후 약 20년간 지속된 구조적 폭력과 정치적 혼란은 캄보디아 사회가 사회 보호 기능을 정상적으로 수행할 수 없도록 만들었다. 하지만 유엔의 인권 감시 체계와 다양한 국제기구의 인도적 지원 덕분으로 최소한의 수준에서 캄보디아 국민의 기본적 인권을 보호하고 증진할 수 있었다.

2) Y-① 자기 보호로서의 기능

자발적 구호단체들의 헌신적인 도움과 더불어 1980년대에는 물리적 폭력이 상당히 감소하였다. 그러나 많은 이들은 여전히 열악한 난민 캠프 환경 속에서 지속되는 다양한 형태의 폭력과 과밀화로 어려움을 겪었다. 식량과 식수의 부족, 포격으로 인한 부상, 수류탄 공격, 무장 강도 집단의 약탈, 흉기 공격 등 다양한 위협은 계속되었다.[64) 이 시기에 캠프 주민들을 대상으로 실시된 최초의 정신의학적 조사에서는 과거의 참혹한 사건이 다시 발생하는 듯한 반복적이고 재현적인 기억 현상을 경험하는 사례가 다수 보고되었다. 이러한 현상은 외상후스트레스장애(PTSD)의 주요 증상 중 하나로 알려져 있으며 이 조사는 하버드 공중보건대학의 하버드 난민 트라우마 프로그램(Harvard Programme in Refugee Trauma)이 세계정신건강연맹(World Federation for Mental Health)과 유네스코(UNESCO)의 공동 후원으로 처음 수행한 것이었다. 피해 생존자들은 나이에 관계없이 모두 심각한 심리적 영향을 받았으며 이후 수행된 여러 연구도 난민 캠프 내 캄보디아 생존자들의 정신건강 문제의 심각성을 지속적으로 보고하였다.[65)66)67)68)] 수많은 자발적 구호단체들과 현장에서 활동한 이들은 위생 개선, 기본 생필품 제공, 안전 확보, 교육, 보건의료 지원 등 다양한 분야에서 국내 실향민을 지원하였으나 이러한 열악한 생활 조건이 개인의 정신건강에 미치는 복합적인 영향을 해결하는 일은 여전히 매우 도전적인 과제로 남아 있었다(Kanter, 1995).[69)]

비록 환경은 여전히 열악했지만, 캄보디아인들은 난민 캠프에서 자신의 미래를 준비할 수 있는 지원을 받을 수 있었다. 1990년대 초 유엔의 평화 구축 개입을 계기로 시행된 재정착 정책과 본국 송환 프로그램은 피해 생존자들에게 더욱 안전한 환경을 제공하였고 이는 향후 갈등 재발을 방지하기 위한 일종의 암묵적 합의로 작용하였다. 난민 캠프를 떠나 새로운 피난처를 찾아 안정적으로 정착하는 과정은 외상을 경험한 이들을 위한 위기 개입에서 가장 시급한 과제 중 하나로 간주된다. 허먼은 피해 생존자들이 적절한 사회적 지원을 받으면 비교적 짧은 시간 안에 최소한의 안전감을 회복할 수 있다고 강조한다. 당시 캄보디아의 국내 정세는 여전히 불안정했으나, 인도적 지원을 넘어 국가의 기본적 제도와 구조를 재건하기 위해 적극적으로 개입한 국제사회의 지속적인 노력은 캄보디아인들에게 또 다른 대규모 학살이 반복되지 않을 것이라는 신뢰를 심어주었다. 적어도 유엔의 보호 아래에서는 그러했다. 이와 같은 보호와 지원 속에서 생존자들은 미래를 위한 계획을 수립하며 점차 기본적인 안전감과 생활의 안정을 회복해 나가기 시작하였다.

(2) 두 번째 속성의 각 변수의 진행

1) X-② 사회적 책임으로서의 기능

1979년 크메르루주 정권이 붕괴한 직후, 캄보디아는 가해자 처벌을 위한 사법적 노력을 시작하였다. 1984년, 유엔 집단학살협약과 캄보디아 법령 제1호에 따라 인민혁명재판소(The People's Revolutionary Tribunal, PRT)가 설립되어 폴 포트 총리와 이엥 사리 부총리를 집단학살 혐의로 기소하고 유죄 판결을 내렸다. 이들은 사형과 재산 몰수 판결을 받았으나 실제 형 집행은 이루어지지 않았다.[70] 이 재판은 일부에서 정치적 보여주기 재판으로 평가되었으나 많은 캄보디아인에게는 희생 이후 최초로 가해자의 책임을 묻는 상징적 의미를 지녔다. 이후 한동안 크메르루주 지도자들에 대한 국제적 책임추궁은 사실상 중단되었다. 그러나 1994년 미국 의회에서 '캄보디아 집단학살법'이 통과되면서 다시 국제사회의 관심이 촉발되었다.[71] 예일대학교의 '캄보디아 집단학살 관련 프로그램'과 '캄보디아 문서센터(DC-Cam)' 등 여러 민간단체가 적극적으로 활동하며 크메르루주 범죄의 진상규명 작업을 본격화했다.[72]

그러나 가해자 책임에 대한 국내외의 관심이 점차 높아질 무렵, 새로운 캄보디아 정부는 1996년 국내법에 따라 그리고 캄보디아 국회 3분의 2 이상의 지지를 받아 당시 외무장관이었던 이엥 사리에게 사면과 특별사면을 제공하였다. 캄보디아 정부는 이 결정이 평화 달성에 중요하다고 보았다.[73] 그러나 그 결과, 크메르루주에 대한 책임추궁의 동력을 약화시켰고 캄보디아 사회에서는 '과거는 잊혀지는 것'이라는 부정적 분위기가 확산하였다.[74] 이후 1997년, 훈 센 총리와 라나릿 왕자는 다양한 비판과 반대에 직면하자 유엔에 재판소 설립을 공식 요청하였다. 그러나 혼란스럽게도, 1998년 크메르루주가 내부 분열로 붕괴되었을 당시 훈 센은 캄보디아인들은 "과거를 파묻어야 한다"고 발언하며 태도를 바꾸었다. 이로 인해 사회의 지속 가능한 변화 가능성에 대한 신뢰는 낮아졌고 캄보디아 내 여론은 재판에 부정적으로 돌아서게 되었다.

결과적으로 훈 센 총리는 국제 기준에 부합하는 책임추궁 메커니즘을 마련하기 위해 유엔과의 협상에 다시 착수하였다. 1999년, 유엔은 캄보디아 사법체계가 정치적 간섭과 부패로 인해 독립성과 역량이 부족하다고 판단하고 국제재판소 설립 가능성을 검토하기 위해 전문가 그룹을 구성하였다. 그러나 훈 센 정부는 국제 판사와 독립적 국제 검사가 주도하는 재판소 구성안을 거부하며, 국제사회와의 협상은 난항을 겪었다. 장기간의 협상 끝에 2001년 캄보디아 국회는 '캄보디아 특별재판소(ECCC)' 설립 법안을 통과시켰다. 그러나 재판소의 실질적 설립과 첫 재판까지는 상당한 시간이 소요되었고 2008년에야 첫 공식 형사재판이 개시되었으나 이마저도 예비심리에 그쳤다. ECCC는 출범 초기부터 자금 확보의 어려움, 운영 지연, 공정성 논란, 그리고 수십 년이 지난 사건에 대한 증거 수집의 한계 등 복합적인 도전에 직면했다.[75] 2006년 출범부터 2022년 사실상 재판 업무가 종료될 때까지 약 16년에 걸쳐 3억 3천만 달러 이상의 예산이 투입되었으나 ECCC가 재판에 회부한 크메르루주 지도자는 6명에 불과하며 이 가운데 단 3명만이 유죄 판결을 받았다. ECCC의 재판 결과와 관련 기록은 공식 웹사이트를 통해 확인할 수 있다.[76]

재판소의 효과성과 독립성에 대한 의문은 설립 초기부터 지속적으로 제기되어 왔다. 그럼에도 국제과도기 정의센터(ICTJ)는 ECCC가 "과거에 대한 공동의 기억을 형성하는 데 있어 피해자와 시민사회가 참여할 수 있는 기회를 제공하였다"라고 긍정적으로 평가하였다.[77] 특히 수사 및 재판 과정에서 축적된 방대한 문서와 증언 자료는 가해자 처벌뿐만 아니라 사건의 진실 규명에도 중요한 기여를 하였다.[78] ECCC에는 피해자 지원 부서(Victim Support Section, VSS)가 설치되어 민사 당사자(Civil Parties) 변호인을 포함한 법률지원 제공, 정보 전달, 현장 워크숍 조직 등 다양한 피해자 지원 활동을 수행하였다. 아울러 캄보디아 인권 및 개발협회(ADHOC), 캄보디아 방어자 프로젝트(CDP), 캄보디아 법률구조센터(LAC), 초문화심리사회기구(TPO) 등 여러 민간 단체 역시 피해자 권리 강화 및 인권 옹호를 위해 활발히 활동하였다. 피해 생존자들은 이들 단체와 민사당사자 제도의 지원을 통해 재판정에서 자신들의 경험을 증언함으로써 제한적인 범위 내에서나마 목소리를 낼 기회를 확보하였다. 이러한 민간단체들은 피해자들이 겪은 고통에 대해 유죄 판결과 배상을 요구할 수 있도록 지원해 왔다.

ECCC의 공식 문서에 따르면, 민사당사자(Civil Parties)와 피해자들에게 지속 가능한 배상을 제공하고 캄보디아 국민 간의 화해를 촉진하기 위한 5개년 배상 계획이 2013년부터 2017년까지 수립되었다. 이 계획은 피해자지원과(Victim Support Section, VSS)와 민사당사자 수석변호인단(Lead Co-Lawyers, LCLs)의 긴밀한 협력을 통해 마련되었다. 그러나 현실적으로 크메르루주 정권하에서 발생한 대규모 잔혹 범죄에 대한 개별적인 금전적 배상 제도는 부재했다. 민사당사자들은 도의적·집단적 차원의 배상만을 신청할 수 있으며, 이는 추모, 재활, 문서화, 교육의 네 가지 범주로 구성된다. 일부 피해 생존자들은 의료 서비스나 교육 지원 등 다른 형태의 배상을 요구하기도 하였으나 이와 같은 배상은 제도적으로 인정되지 않았고 상징적 치유와 역사 교육을 핵심으로 삼은 집단·도덕적 배상의 대표 사례로 평가된다.

2) Y-② 사회적 의미로서의 기능

1993년 총선 이후 캄보디아 왕립 정부는 보건 서비스 인프라, 관리 및 행정을 개혁하고 개발하기 시작했다. 개혁 초기부터 보건부(Ministry of Health, MOH)는 개발 기구들과 협력하여 보건 시스템 기획과 개발에서 주도적인 역할을 수행해 왔다.[79] 앞서 언급했듯이, 크메르루주 정권은 1975년 이전 존재하던 수천 명의 변호사, 판사, 입법자, 법학 교수, 의사 등 캄보디아 지식인들을 거의 전부 학살했다. 또한, 수십 년에 걸친 내전은 전체 보건 시스템을 붕괴시켰다. 이로 인해 캄보디아 정부는 보건 시스템의 전면적 재건이라는 시급한 과제에 직면하게 되었고 이는 다음 여섯 가지 핵심 기능을 포함하는 장기적인 보건 개혁 과정을 통해 추진되었다: ① 서비스 제공, ② 거버넌스, ③ 재정, ④ 의약품 관리, ⑤ 정보 시스템, ⑥ 인적 자원. 1993년 국가 보건 전략 계획 아래에서 캄보디아의 기본적인 건강 수준은 실질적으로 향상되었지만, 더욱 심각한 문제들은 여전히 수면 아래 감춰져 있었다. 특히, 과거 집단학살의 피해 생존자들을 위한 국가 차원의 체계적인 보건 시스템은 부재했다. 1993년 국가 보건 계획에서 정신건강 부문이 최우선 과제로 지정된 사실은 캄보디아 정부가 국민 다수가 집단 트라우마를 경험하고 있음을 인식했음을 보여준다.[80] 그러나 이러한 집단 트라우마와 관련된 정신건강 문제를 다루어야 할 정신 건강국은 보건부 내에서 2005년에야 설립되었다. 설립 이후에도 정신 건강국은 여전히 충분한 치료와 지원을 제공하지 못하고 있는데 이는 보건부 전체 예산 중 단 0.01%만이 정신건강 분야에 배정되었기 때문이다.

연구에 따르면 크메르루주 피해 생존자들과 무력 분쟁 속에서 폭력을 경험한 사람들의 PTSD 추정 유병률은 14.2%에서 33.4%에 이르는 것으로 나타났다. 이는 전 세계 PTSD 유병률이 0.4% 미만으로 추정되는 것[81]과 비교했을 때 매우 높은 수치이다. 더욱이, 캄보디아의 자살률은 동남아시아에서 가장 높은 수준이다. 현재 캄보디아 인구의 60% 이상은 크메르루주 정권 이후에 태어난 세대이다.[82] 그러나 유감스럽게도, 집단학살이라는 극심한 트라우마의 심리적 영향은 다음 세대까지 이어지고 있다. 많은 젊은 캄보디아인들이 자신이 심리적 문제를 겪고 있음을 인식하지 못한 채 우울과 불안 속에서 살아가고 있다. 연구에 따르면, 부모의 외상 증상에 대한 인식과 자녀에 대한 양육 방식(예: 역할 전도, 과잉보호 등)은 자녀의 우울 및 불안 증상과 밀접한 관련이 있는 것으로 나타났다.[83] 이러한 문제는 단순히 개인의 정신건강 문제에 그치지 않고 캄보디아의 국가적 성장과 미래 발전에도 심대한 영향을 미친다.

정부가 정신건강 지원을 위한 제도적 역할을 충분히 수행하지 못하는 상황에서 여러 민간 조직들이 적극적으로 활동하며 그 공백을 메우고 있다. 특히, 트라우마로 고통받는 캄보디아 국민의 정신건강 증진을 위해 헌신하는 다양한 단체들이 있다. 대표적으로 TPO (Transcultural Psychological Organization) Cambodia 캄보디아 사회 서비스, 아동과 청소년 정신건강 센터, Psicólogos Sin Fronteras, 라가머핀 프로젝트(the Ragamuffin Project), 루뱅 협력(Louvain Coopération) 등을 들 수 있다. 이 가운데 TPO－캄보디아는 크메르루주 특별재판소(ECCC)에서 민간당사자와 증인들에게 심리적 지원과 상담을 제공하는 중요한 역할을 수행했다. 피해자－증인들은 ECCC에서 증언하기에 앞서 CDP와 같은 법률지원 기관으로부터 법률 자문과 증언 연습을 체계적으로 받으며 이를 통해 보다 정확하고 일관된 증언을 준비할 수 있도록 도왔다. 그러나 이 과정에서 피해자들은 과거의 고통스러운 기억을 재경험하며 재외상의 위험에 노출될 수 있으며 법정에서 직접 증언하는 것은 상당한 용기를 요구하는 일이다. 이를 지원하기 위해 TPO 소속 심리·사회적 상담 전문가들이 피해자–증인들이 심리적 안정을 찾고 증언 과정에서 감정적 지지를 받을 수 있도록 적극적으로 개입하였다. 이 외에도 TPO는 캄보디아 내에서 크메르루주 트라우마 피해자들을 위한 치료적 개입을 책임지는 핵심 기관으로 활동하며, 지역사회 정신건강 프로그램, 전문 인력 양성, 교육 및 옹호 활동 등 다양한 영역에서 사실상 정부의 역할을 수행하고 있다.

크메르루주 정권은 약 200만 명의 캄보디아인을 살해했으며 피해 생존자들과 그 후손들은 30년 이상 다양한 형태의 고통 속에서 살아왔다. 그럼에도 불구하고, 모든 피해자가 법정에서 자신의 트라우마 경험을 증언하는 것은 현실적으로 불가능하다. 따라서 피해자–생존자들이 다양한 방식으로 과거의 경험을 자유롭게 이야기할 수 있도록 지원하는 사회적 분위기 조성이 필수적이다. 그러나 캄보디아 사회는 여전히 많은 구조적 한계에 직면해 있다. 무엇보다, 오늘날에도 일부 크메르루주 전직 지도자들이 여전히 정치 권력을 유지하고 있다. 이를 대표적으로 보여주는 것이 훈 센 총리의 발언으로 "과거는 구덩이를 파서 묻어라"(Dig a hole and bury the past in it)라는 표현이다. 이러한 정치적·사회적 환경은 많은 캄보디아인에게 과거의 트라우마를 떠올리게 하며 두려움 속에서 과거와 마주하는 데 장애물로 작용하고 있다. 이로 인해 사회 전반에 침묵이 만연하게 되었고 '킬링필드'라는 주제 자체가 사실상 금기시되었다. 이 같은 침묵은 또 다른 복잡한 현실을 초래하였다. 피해자와 가해자가 같은 마을 혹은 인접한 지역에서 함께 살아가는 상황이 만들어진 것이다. 피해 생존자들이 가해자에게 복수하고 싶어하더라도, '킬링 필드'를 충분히 인식하지 못한 3세대와 함께 살아가는 오늘날의 캄보디아 현실 속에서 복수는 더 이상 현실적인 선택지가 아니다. 심지어 피해자와 가해자의 후손들 간의 혼인도 이루어지고 있다.

이러한 복잡한 사회적 맥락 속에서 TPO 캄보디아는 피해 생존자뿐만 아니라 가해자들도 포함하는 지역사회 기반 정신건강 증진과 화해 프로그램을 운영하며 트라우마 치유를 지원해왔다. 특히 TPO 캄보디아는 "증언 치료(Testimony Therapy, TT)"라는 독특한 치료 모델을 통해 지역사회 구성원들과 적극적으로 소통하고 있다. TT 접근법은 1983년 칠레에서 Lira와 Weinstein이 처음 개발한 내러티브 노출 치료(Narrative Exposure Therapy, NET)의 일종으로, 전쟁이나 조직적 폭력으로 인한 트라우마를 겪은 피해자들의 치료를 위해 고안된 심리-법적 접근법이다. 이 치료법에서는 피해 생존자들이 자신의 삶의 이야기를 트라우마 경험을 포함하여 구술하고, 이를 녹음하여 기록물로 정리한다.[84] 다수의 연구는 이 치료법이 트라우마 환자들에게 매우 효과적인 개입임을 보여주었다. 캄보디아에서는 이 치료법이 2009년 덴마크 전문가 Inger Agger에 의해 도입되었으며 불교 전통에 맞게 조정되었다. 1990년대 초 심리치료 초기 단계에서 서구식 심리학적 접근은 캄보디아 내에서 큰 호응을 얻지 못했다. 대신, 전통적 치유자들인 승려나 수녀들이 피해자들이 도움을 요청하는 주요 대상이 되었다. 불교적 수련법인 마인드풀 브리딩(Ana Pana Sati)과 명상은 캄보디아인들이 믿는 고유한 문화적 증후군인 '박스밧(Baksbat)'의 치유에도 널리 활용되었다.[85)][86)] 박스밧은 걱정, 불행, 고통, 고뇌 등이 결합된 상태로 캄보디아인들이 전통적으로 인식하는 증후군이다. 이에 따라 캄보디아에서는 종교적 의식을 결합한 독특한 증언 치료가 발전하였다. 피해 생존자들은 승려 앞에서 무릎을 꿇고 증언 기록을 작성한 뒤, 승려가 피해자의 오른쪽 손목에 주황색 실을 묶고 축복의 말을 전하는 정화 의식을 거친다. 주황색 실은 악령을 쫓고 보호하는 마법적 힘이 있다고 믿어진다. 이 치유 의식에는 피해자의 가족, 친척, 친구 등 가까운 사람들이 청중으로 참석하기도 하며 공동체적 회복의 의미를 더한다. TPO 캄보디아는 Kadei Karuna와 같은 지역 NGO들과 협력하여 캄보디아 각지에서 증언 치료가 필요한 피해자들을 발굴하고 지역사회 자원봉사자들과 협력하여 신뢰를 구축한 후 마을을 방문하여 치료를 진행하고 있다. ECCC에서 증언한 많은 피해 생존자들 또한 이 치료에 참여했으며 이러한 증언 치료는 Khmer Rouge Tribunal의 Case 002/01에서 약 200명의 민간당사자에게 제공되는 법적 배상 조치 중 하나로도 채택되었다.[87)]

연구에 따르면 이 치료법은 PTSD, 우울증, 불안 증상의 감소에 긍정적인 효과를 보인 것으로 나타났다.[88)] 따라서 증언, 치료, 영성이 결합된 이 접근법은 캄보디아 트라우마 치유의 중요한 성과로 평가된다. 아울러 증언 치료는 최근 가해자와 피해자의 직접적 대화를 포함하는 프로그램으로도 확장되고 있으며, 이는 민간단체인 Kadei Karuna(KDK)에 의해 운영되고 있다. 이 프로그램은 캄보디아의 공동체적 문화에 기반하여 개인, 가족, 공동체 간 화해를 촉진하는 중요한 치료적 접근으로 간주된다. 그러나 이러한 프로그램들은 대부분 해외 기관의 재정 지원에 의존하고 있어 지속 가능한 장기적 운영에는 재정적 어려움이 따른다. 그럼에도 불구하고, 캄보디아 사회처럼 과거의 트라우마가 공론장에서 자유롭게 다루어지지 않는 상황에서, 이와 같은 치료 프로그램은 피해자들이 직·간접적으로 자신의 경험을 나눌 소중한 기회를 제공한다.

캄보디아인의 약 90% 이상은 불교적 세계관 속에서 전생과 업보(카르마)에 대한 강한 신념을 가지고 있으며 이는 종종 고통과 트라우마를 개인의 운명이나 내면적 초월로 해석하게 만든다. 이러한 종교적 해석은 때로는 고통을 망각하는 방식으로 작용하며 사회적 변화로 이어지기 어렵다는 한계를 갖는다. 물론 개인적 종교 신념을 비판할 수는 없으나 최소한 증언 치료나 대화 프로그램을 통해 트라우마 사건들을 적절히 기억하고 애도하는 사회적 장치가 마련될 필요가 있다. 그렇지 않을 경우, 캄보디아 사회 내에 응축된 분노는 결국 언젠가 폭발할 위험성을 안고 있기 때문이다. 흥미로운 사례로, 많은 캄보디아인이 다양한 영화 장르 중에서도 공포 영화를 선호하는 경향을 보이는데 이는 치유되지 않은 심층적 트라우마의 반영으로 해석되기도 한다.

Kadei Karuna(KDK)는 TPO 캄보디아와 협력하여 「Former Khmer Rouge and Victim–Survivor Dialogues for Healing and Reconciliation」이라는 제목의 다큐멘터리 프로젝트를 진행하였다. 이 프로젝트는 가해자와 피해자가 모두 참여하는 화해와 치유의 실험적 모델을 시도한 사례로 주목된다. 초기 단계에서는 외부 연구진이 마을 주민들과 신뢰 관계를 구축하는 데 한계가 있었기에, 피해자와 가해자를 잘 알고 있는 지역 중재자(local facilitator)의 중재를 통해 프로젝트를 시작할 수 있었다. 일정 기간 신뢰가 형성된 후, 동의를 얻은 피해자들은 자신의 경험을 인터뷰 형식으로 촬영하였으며, 이후 이 영상은 가해자에게 보여졌다. 초기 단계에서 가해자들은 피해자의 발언에 대해 대체로 부정적인 반응을 보였으나, 이 영상 교환 과정은 반복적으로 총 6~7회에 걸쳐 이루어졌다. 프로젝트 동안 약 50회 정도의 마을 방문이 이루어졌고, 양측은 6개월에 걸쳐 간접적인 상호작용을 지속하였다. 최종 단계에 이르러서는 영상 매개 방식을 넘어 양측이 직접 대면하여 대화할 기회를 제안하였다. 피해자와 가해자 모두가 이에 동의하면 만남이 준비되었으며 이 만남은 각 당사자, 가족, 지역 중재자, 심리 지원자, 그리고 승려들이 함께 사원에서 모여 진행되었다. 총 세 차례의 시도가 이루어졌으며, 이 중 첫 번째와 세 번째 경우에는 피해자와 가해자 간의 성공적인 화해가 성사되었다. 이러한 화해 프로그램은 피해자들의 심리적 고통을 완화하는 데 기여했을 뿐 아니라, 가해자와 그 가족들이 지역사회 내에서 안전하고 평화롭게 생활할 수 있는 기반을 조성하는 긍정적 결과를 가져왔다. 이 성공적인 화해 사례들은 캄보디아 사회에 새로운 치유와 화해의 가능성을 제시하며, 유사한 트라우마를 경험한 집단 간의 갈등 치유 모델로서도 주목받고 있다.

(3) 세 번째 속성의 각 변수의 진행

1) X-③ 사회적 기억으로서의 기능

캄보디아의 대량 학살은 다양한 기념비와 기념행사를 통해 집단적 기억 속에 재현되고 있다. 이 가운데 가장 중요한 두 공간은 프놈펜 지역에 있는 초엉엑(Choeung Ek) 제노사이드 센터와 뚜얼슬렝(Tuol Sleng) 제노사이드 박물관이다. 이들 장소는 단순히 학살의 물리적 증거를 보존하는 공간일 뿐만 아니라, 베트남의 캄보디아 군사 개입과 그 이후 수립된 캄보디아 인민공화국(PRK) 체제의 정치적 정당성을 뒷받침하는 기능도 수행하였다. 이러한 배경 속에서 캄보디아에서는 비교적 이른 시기에 '기억의 공간'이 형성될 수 있었다.[89)]

초엉엑 제노사이드 센터는 크메르루주 학살의 대표적 현장으로 1980년 해방 직후 발견되었다. 당시 이곳에는 129개의 집단 매장지가 확인되었으며 그중 89개 매장지에서 총 8,985구의 유해가 발굴되었다. 가장 큰 매장지에서는 450구의 유해가 한꺼번에 발견되었다. 초엉엑은 베트남군의 발견 이후 1988년에 이르러서야 본격적인 콘크리트 기념탑이 건립되었다. 불교 전통에서 스투파의 건설은 산 자에게는 공덕을, 죽은 자에게는 기억과 명복을 부여하는 중요한 종교적 행위이다.[90)] 이후 초엉엑에서는 캄보디아 불교 의례에 따라 죽은 자의 영혼이 다음 생에서 평안을 찾을 수 있도록 기원하는 공동체 의식도 함께 진행되었다.[91)] 그러나 크메르루주 정권 시기 동안 불교가 거의 박멸되었기 때문에 1980년대 후반까지 이러한 의식의 재개는 현실적으로 쉽지 않았다. 1988년 기념탑 건립은 단순한 물리적 기념물이 아니라 크메르 불교 전통의 부활과 공동체 복원의 상징으로 이해될 수 있다.[92)] 베트남의 법의학적 기술 지원을 통해 약 8,000개의 두개골과 유해가 화학 처리되어 기념탑 내부의 밀폐된 유리 전시관에 보존되었다. 초엉엑에서 발견된 다수의 희생자는 S-21 감옥에서 이송되어 처형된 평범한 민간인들로 확인된다. 한편, DC-Cam의 자료에 따르면 1995년부터 2004년까지 캄보디아 전역의 생존자들은 81개의 추가적인 제노사이드 기념비를 건립하였다. 이 기념비들은 캄보디아의 거의 모든 지방 170개 지역에 걸쳐 분포되어 있다. 또한, 전국적으로 19,733개의 집단 매장지가 388개 지역에서 확인되었으며 아직 발굴되지 않은 제노사이드 현장도 상당수 존재할 것으로 추정된다.

두 번째로 중요한 기념비적 장소는 뚜얼슬렝 제노사이드 박물관(S-21)이다. 이곳은 1979년 1월 7일, 베트남 대령 마이 람(Mai Lam)이 프놈펜에 입성하면서 발견되었다. 마이 람은 법학 및 박물관학 분야에서 폭넓은 경험을 지니고 있었으며 그의 주도로 뚤슬렝은 1980년 국제사회에 알려진 제노사이드 범죄 박물관으로 전환되었다. 처음에는 사회주의 국가 기자단을 대상으로 1979년 1월 25일 제한적으로 공개되었으며 이는 베트남이 크메르루주 정권을 붕괴시킨 지 불과 2주가 지난 시점이었다. 이후 일반 대중에게는 1980년 7월에 공식 개방되었다.[93] 뚜얼슬렝이 발견될 당시, 크메르루주 경비원들이 떠나기 직전에 처형된 14구의 시신이 남아있었으며 단 7명만이 살아남았다. S-21은 20세기 가장 치명적인 고문 감옥 중 하나로 평가된다.[94] 생존자 7명 중 마지막 생존자인 춤 메이(Chum Mey)와 부 멩(Bou Meng)은 현재까지 생존하여 박물관을 방문하는 관광객들에게 자신의 트라우마적 경험을 증언하고 자신들의 증언서를 판매하며 증언 활동을 이어가고 있다. 박물관 내부에는 당시 발견된 실물 증거들이 보존·전시되고 있다. 녹슨 금속 침대, 벽돌로 만들어진 좁은 감금실, 족쇄, 고문 도구 등이 전시되어 있으며, 고문 전후로 촬영된 수백 장의 희생자 사진도 함께 전시되어 있다. 한편 12㎡ 크기의 지도 위에 300개의 발굴된 두개골이 전시되어 있었으나 2002년 이후에는 이 유해들이 나무 상자 안에 유리로 덮여 보존되고 있다. 뚜얼슬렝과 초엉엑 킬링필드는 크메르루주 학살의 실상을 기록·보존하며 교육적 기능을 수행하는 기념비적 박물관으로 변화하였다. 이들 장소는 집단기억과 역사적 트라우마의 공간으로서 중요한 의미를 지닌다. 그러나 동시에, 이 기념비적 공간들은 국제 관광 산업 속에서는 대표적 명소로 소비되고 있는 반면, 정작 크메르루주 희생자 유족과 생존자들에게는 여전히 진정한 추모와 위로의 공간으로 기능하지 못하고 있다는 비판도 존재한다.

크메르루주 정권 희생자들을 기억하고 젊은 세대에게 이 비극의 반복을 방지하기 위한 교육적 목적을 지닌 공식 기념일이 바로 '기억의 날(Day of Remembrance)'이다. 이 기념일은 1984년부터 매년 5월 20일에 '분노의 날(Day of Anger)'이라는 이름으로 시작되었으며 2001년부터 '기억의 날'로 명칭이 변경되었다. 캄보디아 인민공화국(PRK) 정부는 이미 1983년에 5월 20일을 공식 기념일로 지정하였다. 이 날짜는 캄보디아 현대사에서 중층적 의미를 지닌다. 1976년 대규모 학살이 본격적으로 시작된 시점이며 1973년에는 남부 타케오에서 크메르루주가 집단 강제화 작업을 개시한 날이기도 하다. 초기 '분노의 날' 기념행사는 크메르루주의 범죄를 공개적으로 고발하는 연극, 정치 집회, 연설, 선전 문구가 적힌 배너와 포스터 등 정부 주도의 대규모 정치 행사로 구성되었다. 그러나 시간이 흐르며 많은 캄보디아인은 이러한 행사들이 지나치게 정치적이고 이념적 성격을 띠며 오히려 희생자를 추모하고 생존자를 위로하는 본래 목적에서 멀어지고 있다고 느끼게 되었다. 이에 따라 오늘날에는 공식 기념행사가 소규모로 축소되었으며 대신 캄보디아 인구의 약 90%가 따르는 소승불교(Theravada Buddhism) 전통에 기반하여 각 마을과 사찰 인근의 탑에서 종교적 추모 의례가 활발히 이루어지고 있다.[95)]

한편 캄보디아는 미래 세대를 위해 이 비극적 과거를 기억하고 교육하는 공공적 노력을 지속하고 있으나 그 실행은 주로 민간부문에 의존하고 있다. 1995년 캄보디아 문서센터(Documentation Center of Cambodia, DC－Cam)가 예일대학교의 '캄보디아 대학살 프로그램' 현지 사무소로 설립되었으며 1997년 이후 독립 연구기관으로 발전하였다. DC-Cam은 크메르루주 정권 관련 자료수집·분석·공개를 통해 역사적 진실을 규명하고, 잠재적 법적 증거로 활용될 수 있는 데이터를 구축하고 있다(DC-Cam). 1990년대 초반까지 캄보디아 학교 교육과정에서는 크메르루주 역사가 사실상 금기시되었으며 2000년대 초반까지도 정식 교과서는 출간되지 않았다. 2000~2001년부터 9학년과 12학년 사회과학 교과 과정에 크메르루주 정권 관련 간략한 서술이 포함되었으나, 그 내용은 매우 축약적이었다. 예컨대 다음과 같이 서술되었다: "1975년 4월 25일부터 27일까지 크메르 루주 지도부는 특별 총회를 소집하여 새 헌법을 제정하고 국가명을 '민주 캄푸체아'로 변경하였다. 이후 폴 포트 정권 하에서 대량 학살이 시작되었다."[96]

또한, 2002년부터 2011년 초까지는 헌 센 총리의 지시에 따라 12학년 학생들이 사회과학 교과서 없이 역사를 배워야 했다.[97] 정치적 민감성과 크메르 루주 출신 인물들이 여전히 권력 내에 잔존해 있던 현실이 교육 현장의 진전도 제약하였다(Leng, 2014). 크메르 루주 교육의 중대한 전환점은 2007년 DC-Cam이 발행한 교과서 『민주 캄푸체아의 역사(1975-1979)』 출간으로 이루어졌다. 이 교과서는 전국 1,321개 고등학교와 민간 학교에 50만 부 이상 보급되었으며, 약 100만 명의 고등학생이 이를 통해 교육을 받았다. 더불어 DC-Cam은 2009년부터 캄보디아 교육부와 협력하여 4,000명 이상의 교사를 대상으로 전문 연수를 시행하고 교사용 가이드북 및 학생용 워크북도 제작·배포하였다. 최근에는 다양한 멀티미디어 웹사이트와 온라인 플랫폼을 통해 디지털 교육 자료를 제공하며, 젊은 세대에게 크메르루주 시기의 진실을 전달하는 활동을 확장하고 있다.

2) Y-③ 화해의 시작으로서의 기능

수많은 캄보디아인과 국제사회는 지난 30여 년 동안 고통과 상처로 얼룩진 캄보디아에 평화를 구축하기 위해 헌신해 왔다. 그러나 여전히 인간에 대한 범죄의 책임을 회피하는 크메르루주 출신 인사들이 권력의 핵심부에 잔존하고 있으며, 이러한 구조적 현실 속에서 피해 생존자들의 목소리조차 제대로 담론화되지 못하고 있다. 정부가 추진하는 형식적이고 제한적인 조치는 구조적 평화의 실질적 구축을 저해할 뿐 아니라 집단적 트라우마로 고통받는 생존자들의 치유 과정에도 장애가 되고 있다.

킬링필드와 같은 직접적인 집단학살은 국제사회의 관심과 개입으로 현재에는 재현되지 않고 있지만, 캄보디아인들 사이에 존재하는 정부에 대한 심화된 불신과 두려움은 오히려 갈등의 악순환을 예고하고 있다. 이는 Pruitt and Rubin의 갈등 나선 모델(conflict spiral model)[98]이 제시하는 메커니즘과 부합한다. 피해 생존자들은 자신의 고통을 억압된 기억으로 봉인한 채 침묵을 강요당하고 있으며 이러한 '말하지 못하는 금기'는 사회적 고립을 심화시키고 새로운 형태의 폭력과 만성적 트라우마로 이어지게 만든다. 캄보디아의 경제적, 사회적, 정치적 불안정성이 누적시키는 스트레스는 알코올 중독, 가정폭력, 여성 및 아동 학대, 성폭력 등 또 다른 형태의 2차적 피해를 양산할 위험을 높인다. 클라인만(Kleinman)은 이러한 심리적 기능장애와 사회적 기능장애의 상호작용적 악순환이 서로를 증폭시키며 복합적 기능장애의 연쇄 반응으로 이어진다고 설명한다.[99] 이러한 현상은 지라르가 지적한 바 있는 집단 내 폭력의 전염성(violence begets violence)[100]과도 밀접히 연관된다. 집단 내부에서 반복적으로 증폭되는 폭력성은 결국 집단 자체의 존속을 위협하는 악순환을 형성하게 된다.

따라서 캄보디아는 여전히 구조적 폭력이 지속되고 있는 사회라 할 수 있다. 이 구조는 대다수 피해 생존자들이 침묵의 공모를 선택하도록 압박하며 법정이나 공적 담론의 장에서 증언할 수 있는 이들은 소수의 용기 있는 사람들에 한정된다. 나아가 집단기억에 기반한 역사적 사실을 공유함으로써 피해자에서 생존자로 자신의 정체성을 전환할 수 있다는 인식조차도 충분히 형성되지 못하고 있다. 역사적 기억과 기념의 시도들은 여전히 민간 차원에서 주도되고 있으며, 이는 폭력의 주요 책임 주체인 캄보디아 정부가 여전히 소극적 태도를 보이고 있음을 반영한다.

어쩌면 캄보디아 정부는 과거의 트라우마적 사건들이 더 이상 공적 담론 속에 소환되지 않고 망각 속으로 사라지기를 바라고 있는지도 모른다. 그러나 이제는 분명해졌다. 망각은 치유가 아니다. 오히려 서사의 과정을 통해 과거의 고통을 말하고 해석하는 작업이 필요하다.

킬링필드(1975-1979) 포괄적 치유 회복 경향성 분석 평가표

X축(사회의 영역)		1989	1999	2009	2025
속성 (attributes)	변수 (variables)	점수(0~2) Score			
공적 영역에서의 최소한의 보호 social protection	(직접적인 폭력의 멈춤) 폭력 방지 Prevention of violence	0	1	1	1
	(경제, 사회, 문화적 권리를 세우기 위한 기본적인 의식주 지원) 최소한의 필요 보장 Security of basic needs	1	1	2	2
	(가족, 지역사회 등의 2차 외상 방지를 위한 지원 및 교육) 생활환경의 안전 보장 Safety of living environment	1	1	1	1
사회적 책임	(진실 규명, 진실 말하기) 진실 추구	0	0	1	1

Social accountability	Promoting truth				
	(가해자 처벌, 재판, 법/제도, 공식적 사과 등) 정의 추구 Promoting justice	0	0	1	1
	(물질적/상징적 보상) 배·보상 추구 Promoting reparation	0	0	0	0
사회적 기억 social memory	(기억의 형성 - 추모일/추모 장소) 추모 Commemoration	1	1	1	1
	(기억의 표상 - 후세대 교육, 연구 등) 교육 Education	0	0	1	1
	(도덕적 암시를 통한 새로운 삶 설정) 더 높은 사회적 가치 추구 Advance to higher social value	0	0	0	0
	X축 총점(Overall score of X-axis)	3	4	8	8
	Y축(개인의 영역)	1989	1999	2009	2025
속성 (attributes)	변수 (variables)	점수(0~2) Score			
자기 보호 self protection	(현실 상황 인식이 가능한) 자기조절 능력 획득 Regain of self-control	1	1	2	2
	(장기적인 생존을 위한 방안 모색이 가능한) 자기결정능력 획득 Regain of self-choice	1	1	2	2
사회적 의미 social meaning	(사적/공적 영역에서) 자신의 경험 이야기하기 Ability of telling a story	0	0	1	1
	외상 경험을 과거 삶의 일부로 받아들이기 Accept of the past as a part of life	0	0	0	1
화해의 시작 Initiatives of reconciliation	(피해자에서 생존자로의 성장 가능한) 자기정체성의 재확립 Rebuilding self-identity	0	0	0	1
	(생존자 임무를 찾기 위한 사회와의 재결합 및 정의 실현 추구 가능한) 사회로의 복귀 Reconnecting with society	0	0	0	0
	Y축 총점(Overall score of Y-axis)	2	2	5	7

3 제주 4·3 사건(The Jeju 4·3 Incident, 1947-1954)

대한민국 현대사의 대표적 학살 사건인 제주 4·3 사건은 1947년 3월 1일부터 시작되어, 1948년 4월 3일 발생한 무장봉기를 기점으로 제주도 전역에서 벌어진 무장 충돌과 진압 과정에서 수많은 민간인이 희생된 비극적 사건이다. 이후 1954년 9월 21일까지 이어진 무력 충돌과 강경 진압 속에서 수많은 희생자가 발생하였으며, "4·3 학살"로도 불린다. 1948년 당시 제주 인구 약 28만 명 가운데 약 2만 5천~3만 명이 사망하거나 실종된 것으로 추정된다. 이는 한국전쟁 이전 시기 최대 규모의 민간인 희생을 초래한 비극임에도 진상은 오랫동안 역사 속에 묻혀 있었다. 따라서 제주 4·3 사건의 의미를 살펴보기 위해서는 사건 전개 과정을 둘러싼 시간적 맥락에 주목할 필요가 있다. 이에 따라 국가기관인 제주 4·3 사건 진상규명 및 희생자 명예회복위원회(2003)가 발간한 『제주 4·3 사건 진상조사보고서』[101]를 참고하여 정리하고자 한다.

1947년 3월 1일, 해방 이후 두 번째로 열린 3·1절 기념일에 전국민주주의 민전 제주지부가 주최한 집회가 계획되었다. 그러나 제주 경찰과 미군정은 모든 시위를 금지한다고 경고했으나, 집회는 예정대로 강행되었고 약 2만 5천~3만 명이 참석하였다. 집회 도중 한 어린이가 말을 탄 경찰의 말에 치이는 사고가 발생했고 기마 경찰이 아무런 조치 없이 자리를 뜨자 격분한 군중이 항의하며 돌을 던졌다. 관덕정 일대에 배치된 경찰이 이를 공격으로 오인해 군중을 향해 발포, 민간인 6명이 즉사하는 참사가 일어났다. 이로 인해 제주도민들의 민심은 극도로 악화되었으며 이에 항의한 제주도 공무원들이 전국적으로 유례 없는 총파업에 돌입했다. 미군정은 경찰 예비대와 서북청년단을 투입해 강경 진압에 나섰으며 제주도는 미군정과 좌익 세력 간 전면적 대립으로 치달았다. 미군은 이를 '좌익 폭동'으로 규정하고 제주를 '빨갱이 섬'으로 낙인찍었으며 1947년 3·1 사건과 1948년 4·3 사건 사이 약 1년 동안 2,500명이 체포되었다.

1948년 4월 3일 새벽 2시경, 제주 4·3 사건의 본격적 무장봉기가 시작되었다. 남로당 제주도당이 주도해 약 350명의 무장 유격대가 제주 전역에서 경찰서와 우익 인사들을 동시다발적으로 공격하였다. 이로 인해 유엔 감시하에 예정되었던 1948년 5월 10일 총선거는 제주도에서만 실시되지 못했다. 그럼에도 불구하고 이승만 대통령이 당선되어 8월 15일 대한민국 정부가 수립되었으며 같은 해 11월 17일 제주에 계엄령이 선포되었다. 이승만 대통령은 제주도에 계엄령을 선포하였으며 제주도민들은 4·3 사건 전개 과정 중 가장 극심한 공포의 시기를 겪게 되었다(p.347).

당시 제9연대장이던 송요찬 소장은 "불순분자 소탕 작전"을 명령하며 해안에서 5km 이상 내륙과 한라산 일대를 봉쇄해 극렬분자를 색출하겠다고 하였다. 이 작전은 곧 대량 학살로 이어졌다. 수백 개 마을이 불태워지고 주민들은 강제 이주를 당했으며 피신한 사람들 상당수는 한라산에서 굶거나 동사했다. 가족 중 한 명이 없으면 '도피자 가족'으로 규정해 남은 가족을 처형하기도 했다. 이후 제9연대가 제2연대로 교체되었으나, 강경 진압은 계속되었다. 뒤이어 후임 사령관인 유재흥 사령관이 귀순자 사면 방침을 내걸었으나 1949년 5월 10일 국회의원 보궐선거 이후 유 사령관이 철수하면서 이 약속은 사실상 무산되었고 1,600명 이상이 총살되거나 수감되었다.

1949년 6월, 유격대 지도자 이덕구가 사살되면서 무장세력의 실질적 저항도 붕괴되었다. 이로써 제주 4·3 사건은 일단락되는 듯 보였으나 1950년 한국전쟁 발발과 함께 집단학살은 전국적 차원으로 확대되었다. 한국 정부는 전국적으로 예비검속을 실시하였고 보도연맹 가입자, 감시 대상 명단에 오른 사람들, 혹은 도피자의 가족 등을 공산주의자로 의심하며 처형하거나 투옥하였다. 제주 4·3 사건 관련 수감자들뿐 아니라, 아무런 증거 없이 의심만으로 즉결처분되는 사례가 속출하였다. 이로 인해 약 3,000명의 제주도민이 예비검속 혹은 투옥 과정에서 희생된 것으로 추정된다(p.652). 한라산 금지구역이 1954년 9월 21일 공식 재개방되면서 제주 4·3 사건은 공식적으로 종료되었다. 사건은 1947년 3·1절 사건을 기점으로 시작되어 1948년 무장봉기 이후 총 7년 7개월에 걸쳐 지속되었다.

제주 4·3 사건은 게릴라 세력과 토벌대 간의 충돌 과정에서 다수의 민간인이 희생된 비극적 사례로 기록된다(p.650). 이 시기 동안 대규모 체포와 구금, 강제 이주, 고문, 성폭행, 무차별 살해와 집단학살이 자행되었다. 전체 희생자 가운데 1948년(53%)과 1949년(34%)에 집중적으로 피해가 발생하였다.[102] 정확한 피해자 수 산정은 어려우나, 당시 제주 인구 약 28만 명 중 2만 5천에서 3만 명이 희생된 것으로 추정되며 이 중 약 80%는 공산주의와 무관한 일반 민간인이었다. 희생자 중 청년뿐 아니라 노인과 10세 미만 아동도 11.7%에 달하여 진압 작전의 무차별성과 잔혹성을 방증한다. 여전히 상당수 유해가 수습되지 못한 채 남아있다는 점은 큰 안타까움을 남긴다.

(1) 첫 번째 속성의 각 변수의 진행

1) X-① 사회적 보호로서의 기능

제주 4·3 사건으로 인한 마을 공동체의 붕괴와 난민 문제는 지역사회에 막대한 피해를 초래하였다. 사건으로 약 8만~9만 명의 난민이 발생하였으며 이는 당시 제주 전체 인구의 약 3분의 1에 해당하는 규모였다. 1949년까지 총 160개 마을이 직·간접적 피해를 보았고 15,228가구가 파괴되었으며 35,921채의 주택이 심각한 손상을 입었다. 대부분의 산간 지역이 전면적으로 파괴되면서 주민들은 해안가 마을로 강제 이주 될 수밖에 없었다. 이에 따라 중산간 지역 난민들을 수용하기 위한 대규모 재정착 프로젝트가 시도되었으나 복구는 매우 어려운 작업이었다. 전소된 마을을 재건하기 위해 목재 채취와 운반, 주택 건축 등의 과정이 필요했으며 이는 상당한 시간과 노동력, 기술을 요구하였다. 임시 난민 수용소가 설치되었지만, 수용 능력은 턱없이 부족하였고 열악한 생활환경, 부족한 중앙 정부의 구호물자와 예산 지원은 난민들의 생활을 더욱 곤경에 빠뜨렸다. 제주도 의원들의 지속적인 지원 요청에도 불구하고 상황은 근본적으로 개선되지 못하였다. 학교, 공공기관, 경찰서 등 공공시설의 피해 역시 심각하여, 지역사회의 정상적인 기능이 마비되었고, 농업, 어업, 상업 등 주민들의 생계 기반 역시 심각한 침체를 겪었다.

설상가상으로 1950년 한국전쟁 발발 이후 약 14만 9천 명의 본토 피난민이 제주로 유입되면서 난민 수는 폭증하였다. 이 대규모 인구 유입은 재건 작업이 본격화되기도 전에 이루어졌으며 주택과 식량 부족을 심화시켰다. 1952년 가을부터 1953년 봄까지는 특히 기근이 심각한 수준에 이르렀으며 난민 긴급구호는 최우선 과제로 대두되었으나 실질적 성과를 거두지 못했다. 한국전쟁 기간 중앙 정부는 전쟁 수행에 모든 자원을 집중했기 때문에 제주 지역 피해 복구를 위한 별도의 지원이나 예산 배정은 거의 이루어지지 않았다. 이로 인해 재건 프로젝트는 지속적으로 지연되었다. 한국전쟁 종전 이후 재건은 점차 속도를 내기 시작하였고, 1953년 말까지 전체 피해 가구의 약 61%가 원래 거주지로 복귀하였다. 그러나 5,725가구는 여전히 복귀하지 못해 복구의 어려움을 반영하였다. 1954년 9월 21일 한라산 금지구역이 해제되고 정책이 완화되면서 제주도 정부와 한국 민간지원사령부(Korean Civil Assistance Command, KCAC)는 1955년 피해자 정착 계획 수립을 위한 예비 조사를 실시하였다. 이 조사를 바탕으로 제주도 정부는 4·3 사건 피해 생존자들의 정착 프로젝트를 본격 추진하였고 많은 중산간 지역 주민들이 원래의 마을로 귀환하였다. 그러나 귀환하지 못한 피해 생존자들도 상당수 존재하였다. 일부 주민들은 공동체 학살의 트라우마, 사회적 낙인('빨갱이 게릴라 지역'이라는 부정적 이미지), 그리고 복구 불가능한 마을 환경으로 인해 귀환을 주저하였다. 이처럼 사실상 소멸된 마을들은 '잃어버린 마을'로 불리게 되었으며 제주도에서 공식적으로 확인된 잃어버린 마을 수는 총 84개에 달한다. 이렇듯, 4·3 사건 피해 생존자들에 대한 초기 사회적 보호 및 위기 개입은 사실상 전무했다. 그 결과 제주 4·3 사건은 한국전쟁기의 경험과 결합하면서 더욱 고착화된 폭력의 구조 속에서 피해 생존자들을 장기간 괴롭히게 되었다.

2) Y-① 자기 보호로서의 기능

제주 4·3 사건 초기, 1947년 3·1 총격 사건 이후 대규모 체포가 시작되면서 제주 주민들은 생사의 기로에 내몰렸다. 절망적인 상황 속에서 일부 주민들은 산으로 피신하거나 대나무 창과 같은 간이 무기를 들고 저항을 시도했으나, 총기를 갖춘 무장 세력 앞에서는 무력할 수밖에 없었다. 국가폭력에 의한 탄압이 심화되자 일부 주민들은 생존을 위해 고향을 떠나기로 결단했다. 이들 상당수는 밀항을 통해 일본 오사카로 향했다. 이미 일제강점기 시절부터 제주도와 오사카 간에는 해상 교통망이 구축되어 있었으며 오사카에는 제주 출신 이주민들이 형성한 거주지가 존재했다. 이러한 기반 위에 4·3 사건 당시 약 5,000명에서 10,000명 정도가 밀항한 것으로 추정된다. 밀항에는 특히 젊은 세대가 많았으며, 이는 부모 세대가 위험한 국내 상황에서 자녀들의 안전을 위해 이주를 선택했기 때문으로 분석된다.[103]

그러나 일본으로의 이주는 또 다른 고난의 시작이었다. 밀항자들은 단순한 이주민이 아니라 '공산주의자'라는 정치적 낙인 아래 사회적 차별과 배제를 경험했다. 오사카 내 일부 한국인 공동체에서도 이들 제주 밀항자를 '도망자' 또는 '배신자'로 비난하는 경우가 있었다. 일본 우익 세력이 강한 지역에서는 제주 난민 수용을 거부하기도 했으며, 일부는 결국 밀항을 포기하고 제주로 비밀리에 귀환하기도 했다.[104] 국가적 보호 시스템이 부재한 상황에서 그들은 지속적인 불안, 공포, 차별 속에서 생존을 도모해야 했다. 그런데도 그들은 '죽임을 면하는 생존'이라는 최우선 목표 아래 고난 속에서도 자신의 삶을 결정하고 지속시키는 자기 보호 전략을 구사할 수밖에 없었다. 이들의 삶은 공식적인 사료보다는 생존자 증언을 통해 드러나고 있으며, 사건의 진상규명과 정의 실현을 통해 그 고통의 깊이가 점차 사회적으로 조명되고 있다.

(2) 두 번째 속성의 각 변수의 진행

1) X-② 사회적 책임으로서의 기능

제주도에서는 대량 학살이 멈춘 이후에도 피해가 계속되었다. 이승만 정부 아래에서는 그 비극에 대해 공개적으로 비판하거나 이야기하는 것이 금기시되었다. 그러나 1960년 4 · 19 혁명으로 이승만 정부가 붕괴되면서 제주 4·3 사건의 진실이 드러날 기회가 찾아오는 듯했다. 그해 5월, 제주대학교의 7명의 학생이 '제주 4·3 사건 진상조사 협회'를 결성했고 피해자 가족들, 제주 시민들, 그리고 제주 출신 국회의원들이 국회에 공식적인 조사위원회 구성을 제안했다. 국회는 이 제안을 받아들여 6월 6일, 경상남도 진상조사위원회에 하루 동안 제주 4·3 사건을 조사하도록 명령했다. 같은 날, 제주도의회 회의장에서는 피해자 가족들이 처음으로 공식 청문회를 열었다. 그러나 이처럼 어렵게 시작된 공개 논의는 1961년 5·16 군사 쿠데타로 중단되었다. 이후 군사 독재 정권 아래에서는 반공법 등 강력한 법적 억제 장치로 인해 사건에 대한 논의가 20년 넘게 철저히 금지되었다. 대량 학살이 멈춘 뒤에도 피해 생존자들과 유족들은 1세대 이상 폭력과 감시, 그리고 사회활동에 대한 엄격한 제한 속에서 살아야 했다. 2000년 8월 13일, 4·3 사건 진실과 명예 회복을 위한 국민연대가 실시한 조사(4·3 사건 피해자 유족 75명)에 따르면, 응답자의 86%가 연좌제로 인한 피해를 겪었다고 한다. 이렇게 피해 생존자들에게 가해진 또 다른 형태의 폭력은 4·3 사건을 마치 역사 속으로 영영 묻어버린 것처럼 만들었다.

1987년 민주화운동 이후, 제주 4·3 사건에 대한 논의가 다시 시작되었다. 1980년대 후반과 1990년대 초반에 시민사회의 국민운동이 활발해지면서 이들 네트워크는 대한민국의 민주주의 전환에 중요한 역할을 했다. 이러한 전환 과정에서 제주 4·3 사건의 진상규명 요구가 지속적으로 제기되었고, 피해자 가족 협회, 언론(제민일보), 지역사회 단체 등 시민사회뿐만 아니라 정치 영역으로도 논의가 본격적으로 확산되었다. 제주도 지방정부가 4·3 사건 진상조사를 공식적으로 시작한 첫 조치는 1993년 제주도의회에서 이루어졌다. 이후 제주도는 1993년부터 2000년까지 피해 접수를 위해 '제주 4·3 특별위원회'를 구성했고, 이 과정에서 1995년에는 피해자 14,125명이 포함된 첫 번째 피해자 명단이 담긴 보고서가 작성되었다. 이는 중앙 정부의 적극적인 개입을 요구하는 목소리가 확대되는 계기가 되었다. 제주도민들과 제주도의회의 지속적인 노력은 1999년 새로 출범한 김대중 정부와 만나며 더욱 힘을 얻었다. 이후 활동의 중심은 제주에서 서울로 옮겨졌고 중앙 정부 역시 제주 4·3 사건 해결에 더욱 적극적인 태도를 보이기 시작했다. 약 10년에 걸친 긴 노력 끝에 국회는 결국 '제주 4·3 사건 진상조사 및 희생자 명예 회복을 위한 특별법(제주 4·3 특별법)'을 통과시켰고 2000년 법이 제정되었다. 이 특별법에 따라 제주 4·3 사건 진상조사 및 희생자 명예 회복을 위한 특별위원회(4·3 위원회)가 설립되었으며, 이 위원회는 국무총리가 주재하는 최고 의사결정기구로 운영되었다. 이처럼 제주 4·3 사건은 민주화 이후 13년, 그리고 학살 발생 이후 52년이 지나서야 첫 진상조사위원회가 설립되었다. 이는 정치적 전환 직후 비교적 신속히 구성된 다른 진상위원회들과는 달리, 상당히 오랜 시간이 소요된 경우였다.

보고서 작성 작업을 위한 특별조사단은 자료수집과 분석에 2년 반을 소요했으며 이후 6개월 동안 보고서를 수정·보완한 끝에 2003

년 최종 조사보고서를 완성하였다. 이 보고서는 1948년 제주에서 발생한 사건이 국제적 제노사이드 방지 협약을 위반했으며 국제법이 요구하는 문명사회의 기본 원칙이 무시되었다고 결론지었다. 조사 결과를 바탕으로 4·3 위원회는 정부에 7가지 정책 권고안을 제시하였다. 그중 첫 번째 권고안은 보고서 발표 직후 바로 시행되었다. 2003년 10월 31일, 노무현 대통령이 제주를 방문해 국가권력의 과거 잘못에 대해 피해자와 유족, 제주도민에게 공식적으로 사과하였다. 이는 대한민국 역사상 첫 국가 차원의 공식 사과였다. 첫 번째 권고안의 신속한 이행은 이후 다른 권고안들의 실현에도 긍정적인 영향을 주었다.

지금까지 제주 4·3 사건의 사회적 치유를 위한 다양한 노력이 가능했던 결정적인 이유는 바로 제주 4·3 사건 피해자 유족회의 활발하고 지속적인 활동 덕분이었다. 유족회는 1988년 설립 이후 부모와 형제들의 명예 회복을 위해 여러 중요한 활동을 펼쳐왔다. 조직도 체계적으로 확대되어 현재는 2개의 시 지부, 15개의 소규모 지부, 5개의 실종자 위원회를 포함하고 있으며, 234명의 대의원으로 구성된 대형 조직으로 성장하였다. 유족회의 주요 활동으로는 공동 추모행사 주관, 유해 발굴, 무속 의례, 유족을 위한 문화행사, 콜로퀴움 및 세미나 개최, 4·3 유가족 소식지 발간, 역사 왜곡에 대한 법적 대응 등이 있다.[105] 유족회는 특히 제주 4·3 사건의 물질적 보상 문제 해결에 집중하였다. 이들은 국가의 재정적 보상이란 국가가 행사한 부당한 공권력으로 인해 발생한 피해를 시정하는 '책임의 이행'이어야 하며 단순히 정당한 행정권 행사로 인한 손실에 대한 보상이 아님을 강조했다. 그러나 4·3 특별법이 규정한 의료비 및 생활비 지원은 국가의 강제적 잘못을 명확히 인정하지 않는 간접적 보상에 불과하다고 비판하였다. 나아가 4·3 피해자 유족회 회장은, 국가의 범죄 행위로 고통받은 피해자 개인이 국가를 상대로 직접 소송을 제기해야 하는 현행 제도는 근본적으로 불공정하다고 지적하였다.[106] 이러한 유족회의 지속적인 노력을 바탕으로 제주 4·3 사건의 배·보상제도는 2022년 6월부터 본격 시행되어 희생자(사망·행방불명·후유장애)에게 1인당 9,000만 원이 지급되고 있다.

2) Y-② 사회적 의미으로서의 기능

사건 이후 오랫동안, 피해 생존자들뿐만 아니라 제주도민 전체는 지속적인 국가의 탄압과 "빨갱이 섬"이라는 사회적 낙인 속에서 침묵을 강요당했다. 억울하게 희생된 이들을 애도하기 위한 울음조차 허락되지 않았다. 제주도민의 깊은 비탄이 터져 나온 북촌의 '아이고 아이고 사건'은 그 절정이었다. 그러나 이때조차 눈물은 죄가 되는 시대였다. 이러한 역사적 상황에서 피해 생존자들에게 침묵과 망각은 생존을 위한 최선의 선택이 될 수밖에 없었다.

1960년 제주도의회 본회의장에서 열린 공청회는 피해 생존자들이 공적 영역에서 처음으로 자신들의 트라우마를 증언할 수 있었던 기회였다. 그러나 이는 진실 규명 활동이 본격화되기 전이었고 구조적 폭력이 여전히 지속되던 시기였기에 이들의 증언은 곧 힘을 잃고 말았다. 이후 1980년대 말, 이념적 장벽이 조금씩 허물어지면서 시민 활동과 방송 매체 등 다양한 시도들이 제주 4·3 사건을 공적 담론으로 이끌어내는 전환점을 마련하기 시작했다. 1988년, 지역 언론인 제주신문은 '제주 4·3 연구소'를 구성하고 피해 생존자들을 직접 찾아다니며 1년에 걸쳐 그들의 증언을 담은 기획 기사 「증언으로 보는 제주 4·3」을 연재하기 시작했다. 사건 발생 30년 만에 피해 생존자들은 비로소 대중 앞에서 자신들의 트라우마를 말할 수 있게 된 것이다.

이 기사는 다양한 검증 절차를 거쳐 1989년 4월 3일부터 12월까지 주 2회씩 연재되었으며 이후 또 다른 지역 일간지인 제민일보가 1990년부터 1999년까지 총 456회에 걸친 장기 연재물 「제주 4·3을 말한다」를 이어갔다. 1989년 설립된 제주 4·3 연구소 역시 1988년부터 지금까지 제주도, 한국 본토, 일본에 거주하는 피해 생존자들을 비공식적으로 인터뷰해오고 있다. 또한, 2004년부터는 제주도와 협력하여 '제주 4·3 1,000인 증언 채록사업'을 진행하며, 이를 바탕으로 책자와 자료를 꾸준히 발간해 4·3 진실 규명의 주요 자료이자 후속 세대를 위한 교육 자료로 활용하고 있다. 이러한 증언의 축적은 피해 생존자들의 '서사'가 비교적 자유롭게 펼쳐질 수 있게 되었음을 보여준다. 사회 전체가 구조적 평화를 구축하려는 노력을 지속하는 가운데 피해 생존자들은 자신들이 더 이상 과거처럼 폭력에 노출되지 않는 '현재'를 살고 있음을 인식하기 시작했다. 더불어 자신의 트라우마적 이야기가 기록되고 영상화되어 공공 영역에서 공개적으로 논의되고 애도되는 과정을 지켜보며 피해 생존자들은 단지 의례적 위안에 머물던 과거를 넘어, 자신이 겪어온 몸과 마음의 고통을 보다 직면하고 응시할 수 있게 되었다.

(3) 세 번째 속성의 각 변수의 진행

1) X-③ 사회적 기억으로서의 기능

끊임없는 공포 속에서 4·3 희생자들을 기억하고 살아남은 이들의 고통을 승화시키는 유일한 방법은 굿이나 망자의 기일에 올리는 제사와 같은 개인 또는 마을 단위의 제의적 실천이었다. 그러나 이러한 의례조차 1980년대 후반까지는 정부의 강력한 억압과 체계적인 감시로 인해 제대로 허용되지 않았다. 당시 정부는 굿을 집행하는 무속인들까지 '경신연합회'라는 조직을 통해 체계적으로 관리·감시하였다. 이러한 사실은 훗날 지속적인 국가 감시를 받았던 무속인들의 증언을 통해 드러났다. 현혜경은 억압 속에서 4·3에 대해 직접적으로 말하는 것이 금지된 상황에서 무속이 신에게 빙의된 영매를 매개로 4·3의 참상을 간접적으로 발화하고 청취할 수 있는 유일한 통로였다고 지적하였다.[107] 이는 제주 사람들의 마음에 응어리진 한을 정서적으로 해소하고 치유하는 데 중요한 역할을 수행했기에 무속은 국가 감시하에서도 은밀히 유지될 수 있었다.

1994년에 이르러서야 개인과 마을 단위로 치러지던 위령제는 유족들과 시민사회 단체의 공동 주관하에 합동 위령제로 발전하였다. 1998년부터는 4·3의 아픔을 제주도 차원의 집단적 기억으로 승화시키며 연례 합동 위령제가 확대·정례화되었다. 2006년에는 노무현 대통령이 최초로 공식 합동 위령제에 참석함으로써 국가적 위상으로 격상되었으며, 이후 2013년 3월 18일 정부는 4월 3일을 '제주 4·3희생자 추념일'로 지정하였다. 이는 제주 4·3 희생자 추념 의례가 행정안전부 주관의 국가 차원 행사로 제도화되었음을 의미한다. 이와 별개로 마을별 유족회가 주관하는 지역 위령제 역시 여전히 유지되고 있으며 제주도 내 14개 지역에서 개최되고 있다.[108]

공식적인 추모 공간인 '제주 4·3평화공원'은 「제주 4·3사건 진상규명 및 희생자 명예회복에 관한 특별법」 제8조의 추모사업 조항에 근거하여 2008년 일반에 개방되었다. 평화공원 내에는 두 개의 주요 공간이 조성되어 있다. 첫 번째는 4·3 희생자들을 추모하고 과거의 비극을 기억하기 위한 신성한 추모 공간으로, 이곳에는 공식 희생자로 등록된 14,231위의 위패, '4·3유해 발굴사업'을 통해 수습된 396구의 유해, 그리고 행방불명자를 기리는 3,429개의 이정표가 안치되어 있다. 두 번째 공간은 미래 지향적 기능을 수행하는 '4·3평화기념관'으로, 아카이브와 교육의 기능을 담당한다. 이 기념관은 4·3사건의 전개와 진상규명 과정에 관한 방대한 문서, 사진, 영상, 음성 증언 자료 등을 전시하고 있다.[109)]

더불어, 제주 4·3사건의 후속 조치를 체계적으로 수행하기 위한 기관으로 '제주 4·3평화재단'이 2008년 설립되었다. 재단은 추가 진상조사, 추념 및 유족 복지사업, 문화 · 학술 · 교육사업, 국내외 평화교류사업, 4·3 아카이브 및 평화공원의 운영 · 관리를 포함한 다섯 가지 법정사업을 수행하고 있다. 제주 4·3평화재단뿐만 아니라 제주도교육청, 4·3 관련 단체들, 다양한 시민사회단체 역시 제주 4·3사건을 학교 역사 교육과정에 포함해 학생들의 역사적 인식 제고를 위해 지속적으로 노력하고 있다. 2016년 제주 4·3 평화공원 내에 설립된 '제주 4·3 평화교육센터'는 현재 평화·인권 교육의 장으로 활용되고 있으며 제주 4·3 사건은 단순한 사건 교육을 넘어 평화와 인권의 가치를 확산하는 통합적 교육으로의 확대를 지향하고 있다. 현재는 제주 4·3 교육의 체계화와 실질화를 위한 전환점으로 인식되고 있으며 4·3의 미래는 결국 후세대가 이 사건을 어떻게 인식하고 계승하느냐에 달려 있다고 할 수 있다.

2025학년도부터는 전국의 중학교 역사 교과서 7종과 고등학교 한국사 교과서 9종 모두에 제주 4·3 사건이 정규 학습요소로 편성되었다. 이는 2022년 개정 교육과정 편찬 기준에도 반영되어 제주도교육청과 유족회, 교원단체가 집필 과정에 직접 참여한 결과다. 한편 초등학교 5학년 사회 교과서에서는 2023년 11종 중 4종에서 제주 4·3을 처음 다뤘으며 남한 단독선거 반대 무장봉기와 학살사건을 ¼~1장 분량으로 서술했다. 이는 비록 분량은 짧지만, 기초 단계부터 역사적 정의를 교육과정에 포함한 전환점으로 평가된다. 제주도교육청은 교과서 반영에 그치지 않고, 교사용 지도서, 4·3 유적지 체험학습 영상자료, 교사 직무연수 확대 등 교육 인프라 구축에도 주력하고 있으며 이는 4·3 인식 교육의 전국적 확산을 위한 민·관 협력의 한 축을 보여준다. 이는 제주 4·3을 단지 해결해야 할 과거사의 아픔으로만 남기지 않고, 평화와 인권의 보편적 가치로 계승하려는 노력의 일환이다.

이렇듯, 제주 4·3사건은 이제 더 이상 피해자와 제주도민만의 문제가 아니라 사실 규명과 국가적·국제적 차원의 역사 문제 해결을 위한 국내외 시민사회, 학계, 정치권 등 다양한 주체들의 사회적 연대 속에 놓이게 되었다. 이러한 사회적 연대는 20여 년 전 4·3의 아픈 과거를 본격적으로 조사하는 과정을 통해 『제주 4·3특별법』 제정을 이끌어내는 데 결정적인 기여를 하였다.

그뿐만 아니라 한강 작가는 『작별하지 않는다』를 통해 제주 4·3 사건을 문학적으로 형상화했으며 2024년 노벨문학상 수상을 계기로 4·3은 보편적 트라우마의 기억으로 세계 문학의 장에 오르게 되었다. 이는 지역의 상처가 세계의 언어로 번역된 사례로 제주 4·3 사건을 단지 '제주'라는 지리적 특수성에 한정하지 않고, 인간 존재의 조건과 기억의 윤리에 대한 성찰로 확장시키는 데 기여한 의미 있는 전환이었다.

2) Y-③ 화해의 시작으로서의 기능

제주 4·3 사건의 진상이 규명되고 사회적 책임의 이행 과정이 20여 년 이상 지속되면서 피해 생존자들은 가해자에 대한 개인적 원한을 넘어 원칙과 정의의 문제를 이해하는 성숙한 태도를 보이기 시작하였다. 공식적인 사회적 절차를 통해 사건이 공론화되면서 과거의 이념적 흑백논리를 점차 벗어나 보다 유연하고 융통성 있는 접근이 가능해졌다. 또한, 사건 발생 이후 70여 년의 시간이 흐르면서 사건에 직접 연루되었던 이들은 상당수가 이미 사망하였거나 고령으로 사회활동에 제약을 받고 있다. 이에 따라, 2세대 및 3세대의 보다 합리적이고 객관적인 태도가 향후 변화의 새로운 동력으로 작용하고 있다. 유족회는 조직적이고 구조화된 활동을 통해 제주 지역 내외에서 피해자들의 죽음과 상처를 사회적 의미로 전환시키는 괄목할 만한 성과를 이룩하였다.

이러한 긍정적 성과는 65년간 대립해오던 4·3 유족들과 전직 경찰관들이 2013년 "화해와 공존"이라는 이름으로 조건 없는 화해를 선언하는 데 결정적 동인이 되었다. 이후 두 집단은 상호 제의 공간에 참여하며 해마다 공동 추모를 거행하고 있으며, 상호존중과 인정의 태도를 통해 화해의 영역에서 치유 과정이 구체적으로 진전되고 있다. 이러한 화해 활동은 상당한 파급효과를 낳고 있다. '기억과 고통의 연대'라는 의미 속에서 피해자와 가해자 집단은 국내외 다양한 트라우마 사건의 현장을 공동으로 방문하며 역사적 교훈을 되새기는 다양한 프로그램에 참여하고 있다. 특히 유족이 교사로 참여하여 자신의 체험을 학생들에게 전달하는 특별 교육과정은 교육적 차원에서도 큰 의미를 지닌다. 이처럼 평화교육의 체계화가 이루어지면서, 제주 4·3 사건은 더 이상 과거의 상처에 머무르지 않고 미래 세대를 위한 교육적 자산으로 기능하고 있다. 이처럼 과거의 고통에 얽매이지 않고 미래지향적 삶의 태도로 나가려는 긍정적 변화는 수많은 사회적 치유 노력의 지속적인 성장과 발전을 통해 가능해지고 있다.

제주 4·3 사건(1947-1954) 포괄적 치유 회복 경향성 분석 평가표

X축(사회의 영역)		1964	1984	2004	2025
속성 (attributes)	변수 (variables)	점수 (0~2) Score			
공적 영역에서의 최소한의 보호 social protection	(직접적인 폭력의 멈춤) 폭력 방지 Prevention of violence	1	1	2	2
	(경제, 사회, 문화적 권리를 세우기 위한 기본적인 의식주 지원) 최소한의 필요 보장 Security of basic needs	0	1	2	2
	(가족, 지역사회 등의 2차 외상 방지를 위한 지원 및 교육) 생활환경의 안전 보장 Safety of living environment	0	1	2	2
사회적 책임 Social accountability	(진실 규명, 진실 말하기) 진실 추구 Promoting truth	0	1	1	2
	(가해자 처벌, 재판, 법/제도, 공식적 사과 등) 정의 추구 Promoting justice	0	0	1	1
	(물질적/상징적 보상) 배 · 보상 추구 Promoting reparation	0	0	1	2
사회적 기억 social memory	(기억의 형성 - 추모일/추모 장소) 추모 Commemoration	0	0	1	2
	(기억의 표상 - 후세대 교육, 연구 등) 교육 Education	0	0	1	1
	(도덕적 암시를 통한 새로운 삶 설정) 더 높은 사회적 가치 추구 Advance to higher social value	0	0	0	2
X축 총점(Overall score of X-axis)		1	4	11	16
Y축(개인의 영역)		1964	1984	2004	2025
속성 (attributes)	변수 (variables)	점수(0~2) Score			
자기 보호 self	(현실 상황 인식이 가능한) 자기조절 능력 획득 Regain of self-control	0	1	2	2

protection	(장기적인 생존을 위한 방안 모색이 가능한) 자기결정능력 획득 Regain of self-choice	0	1	2	2
사회적 의미 social meaning	(사적/공적 영역에서) 자신의 경험 이야기하기 Ability of telling a story	0	1	1	1
	외상 경험을 과거 삶의 일부로 받아들이기 Accept of the past as a part of life	0	0	0	1
화해의 시작 Initiatives of reconciliation	(피해자에서 생존자로의 성장 가능한) 자기 정체성의 재확립 Rebuilding self-identity	0	0	0	2
	(생존자 임무를 찾기 위한 사회와의 재결합 및 정의 실현 추구 가능한) 사회로의 복귀 Reconnecting with society	0	0	0	2
Y축 총점(Overall score of Y-axis)		0	3	5	10

4 북아일랜드 분쟁(The Troubles, 1968-1998)

북아일랜드의 갈등은 종종 가톨릭(구교)과 개신교(신교) 간의 종교적 대립으로 단순화되지만, 그 이면에는 복잡한 역사적, 정치적, 민족적 요인이 중첩되어 있다. 12세기 이래 아일랜드는 영국의 지배하에 놓였으며, 17세기에는 식민 정책의 하나로 스코틀랜드와 잉글랜드 출신 개신교도들이 북아일랜드 지역으로 대규모 이주하면서 토착 가톨릭 아일랜드인들과의 긴장이 고착되었다.[110] 이 과정에서 개신교 이주민들은 영국 정부의 보호 아래 토지와 정치 권력을 장악하였고 가톨릭 주민들은 경제적·사회적으로 지속적인 차별과 소외를 경험하게 되었다.[111]

20세기 초반, 아일랜드 독립운동이 격화되면서 갈등은 더욱 복잡해졌다. 1921년 영국은 아일랜드섬을 남북으로 분할하여 북아일랜드는 영국령으로 남고, 남부는 아일랜드 자유국(후의 아일랜드 공화국)으로 독립하였다. 북아일랜드의 자치 정부 수립 이후에도 가톨릭계 소수민족은 정치·경제·사회적 차별을 겪으며 구조적 차별을 받았다. 이러한 차별에 저항하며 1960년대 후반 미국의 민권운동에 영향을 받은 북아일랜드 가톨릭계 시민들은 평등권 확보를 요구하며 시민권 운동을 전개하였다.[112] 1967년 결성된 북아일랜드 시민권리연합(NICRA)은 차별 철폐와 선거권 확대, 공정한 취업 기회 보장 등을 요구하며 평화적 시위를 벌였으나 1968년 10월, 런던데리에서 벌어진 평화적 시위가 경찰의 폭력적 진압으로 이어지면서 본격적인 무력 충돌이 시작되었다. 이후 약 30년에 걸쳐 '북아일랜드 분쟁(The Troubles)'이라 불리는 장기적 무력 분쟁이 전개되었다.[113]

이 시기는 북아일랜드 가톨릭계 무장조직인 아일랜드 공화국군(Irish Republican Army, IRA)과 신교계 무장조직 얼스터 의용군(Ulster Volunteer Force, UVF), 그리고 영국군과 경찰 간의 치열한 무력 충돌이 이어졌다. 무차별 테러, 폭탄 공격, 보복 살해가 빈번하게 발생하면서 북아일랜드는 오랜 기간 사실상 준내전 상태에 머물렀다. 이러한 무장 충돌의 절정은 1972년 1월 30일 발생한 '피의 일요일(Bloody Sunday)' 사건이었다. 당시 영국군은 런던데리에서 벌어진 가톨릭 시위대를 향해 발포하여 14명이 사망했고, 이는 IRA 지지 확대와 무장투쟁의 격화를 초래하였다. 이후 영국 정부는 북아일랜드 의회를 해산하고 직접 통치를 실시하며 강경 대응에 나섰지만, 갈등은 영국 본토까지 확산되어 테러와 보복 폭력이 반복되었다. 이 시기에만 3,500명이 사망하고 4만 명에 이르는 부상자가 발생하였다.[114]

1990년대 들어 테러의 장기화와 민간 피해의 누적 속에서 점진적인 평화협상이 추진되기 시작하였다. 1993년 다우닝가 선언(Downing Street Declaration)을 통해 양측이 대화를 위한 기본 원칙에 합의하였으며 미국과 유럽연합의 적극적 중재가 더해지면서 협상이 본궤도에 올랐다. 특히 미국의 중재는 북아일랜드 평화 프로세스에 상당한 동력을 제공하였다. 마침내 1998년 4월 10일 '성금요일 협정(Good Friday Agreement)' 체결을 통해 정치적 절충안이 마련되었다. 이 협정은 무장해제, 정치참여 보장, 자치 정부 재구성, 사법개혁, 경찰개혁, 인권 보장 등을 골자로 하여 북아일랜드 평화 프로세스의 근간이 되었다. 하지만 북아일랜드 갈등은 성금요일 협정 이후에도 완전히 종결되지는 않았다. 일부 급진적 무장세력은 여전히 소규모로 활동을 지속하고 있으며 지역 공동체 간의 상징적 공간 분리, 종교 기반 학교의 이원화, 정치적 정체성 갈등은 여전히 현재진행형이다. 특히 브렉시트(Brexit) 이후 북아일랜드-아일랜드 국경문제 재부상 등으로 새로운 긴장이 조성되기도 한다.[115] 그럼에도 불구하고 성금요일 협정을 기점으로 북아일랜드 사회는 과거의 폭력적 충돌에서 벗어나 점진적 치유와 화해, 공존을 위한 다양한 노력을 이어가고 있다.

이처럼 북아일랜드 갈등은 단순한 종교 갈등을 넘어 식민의 유산, 민족주의와 통합주의의 대립, 정치적 대표성의 문제, 인권과 차별의 문제, 세대 간 기억의 문제 등이 복합적으로 얽힌 대표적인 현대 분쟁 사례로 평가된다.[116][117] 또한, 이 분쟁의 평화적 해결 과정은 이행기 정의 사회적 치유, 집단기억 연구에 있어 국제적으로 중요한 비교 사례로 활용되고 있다.

(1) 첫 번째 속성의 각 변수의 진행

1) X-① 사회적 보호로서의 기능

북아일랜드 분쟁 과정에서 사회적 보호의 기능은 점진적으로 발전하였다. 1969년 영국군이 북아일랜드 수도 벨파스트의 서쪽 노동자 거주지역에 구교도와 신교도를 물리적으로 분리하기 위해 설치한 ‘평화선(peace line)’은 초기에는 폭력 확산을 방지하기 위한 최소한의 공간적 보호 조치로 도입되었다. 그러나 이 장벽은 단기적 폭력 억제 기능을 수행했지만, 결과적으로 공동체 간의 분리를 고착화시키는 부작용도 초래하였다.[118] 1975년에는 구교도 측 민족주의 무장세력인 IRA가 무기한 휴전을 선언하면서 일시적인 폭력 감소가 이루어졌으나 여전히 구조적 긴장은 지속되었다. 1998년 성금요일 협정(Good Friday Agreement)이 체결되면서 북아일랜드 분쟁 동안 IRA(아일랜드공화군), UVF(얼스터자원봉사군) 등 여러 무장단체가 보유하고 있던 막대한 양의 무기를 폐기하는 무장해제 프로그램(Decommissioning)이 핵심 합의사항 중 하나로 이행됨으로써 직접적 폭력의 위험을 감소시키는 성과를 이루었다. 그러나 2000년, 벨파스트 교외에서 IRA의 파생조직인 컨티뉴이티 IRA(The Continuity IRA)가 폭발사건을 일으키며 북아일랜드의 갈등이 다시금 고조되었다. 이후 IRA에 의한 폭력 사건들이 다수 발생하게 되면서 국제여론과 조직 최대 후원자인 아일랜드계 미국인들의 지지까지 흔들리게 됐다. 이러한 이유로 2005년 7월 28일 IRA는 무장해제를 선언하게 되었다.[119]

1998년 벨파스트 협정 이후, 북아일랜드 정부는 분쟁 피해 생존자들에게 신속한 안전 확보와 회복 기반 마련을 위해 긴급 생활 지원 체계를 가동하였다. 북아일랜드 지방정부와 사회주택공사(NI Housing Executive)는 협력하여 분쟁 중 주거지를 상실하거나 강제 이주된 생존자들에게 임시거주 공간을 신속히 제공하였다. 주택이 파괴된 피해자에게는 임대 보조금 및 재건비 일부를 지급하였으며, 폭력 재발의 우려가 있는 가족에게는 지역 이동 지원과 함께 '피해자 보호 주택' 우선 배정 제도를 운영하였다. 또한, Victims and Survivors Service(VSS)를 설립을 통해 부상자, 유족, 실직 피해자 등 직접적 피해자를 대상으로는 음식, 의약품, 의류 등 생필품 구입에 사용할 수 있는 일시적 생계비 바우처가 제공되었다. 이 바우처는 소액 현금 혹은 상품권 형태로 지급되었으며 자격요건 심사를 간소화하고 지역 NGO들과 협력하여 48시간 내 긴급 지급이 가능하도록 설계되었다. 특히 유족에게는 장례비용 보조와 함께 초기 생계 안정을 위한 Hardship Support Grant도 함께 지원되었다. 이러한 조치는 단순한 구호를 넘어, 피해 생존자의 존엄 회복과 자율적 회복을 돕기 위한 사회적 보호 장치로 기능하였다.[120][121]

2) Y-① 자기 보호로서의 기능

1998년 벨파스트 협정 체결로 분쟁은 공식적으로 종식되었지만, 피해자들의 삶은 여전히 물리적·심리적 불안정 상태에 놓여 있었다. 이러한 공백기를 피해자들은 수동적으로 견디지 않고 스스로 보호 공동체를 형성하고 자구적 회복을 위한 활동에 나섰다. 피해자들은 국가 차원의 제도적 보호를 넘어 스스로의 회복과 성찰을 위한 다양한 자기 보호 활동을 주도적으로 전개하였다. 초기에는 분쟁의 직접적 충격을 완화하기 위한 단순한 심리 사회적 지원 차원이었지만 이후 피해자 스스로가 자신의 경험을 치유 자원으로 전환시키는 다양한 프로그램이 형성되었다.

대표적으로 WAVE Trauma Centre, Relatives for Justice 등은 피해자 주도로 상담 모임, 법률 자문, 트라우마 회복 프로그램을 구성하였으며 이는 단순한 치유를 넘어 피해자 스스로를 '회복의 주체'로 재정립하는 계기가 되었다. 1991년에 설립되었지만 1998년 이후 활동을 확대한 Wave Trauma Centre는 트라우마 경험을 공동체 내에서 공유하는 '이야기하기' 방식을 중심으로 피해자들이 자기 경험을 언어화하고 내면화하는 치유 과정을 지원하였다. 이러한 이야기 활동은 피해자들에게 자신의 고통을 외부화하고 고립감을 극복하는 중요한 심리적 자기 보호 기제를 제공하였다. 이후 가해자와 피해자 간의 직접 대화를 시도하는 보다 심층적인 자기 보호 활동으로 발전하였다. 2000년에 설립된 Towards Understanding and Healing 프로그램은 가해자와 피해자가 직접 대면하여 대화를 시도하는 회복적 접근을 통해 자기 보호를 넘어 상호 보호와 공존으로 나아가는 실험적 시도를 시작하였다. 이어서 2001년 Healing through Remembering 프로그램은 스토리텔링 기법을 활용하여 집단적 기억과 개별 기억의 복원을 통해 피해자들이 집단적 기억 속에 스스로를 통합시키며 심리적 안정감을 모색할 수 있도록 하였다.[122]

피해자들은 또한 국가의 책임을 직접 추궁하는 법적 자기 보호 활동에도 적극적으로 참여하였다. 1971년 발생한 "The Hooded Men" 사건의 피해자들은 영국군의 고문 피해를 국제사회와 법정에 호소하며 적극적인 법적 대응에 나섰다. 이 사건은 단순한 개인적 피해 호소를 넘어 국가권력의 불법행위에 대한 집단적 책임 요구로 확대되었다. 이후 2013년에는 북아일랜드 정부가 과거 국가기관과 교회 기관에서 발생한 아동 학대 피해를 조사하기 위해 Historical Institutional Abuse Inquiry를 설립하였다. 이 과정에서도 피해자들은 집단 진술을 통해 과거의 억압적 기억을 스스로 드러내고 치유의 주체로 기능하였다.

또한, 분쟁 동안 발생한 미해결 살인 사건 3,269건을 조사하기 위해 2005년 출범한 Historical Enquiries Team(HET) 활동은 과거의 진실을 밝히려는 피해자들의 집단적 요구에 응답하는 제도적 시도였으나 조사과정에서 절차적 공정성 문제가 제기되며 피해자들은 다시금 국가를 상대로 소송을 제기하는 등 지속적인 자기 보호 요구를 표출하였다.[123]

이처럼 북아일랜드의 피해자들은 예술, 집단기억 활동, 대화 프로그램, 법적 소송 등 다양한 자기 보호 활동을 통해 단순한 피해자의 위치를 넘어 적극적인 치유의 주체로 전환해 나갔다. 이 과정은 포괄적 치유 모델에서 자기 보호 기능이 심리적 안정, 정체성 복원, 회복적 정의 실현을 위한 핵심 기반임을 보여주는 사례로 평가할 수 있다. 이와 같은 자발적 자기 보호 노력은 단순한 국가적 보상만으로는 충족되지 않는 심층적 치유 과정의 필수적 요소로 작용하였다.

(2) 두 번째 속성의 각 변수의 진행

1) X-② 사회적 책임으로서의 기능

북아일랜드 분쟁의 해결 과정에서 사회적 책임의 기능은 국가와 국제사회의 제도적 개입을 통해 점진적으로 실현되었다. 분쟁 초기에는 갈등 해결을 위한 정치적 합의가 부재하였으나, 1985년 '영국-아일랜드 협정' 체결을 통해 북아일랜드 문제에 아일랜드 정부가 공식적으로 관여할 수 있는 제도적 토대가 마련되었다. 이 협정은 이후 다양한 정치적 협상의 발판이 되었다. 1994년 1월 19일, 아일랜드 정부는 신페인(Sinn Féin)당 관계자의 아일랜드 국영 방송 출연을 금지하던 법적 제한을 해제하면서, 정치적 대화의 가능성을 열었다. 1995년에는 영국과 아일랜드 양국 정부가 '북아일랜드 평화안'을 도출하며 본격적인 협상의 장을 마련하였다. 이 과정에서 국제군축기구는 모든 정당이 참여하는 회담을 위한 6개 비폭력 원칙을 제시하는 보고서를 제출하였다. 미국의 빌 클린턴(Bill Clinton) 대통령이 북아일랜드를 방문하여 신페인당 대표인 게리 애덤스(Gerry Adams)와 회동한 것은 평화협상 과정에 국제적 관심과 지지를 높이는 중요한 계기가 되었다.[124] 분쟁 해결의 전환점은 1998년에 도래하였다. 2월 16일 더블린에서 평화협상이 재개된 후, 4월 9일 영국 정부, 아일랜드 정부, 북아일랜드의 주요 정당들이 역사적인 합의에 도달하여 4월 10일 '성금요일 협정(Good Friday Agreement)'이 체결되었다. 이 협정을 통해 아일랜드 공화국은 국민투표를 거쳐 북아일랜드 6개 주에 대한 영유권을 포기하고 북아일랜드 내 자치 정부 수립과 권력분점을 골자로 하는 새로운 정치 질서가 수립되었다. 협정은 1999년 12월 2일 공식 발효되었고 이후 2007년에는 북아일랜드 신구교 세력 간 통합정부가 출범하며 정치적 안정의 토대를 굳히게 되었다.

이후에도 영국 정부는 지속적인 사회적 책임이행을 위한 다양한 조치를 이어갔다. 2000년대 중반에 들어서 본격적인 피해자 보호 체계가 도입되었다. 2004년에는 아일랜드 정부와 영국 정부가 준군사조직을 감시·감독하기 위해 독립된 위원회를 구성하였고 이후 2006년 3월 30일『피해자 보상 법령(The Victims and Survivors(Northern Ireland) Order 2006)』이 제정·시행되면서 피해자 지원을 위한 제도적 장치가 마련되었다. 이 법령은 이후 2012년 피해자 및 생존자 서비스(Victims and Survivors Service, VSS)와 피해자 및 생존자 위원회(Commission for Victims and Survivors in Northern Ireland, CVSNI)를 설립하여 피해자들의 복지, 심리 사회적 지원, 치유 및 회복 프로그램을 제공할 수 있도록 규정하였다.[125] 또한, Commission for Victims and Survivors는 피해자 중심 정책을 조정·감독하며, 유가족과 생존자 단체의 목소리를 제도권으로 연결하는 역할을 수행하고 있다. 이 위원회는 진상규명과 역사기록의 필요성을 강조하며, 정부의 기억정책(memory policy) 수립에 자문을 제공해 왔다. 이러한 법적·제도적 보호 체계는 분쟁 피해자들이 경험한 심리적·신체적 트라우마에 대응하고, 장기적 사회통합을 지원하기 위한 사회적 보호의 핵심적 기능으로 작동하고 있다. 그 외에도 영국 정부와 북아일랜드 자치 정부는 피해자와 유족의 요구에 대응하기 위해 점진적으로 제도적 기구들을 설립했다. 대표적인 예로, 2006년 이임스-브래들리(Eames-Bradley) 보고서가 발간되어, "기억, 정의, 사면, 치유, 화해"를 위한 5가지 핵심 기제를 제안했으나 사면(amnesty) 조항에 대한 유족 단체의 강한 반발로 입법으로 이어지지는 못했다.[126] 2007년 7월 30일 영국군이 북아일랜드 작전 종료를 선언하면서 물리적 군사 개입의 시대가 종식되고 민간주도의 사회적 치유와 보호 체계로 이행하는 중요한 전환점이 마련되었다.[127]

2009년 10월, 고든 브라운(Gordon Brown) 총리는 북아일랜드의 경찰권과 사업권 이양을 지원하기 위해 11억 유로 규모의 재정 지원을 제안하며 사회적 안정 기반 강화를 추진하였다. 분쟁 과정의 대표적 인권 침해 사건인 '피의 일요일(Bloody Sunday)' 사건에 대해서도 지속적인 재조사가 이루어졌다. Saville Inquiry라 불리는 이 조사는 1998년부터 2010년까지 12년간 진행되었으며 2,500건 이상의 증언과 1,600만 파운드 이상의 예산이 투입된 영국 역사상 가장 규모가 큰 공적 진상조사 중 하나였다.[128] 2010년 6월, 데이비드 캐머런 영국 총리는 하원 공식 연설을 통해 "피의 일요일에서 벌어진 일은 정당하지도, 정당화될 수도 없는 일이었으며, 잘못된 일이었다"라고 명확히 밝히고, 피해자와 유족에게 공개적으로 사과했다.[129] 이 사과는 단지 하나의 발언을 넘어서 국가가 과거의 진실을 직시하고 책임을 수용하는 전환점이 되었으며 유족들에게는 수십 년의 침묵과 고통이 마침내 공식적으로 인정받는 상징적 회복의 순간으로 기억되었다.[130]

사회적 책임이행은 물리적 상징물의 철거로도 나타났다. 2013년 6월 14일, 영국 정부는 벨파스트 평화담장의 철거를 공식 발표하며 10년 안에 전체 철거 계획을 수립하였다. 이를 위해 북아일랜드 자치 정부에는 5천만 파운드(약 880억 원)의 재정 지원을 약속하고, 군기지 이전 및 경제지원, 산업 육성을 포함하는 광범위한 재건 프로그램을 추진하였다. 2020년 12월 12일에는 Northern Ireland Protocol이 발표되어 영국, 아일랜드, 북아일랜드 간의 국경 운영에 관한 새로운 합의가 마련되었다. 그러나 1998년 이후 북아일랜드 피해자 배보상의 이행은 순탄치 않았다. 범죄 피해자 보상 제도(Criminal Injuries Compensation Scheme)는 기존 제도였지만 협정 이후 분쟁 피해자를 포함해 운영하였다. 이를 통해 사망자 유족, 부상자, 생계 상실자에게 일시금 보상이 일부 이루어졌지만, 매우 낮은 보상액과 엄격한 입증 요건 등으로 제대로 운영되지 못했다.[131] 또한, 2013년에는 영국 국방부가 1972년 피의 일요일 사건 피해자 유가족에게 사망자당 약 5만 파운드, 모든 사망자 유가족 약 14명 기준으로 총 1.3백만 파운드의 보상금을 지급할 것을 제안하였지만 많은 유가족은 이 금액이 모욕적이라고 비판하며 공정하고 충분한 배상을 해야 한다고 요구했다. 이후 2020년 피해자 지불 규정이 법제정되어 2021년에는 북아일랜드 영구장애보상제도(Troubles

Permanent Disablement Payment Scheme, TPDPS)가 시행되었다. 이 제도는 1966~2010년 사이 폭력에 직접 노출되어 지속적 장애를 입은 생존자를 대상으로 지속적 연금 형태의 보상을 제공하는 것으로 2026년까지 신청 가능하다.[132)]

이처럼 북아일랜드의 사회적 책임이행은 정치적 합의, 법적 보상, 인권 문제 해결, 상징적 조치 등을 포괄하는 종합적 과정을 통해 점진적으로 발전해 왔다.

2) Y-② 사회적 의미로서의 기능

북아일랜드의 분쟁 피해자들은 오랜 침묵의 시간을 지나 점차 자신들의 고통을 사회적으로 말하고 받아들일 수 있는 공간과 조건을 갖추기 시작했다. 이는 단순히 피해 경험을 외부화하는 차원을 넘어, 과거의 고통을 '말해지는 기억'으로 전환하고 이를 통해 공동체의 구성원으로 다시 위치 지을 수 있는 중요한 사회적 계기로 작용하였다. 대표적으로 진실조사(inquest)와 같은 공식적 절차는 피해자 가족이 법정에서 목소리를 낼 수 있는 기회를 제공하였다. 피해 생존자들이 공식 법정에서 자신의 기억을 증언하는 첫 기회였으며 922명의 증인이 진술하였다.[133)] 이러한 변화는 2010년 데이비드 캐머런(David Cameron) 총리가 '피의 일요일 사건'에 대해 공식적으로 사과하는 정치적 반향을 낳았다. 이러한 제도적 환경의 변화는 피해자들이 스스로를 단순한 고통의 대상이 아니라 사회적 발화의 주체로 재정립하는 전환점을 마련했다.

이와 함께, 구술사 프로젝트와 집단 치유 프로그램은 생존자들이 자신의 경험을 언어화하고, 과거를 더 이상 반복되는 고통의 시간으로

만 인식하는 것이 아니라 해석 가능한 삶의 일부로 재구성할 수 있도록 도왔다. WAVE Trauma Centre, Healing Through Remembering, Towards Understanding and Healing 등의 프로그램은 피해자들이 자신의 이야기를 타인과 공유할 수 있는 안전하고 신뢰 가능한 공간을 마련하였으며, 이를 통해 개인의 기억은 공동체의 기억으로 확장되는 과정을 거쳤다. 이러한 기억의 사회화는 단순한 트라우마 해소를 넘어, 피해자 개인이 자신의 경험을 공동체 서사 속에 위치시키며 정체성을 재구축할 수 있는 기반이 되었다.[134)]

특히 말로 표현하기 어려운 감정과 고통은 예술이라는 형식을 통해 외부화되었다. 벽화, 연극, 시, 사진전 등은 기억의 시각적 매개로 작동하며 피해자의 고통을 사회적으로 소통할 수 있게 만들었다. 도시 곳곳의 벽화는 저항과 추모, 화해를 동시에 상징하는 집단기억의 장으로 기능했다. 특히 벨파스트(Belfast)와 런던 데리(Derry) 지역 도시의 벽면을 장식하며 분쟁 기간의 직접적 진실, 저항, 추모, 화해의 메시지를 담은 집단기억의 장으로 기능하고 있다.[135)] 대표적으로 Bogside Artists 집단의 활동이 있으며 이들은 'The People's Gallery'로 불리는 12점의 대형 벽화시리즈를 런던 데리(Derry) Rossville Street를 따라 이어진 건물 외벽에 그려 전시하고 있다.[136)] 이들의 활동은 말로 표현하기 어려운 트라우마와 감정, 억압된 기억을 이미지로 외화하여 시민들이 공유하고 해석할 수 있는 치유의 공간을 제공한다. 그들의 벽화는 개인적 기억을 공동체의 기억으로 확장시키는 동시에, 방문자들에게는 시각적 교육자료이자 성찰의 도구로 작동한다. 더 나아가 예술은 피해자와 가해자, 개인과 공동체, 과거와 현재를 연결하는 상징적 중재자로서의 역할을 수행하며 북아일랜드 사회의 정서적 해석과 화해

담론 형성에도 기여하고 있다. 이렇듯, 예술은 피해자－가해자, 개인－공동체, 과거－현재를 연결하는 중재자의 역할을 수행하였다. 예술적 실천은 감정의 표현뿐만 아니라 공동체적 공감 형성의 촉매로 작동하며 북아일랜드 사회에 내재된 갈등의 층위를 시각화하고 정서적 해석의 기회를 제공했다. 나아가, 평화 프로세스 이후 이를 관광 명소나 화해의 상징으로 재전유하는 긍정적 효과도 지니고 있다.[137)]

이러한 조건들이 맞물리며, 북아일랜드 사회는 점차 말해지는 기억, 공유되는 과거, 거리 두기를 통한 성찰의 문화를 형성해 나갔다. 시간이 흐름에 따라 고통은 더 이상 반복되어야 할 상흔이 아니라 해석 가능한 과거로 다루어졌고 이로부터 개인과 사회는 회복의 가능성을 모색하게 되었다. 북아일랜드 사례는 분쟁 이후 사회가 기억, 말하기, 예술, 치유를 매개로 삼아 어떻게 사회적 의미를 재구성해 나가는지를 보여주는 대표적인 사례로 평가될 수 있다.

(3) 세 번째 속성의 각 변수의 진행

1) X-③ 사회적 기억으로서의 기능

북아일랜드 분쟁 이후 사회적 기억의 기능은 국가적, 지역적, 공동체적 차원에서 다양한 형태로 구현되었다. 폭력과 갈등의 기억을 어떻게 보존하고 재현할 것인가는 북아일랜드 평화 프로세스에서 중요한 치유의 한 축을 형성해 왔다.

1999년 오마(Omagh) 지방자치구 의회는 1998년 오마시에서 발생한 리얼 아일랜드 공화국군(Real IRA)의 차량 폭탄테러 희생자들을 기리기 위해 오마 기념작업 그룹을 설립하고 영구 기념비 건립을 추진하였다.[138)] 이러한 공식적 추모 작업은 사건의 충격을 기억 속에 체계화하며 사회적 기억으로 자리 잡는 계기를 마련하였다. 이후에도 영국과 아일랜드 정부, 피해자 단체들은 다양한 사과와 추모 활동을 이어갔다. 2002년에는 IRA가 연방주의자들과의 투쟁과정에서 본의 아니게 희생된 사람들에게 공식 사과를 발표하였고 2011년 3월에는 영국 정부가 구교계 소녀 유가족에게 공식 사과를 표명하였다.[139] 이와 함께 과거 식민지 시기의 기억을 재구성하려는 시도도 병행되었다. 2012년에는 신페인당이 1916년 부활절 봉기 희생자 추모행사를 아일랜드 전역에서 100여 차례 진행하며 독립운동의 기억을 재현하고 국가 정체성을 확립하는 작업이 전개되었다. 2016년에는 찰스 왕세자와 카밀라 공작부인이 오마(Omagh) 기념정원을 방문하여 희생자들을 추모하는 등 영국 왕실 차원의 추모 행위도 이루어졌다.

사회적 기억은 단지 국가나 정치적 차원에 국한되지 않고 지역사회와 시민사회 차원에서도 적극적으로 실천되었다. 1983년 설립된 '174 Trust'는 개신교 기반의 자선단체로, 신구교 아동 공동행사, 문화센터 운영, 지역사회 프로그램 등을 통해 종파를 넘어선 공동체적 기억의 장을 조성하였다. 1987년 설립된 'NICIE'(Northern Ireland Council For Integrated Education)는 통합교육을 지향하며 신구교 간 차별을 해소하고 공동체 통합을 실현하려는 교육적 기억 작업을 수행하고 있다. 또한, 1991년 설립된 'Youth Link'는 다양한 청소년 프로그램과 리더십 훈련을 통해 젊은 세대의 평화적 공동체 의식을 함양하는 역할을 하고 있다. 사회적 기업 형태로 1988년 설립된 'Holywell Trust'는 지역사회의 문화적, 정신적 회복을 목표로 다양한 연구, 교육, 프로젝트를 추진하고 있으며, 'Wave Trauma Centre'는 1991년부터 트라우마 교육, 스토리텔링, 청소년 멘토링, 심리치료 등 다양한 치유 프로그램을 제공하고 있다. 이러한 민간주도의 기억 작업은 피해자와 가족들이 주체적으로 자신의 기억을 관리하고 재구성하는 기회를 제공하고 있다.140)

1999년에 설립된 북아일랜드 추모 기금(Northern Ireland Memorial Fund) 역시 중요한 사회적 기억 기제로 작용하고 있다. 이 기금은 분쟁 피해자들에게 다양한 실질적 지원을 제공함으로써 기억의 치유적 기능을 강화해 왔다. 소규모 생계지원금, 짧은 휴가 지원, 만성 통증 치료비 지원, 절단자 보조기 제공, 휠체어 교체, 교육 및 직업훈련 지원 등은 피해자 개인의 삶을 실질적으로 개선하면서 동시에 공동체적 기억의 치유를 이끌어내는 통합적 프로그램으로 기능하고 있다. 더불어, 2000년 설립된 'Towards Understanding and Healing'은 스토리텔링을 중심으로 한 피해자 및 유족 치유 프로그램을 운영하고 있으며, 2001년 설립된 'Healing through Remembering(HTR)'은 추모행사, 드라마제작, 캠페인 등을 통해 사회적 기억의 다양한 실천을 확대해 왔다. 이 기관들은 피해자 개인의 기억이 단절되지 않고, 공동체적 학습과 치유의 자원으로 활용될 수 있도록 지원하고 있다. 또한, HTR의 주도로 매년 6월 21일에 개최되는 성찰의 날(Day of Reflection)을 통해 시민들이 함께 과거를 성찰하고 공유할 수 있는 시간이 마련되었다.141)

2023년, 영국 의회는 북아일랜드 분쟁 진상 및 화해법(Northern Ireland Troubles(Legacy and Reconciliation) Act 2023)을 통과시켰다. 이 법은 그간의 개별 수사, 조사, 재판을 종결하고 하나의 통합 기관인 ICRIR(Independent Commission for Reconciliation and Information Recovery)를 설립하여 피해자들에게 과거 사건에 대한 사실 정보 접근권을 보장하고 일부 사례에 대해 역사적 진실을 문서화하는 기능을 수행하도록 하였다. ICRIR는 군·경찰·공공기록에 접근할 수 있는 법적 권한을 부여받았으며 분쟁 시기 발생한 미해결 사건에 대한 정보 수집 및 보고서를 작성할 수 있도록 설계되었다. 이 기구의 주요 목표는 법적 처벌보다는 진실의 회복과 유족의 심리적 치유에 중점을 둔 '정보회복'(information recovery)에 있다. 그러나 이 법안은 상당한 논란을 불러일으켰다. 영국 정부는 사실상 모든 북아일랜드 분쟁(The Troubles) 관련 사건의 형사 기소를 종결시키는 조항을 포함시켰는데 이는 국내외 인권단체와 유가족 단체로부터 사실상의 사면이라는 비판을 받았다.[142] 2024년에는 유럽인권재판소(ECHR)와 영국 대법원에 이 법의 위헌성이 제기되었고, 2025년 현재 일부 조항은 인권법 위반 가능성이 높다는 판결이 유력시되고 있다.[143]

2) Y-③ 화해의 시작으로서의 기능

북아일랜드 분쟁 이후 '화해의 시작' 기능은 점진적이지만 의미 있는 다양한 단계들을 통해 구현되어 왔다. 분쟁의 잔혹한 경험을 넘어, 피해자와 가해자, 그리고 그 후손 세대가 함께 화해와 공존을 모색하는 실천들이 점차 확대되었다.

1997년에 설립된 'Cúnamh'은 비영리기관으로 피해자, 유족, 지역사회 활동가, 전문가들이 주축이 되어 운영하는 비영리기관으로 화해의 초기 기반 형성에 큰 역할을 하고 있다. 이 기관은 스토리텔링, 역사학습, 드라마제작 등 기억을 공유하고 재구성하는 활동을 통해 상호 이해를 증진시키고 있으며, 개인 심리회복을 위한 인지행동치료(CBT) 및 지지요법 기반의 집중 상담 프로그램도 병행하여 내면적 치유를 돕고 있다. 이러한 활동은 단순한 기억 재현을 넘어 분쟁의 상처를 서로 공유하고 타인의 고통을 공감하는 화해의 정서적 토대를 구축하고 있다. 또한, 1976년에 설립된 'Healthy Living Centre'는 과거 IRA 출신 전투원이 중심이 되어 지역사회 내에서 사회적 기업 형태로 운영되고 있다. 이 기관은 분쟁으로 인한 상처와 단절을 넘어서기 위해, 취약계층을 위한 체력 단련 프로그램(Gym), 어린이 프로그램, 추모예술 전시, 노인 건강관리, 야외 활동 프로그램, 비만관리, 정신건강 진료 지원 등 다양한 복지 및 문화 프로그램을 운영하고 있다. 특히, 폭력의 가해와 피해의 경험을 가진 이들이 동일한 공동체 공간 안에서 실질적 교류와 상호지원을 실현하는 모습은 화해의 실천적 가능성을 보여주는 사례라 할 수 있다.

정치적 차원에서도 화해의 흐름이 형성되고 있다. 2024년 2월, 북아일랜드 최초로 민족주의 뿌리를 가진 미셸 오닐(Michelle O'Neill)이 총리로 임명되었다. 그의 가족이 과거 아일랜드공화국군(IRA)과 연관되었던 배경에도 불구하고 임명된 그는 분쟁 이후 첫 민족주의 지도자 등극이라는 상징성과 더불어, "모든 국민을 위한 지도자"로서 포용과 사회 통합을 강조하는 지도자로 평가받고 있다.[144] 이는 100여 년간 친영 연방주의 세력이 지배했던 북아일랜드 정치 구조 속에서 매우 상징적인 변화로 평가된다. 특히, 그가 보여주는 포용적 리더십은 새로운 세대의 화해 의식과 분쟁의 상흔을 넘어서는 긍정적 사회 변화를 예고하고 있다.

이와 같은 다양한 실천들은 북아일랜드에서 화해가 단번에 이루어지는 급격한 사건이 아니라, 개인적·지역 사회적·정치적 층위에서 오랜 시간 축적된 과정임을 보여준다. 기억의 공유, 예술과 상담, 지역기반 프로그램, 그리고 상징적 정치와 국민 통합 메시지 등이 서로 맞물리며 화해의 정서를 조직적으로 구축해 나가고 있다. 이는 분쟁 이

북아일랜드 분쟁(1968-1998) 포괄적 치유 회복 경향성 분석 평가표

X축(사회의 영역)		2003	2008	2013	2025
속성 (attributes)	변수 (variables)	점수 (0~2) Score			
공적 영역에서의 최소한의 보호 social protection	(직접적인 폭력의 멈춤) 폭력 방지 Prevention of violence	0	1	1	1
	(경제, 사회, 문화적 권리를 세우기 위한 기본적인 의식주 지원) 최소한의 필요 보장 Security of basic needs	1	1	1	1
	(가족, 지역사회 등의 2차 외상 방지를 위한 지원 및 교육) 생활환경의 안전 보장 Safety of living environment	0	1	2	2
사회적 책임 Social accountability	(진실규명, 진실 말하기) 진실 추구 Promoting truth	1	2	2	2
	(가해자 처벌, 재판, 법/제도, 공식적 사과 등) 정의 추구 Promoting justice	1	2	2	2
	(물질적/상징적 보상) 배보상 추구 Promoting reparation	1	1	1	1
사회적 기억 social memory	(기억의 형성 - 추모일/추모 장소) 추모 Commemoration	1	1	1	1
	(기억의 표상 - 후세대 교육, 연구 등) 교육 Education	1	1	1	1
	(도덕적 암시를 통한 새로운 삶 설정) 더 높은 사회적 가치 추구 Advance to higher social value	1	1	1	1
총점(Overall score)		10	11	12	12
Y축(개인의 영역)		2003	2008	2013	2025
속성 (attributes)	변수 (variables)	점수(0~2) Score			
자기 보호 self protection	(현실 상황 인식이 가능한) 자기조절 능력 획득 Regain of self-control	1	2	2	2
	(장기적인 생존을 위한 방안 모색이 가능한) 자기결정능력 획득 Regain of self-choice	1	2	2	2
사회적 의미 social meaning	(사적/공적 영역에서) 자신의 경험 이야기하기 Ability of telling a story	1	2	2	2
	(트라우마적 경험의 진정한 과거화가 가능한) 사건을 과거 삶의 일부로 받아들이기 Accept of the past as a part of life	1	1	1	1
화해의 시작 Initiatives of reconciliation	(피해자에서 생존자로의 성장 가능한) 자기정체성의 재확립 Rebuilding self-identity	1	1	2	2

	(생존자 임무를 찾기 위한 사회와의 재결합 및 정의실현 추구 가능한) 사회로의 복귀 Reconnecting with society	1	1	1	2
총점(Overall score)		6	9	10	11

후 사회 변화를 위한 중요한 전환점이었으며 장기적 정의와 회복적 정치의 기반을 형성했다.

5 아르헨티나 추악한 전쟁 (Dirty War, La Guerra Sucia, 1976~1983)

20세기 초 아르헨티나는 풍부한 천연자원과 온화한 기후, 유럽 이민자들의 대거 유입으로 경제적 번영을 누리며 “남미의 부유한 국가”로 자리매김하였다. 이민자의 비율은 전체 인구의 절반에 이를 정도로 높은 수준이었으며, 농업과 수출을 중심으로 국제 경제에서 중요한 위치를 차지했다. 그러나 두 차례 세계 대전 이후 국제 질서가 재편되고 미국이 세계 경제의 주도권을 장악하면서 아르헨티나는 점차 구조적 경제 위기에 직면하게 되었다.[145)]

이런 경제적 혼란 속에서 1946년 후안 도밍고 페론(Juan Domingo Perón)이 대통령으로 등장하였다. 페론주의(Peronismo)로 불리는 그의 정치 노선은 국가주도 산업화, 강력한 복지정책, 노동조합 보호, 대중 동원 정치 등을 특징으로 하였다. 초기에 일정한 경제 성장과 사회적 안정을 가져왔으나, 국가의 과도한 개입과 복지지출의 팽창은 점차 재정적 파탄과 비효율성을 초래하였다. 특히, 저·중산층과 노동자를 기반으로 한 페론주의 정치 체제는 내부적으로 좌파와 우파 세력의 극심한 분열을 야기하였다. 1970년대 중반, 두 차례의 석유파동은 세계 경제에 충격을 주었고 아르헨티나 역시 초인플레이션과 경기침체의 직격탄을 맞았다. 페론주의 내부의 좌·우파 대립은 폭력적 충돌로 비화되었으며 정치·사회적 혼란이 극심해졌다.

이와 같은 불안정 속에서 1976년 군부는 기업계와 결탁하여 쿠데타를 일으켰고 다수 국민은 경제 회복과 질서 회복에 대한 기대 속에 쿠데타를 묵인하거나 지지하였다. 그러나 군부는 권력을 장악한 뒤 '국가재건과정(Process of National Reorganization)'이라는 명분으로 기존 정치 체제를 해체하고 권위주의적 통치를 실시하였다. 이 과정에서 언론과 표현의 자유는 철저히 억압되었고 반대파, 인권운동가, 학생, 지식인 등을 대상으로 조직적이고 체계적인 국가폭력이 자행되었다. 이러한 국가폭력은 아르헨티나 현대사에서 '추악한 전쟁(La Guerra Sucia)'으로 규정된다. 군부는 수만 명을 불법 체포, 고문, 암살, 실종, 재산 강탈하는 등 심각한 반인륜적 범죄를 저질렀다. 희생자 가운데 86%는 35세 이하의 젊은이들이었고 30%는 여성이었으며, 그중 10%는 임신한 상태였다.[146] '죄 없는 사람도 희생될 수 있다'라는 공포가 사회 전반에 만연하며 국민은 일종의 '침묵의 협력' 상태에 머물렀다. 이는 군사정부의 통치가 더욱 공고화되는 결과를 낳았다.

이 군사 독재 체제를 붕괴시킨 주요 계기는 1982년 발생한 포클랜드 전쟁(Falklands War)이었다. 군부는 국민적 지지를 얻기 위해 영국령 포클랜드 제도를 침공하였으나, 영국군의 신속한 대응으로 패배를 겪으며 군사 정권의 정당성은 심각하게 훼손되었다. 패전 이후 아르헨티나 내에서 반정부 시위와 경제난이 격화되었으며 특히 '오월광장 어머니회(Madres de Plaza de Mayo)'의 용기 있는 저항은 국제사회의 주목을 받았다. 결국, 1983년 10월 군사통치위원회는 해산되었고 자유 선거가 실시되었다. 이 선거에서 라울 알폰신(Raúl Alfonsín)이 이끄는 급진 시민연합당(Unión Cívica Radical, UCR)이 승리하며 아르헨티나는 민주주의 체제로 복귀하게 되었다. 이후 아르헨티나는 진실 규명과 정의 회복을 위한 과거사 청산작업을 지속해 오고 있으며 군사 독재 시기의 국가폭력은 국제 인권법의 주요 사례로 평가되고 있다.

(1) 첫 번째 속성의 각 변수의 진행

1) X-① 사회적 보호로서의 기능

아르헨티나의 '추악한 전쟁' 시기 동안 공권력은 시민의 안전을 보장하는 수단이 아니라, 오히려 억압과 감시의 도구로 기능했다. 이러한 상황은 시민들의 삶의 기반 자체를 위협하였고 거리에서의 항의조차 큰 용기를 필요로 하는 행위로 전락시켰다. 1983년 12월 10일, 라울 알폰신(Raúl Alfonsín)이 이끄는 민선 정부가 출범하면서 비로소 군사 정권의 인권 유린은 공식적인 청산의 대상이 되었다.[147] 이는 단순한 정치 체제의 전환을 넘어 시민들이 다시금 일상 속에서 안정감을 회복할 수 있는 사회로의 전환을 의미했다.

그러나 추악한 전쟁 직후인 1983년부터 1985년 전후 시기에 이르기까지 국가 차원에서 이루어진 주거 안정 지원이나 생활 물품 지원과 같은 실질적인 생계 지원은 거의 이루어지지 않았다. 이와 같은 미비한 조치는 당시의 정치·사회적 조건과 밀접한 관련이 있다. 우선, 1983년 알폰신이 대통령으로 선출되어 민주 정부가 출범하였지만, 군부 세력은 물리적으로 완전히 해체되지 않은 채 경찰, 정보기관, 사법부, 언론계, 군 내부의 핵심 요직에 여전히 강한 영향력을 행사하고 있었다. Kathryn Sikkink은 이러한 상황을 '불완전한 민주주의 전환'(incomplete transition to democracy)으로 개념화하며 군부의 실질적인 퇴장이 아닌 잠재적 통치 주체로서의 지속성에 주목하였다.[148] 이러한 조건 속에서 알폰신 정부는 군부 지도부에 대한 재판을 추진하였지만, 그 범위는 상층부로 제한되었으며 군부의 재등장 가능성에 대한 긴장감 속에서 보다 광범위한 정의 구현과 피해자 복지 지원에는 소극적일 수밖에 없었다. 피해자에 대한 공적 지원은 군부 세력에게 '도발'로 인식될 소지가 있었기 때문이다.

이와 함께, 피해자를 바라보는 사회의 인식 또한 국가의 실질적 지원을 제약하는 또 하나의 요인이었다. 군사 정권은 납치되거나 실종된 수천 명의 시민을 '국가 전복을 시도한 테러리스트'로 규정하며 '내부의 적(El enemigo interno)' 담론을 구축하였다. 이 이데올로기는 군사 정권의 폭력을 정당화하는 핵심 논리로 작동하였고, 1980년대 중반까지도 사회 전반에 깊이 잔존하였다. 그 결과 피해 생존자와 실종자 가족은 '잠재적 반역자' 혹은 '국가에 위협이 되었던 자들의 가족'으로 낙인찍히며 사회적 의심과 소외의 대상이 되었다.[149] 결국, 이러한 정치적·이데올로기적 환경 속에서 피해자에 대한 국가적 지원은 '공적 자금을 통해 테러리스트를 기리는 행위'로 오해받을 수 있는 위험성을 내포하였으며, 이는 복지·주거 안정과 같은 실질 지원이 정책의 후순위로 밀려나는 원인이 되었다.

이와 같은 복합적 배경으로 인해 추악한 전쟁 종료 직후에는 사회적 보호 장치로서의 공권력 기능이 거의 작동하지 못하였으며 국가의 대응은 어디까지나 진실 규명에 국한된 한계를 드러냈다.

2) Y-① 자기 보호로서의 기능

국가로부터의 실질적인 보호나 지원이 거의 부재했던 상황에서 피해 생존자들과 유가족들은 자기 자신과 공동체를 보호하기 위해 다양한 자생적 노력을 전개하였으며, 이는 국내외 인권 NGO 및 종교단체 등의 외부 연대에 기반하여 이루어졌다.

1983년 민선 정부 출범 직후, 일부 피해 생존자들은 여전히 강력한 두려움 속에서도 국가폭력에 의한 침묵과 자기소외 상태를 벗어나기 위한 첫걸음으로 공개증언을 시도하였다. 이들은 주로 인권단체, 언론, 교회 등을 매개로 가명 또는 비공식적 경로를 통해 증언했으며 이러한 증언 행위는 1984년 진실규명위원회(Comisión Nacional sobre la Desaparición de Personas, CONADEP) 설치에 결정적인 역할을 하였다. 위원회 설립 이후 약 7,000건 이상의 피해 생존자 및 유가족 증언이 공식적으로 접수되었고, 1985년 군부 지도부 재판(Juicio a las Juntas)에서는 약 800쪽 분량의 증언이 재판 자료로 채택되었다. 이 과정에서 생존자들이 직접 법정에 증인으로 출석함으로써 이들은 단순한 피해자에서 나아가 정의 실현의 당사자로 인식되는 회복적 주체성을 드러내기 시작하였다.

또한, 피해 생존자와 유가족들은 비공식적인 자조 모임을 조직하여 국가가 제공하지 못한 돌봄과 복지 기능을 공동체 내부에서 상호 지원하며 회복하려는 노력을 지속했다. 예컨대, 생활협동조합을 구성하여 수공예, 재봉, 식재료 유통 등의 자립적 생계활동을 수행하였고, 여성 생존자들이 중심이 되어 자녀 공동양육 모델을 운영도 하였다. 이와 함께, 고문 생존자 및 강제 실종자 가족들이 참여한 치유 집단

상담을 운영하며 트라우마로부터의 회복과 자기 주도적 삶의 재구성을 위한 노력을 실천해 나갔다. 이러한 자조적 노력은 곧 보다 체계화된 플랫폼 구축으로 이어졌다.

예로, 1984년 설립된 '강제실종 생존자 협회'(Asociación de Ex Detenidos Desaparecidos, AEDD)는 생존 피해자들의 경험을 조직적으로 수집하고 공유하기 위한 공간을 마련하고 법적 대응, 교육 활동, 국제 연대를 통해 장기적인 자조 모임의 지속성과 제도적 영향력을 확대시켰다.[150] 이 단체의 기록과 활동은 1999년 유네스코 세계기록유산으로 지정되며 그 역사적 중요성을 국제적으로도 인정받았다. 더불어, 강제실종과 국가폭력에 맞서 싸운 대표적인 유가족 단체인 '오월광장 어머니회'는 피해자 집단의 기억과 정의 실천을 상징적으로 이끌어온 핵심 주체다. 이 단체는 실종된 자녀를 찾기 위해 1977년 14명의 어머니들이 처음 모인 것을 계기로 결성되었으며, 이후 매주 목요일 오후 3시 30분에 부에노스아이레스 대통령궁 앞 오월광장(Plaza de Mayo)에서 침묵의 행진(Marcha de Silencio)을 이어오고 있다.[151]

이렇듯, '추악한 전쟁'의 피해 생존자들과 유가족들은 국가폭력의 잔혹한 기억을 침묵 속에 묻기보다 이를 언어화하고 집단화함으로써 자신들의 경험을 공적 기억과 역사 속에 정당하게 위치시키고자 했다. 그뿐만 아니라, 다양한 형태의 자조적 실천과 공동체적 연대를 통해 사회적 배제와 고립의 상태에서 자율적 회복을 이끌어내는 집단적 주체성을 보여주었다.

(2) 두 번째 속성의 각 변수의 진행

1) X-② 사회적 책임으로서의 기능

1983년 민간정부로 복귀한 직후, 라울 알폰신(Raúl Alfonsín) 대통령은 국가폭력 실태를 조사하기 위해 대통령 직속으로 국가실종자조사위원회(CONADEP)를 설치하였다. 이 위원회는 약 9개월간의 활동을 통해 7,000건 이상의 문서를 수집하고 총 8,960명의 강제실종 피해자를 공식 확인하였으며 전국에 분포한 356개의 고문 및 불법구금 시설의 존재를 밝혀냈다. 이러한 조사 결과는 1,500여 명의 생존자 증언을 바탕으로 정리되어 1984년 보고서 《Nunca Más》(다시는 없다)가 발간되었다. 이 보고서는 아르헨티나 사회에 강력한 도덕적 충격을 주며 국가폭력의 전모를 처음으로 공식 기록한 문헌으로 평가되며, 이후 전 세계 전환기 정의 모델에 지대한 영향을 미쳤다. 특히, 남아프리카공화국의 진실과 화해위원회(Truth and Reconciliation Commission) 설계에 직접적인 참고 자료로 활용되기도 하였다. 진실 규명에 기초한 형사책임 추궁도 본격적으로 이루어졌다. 1984년부터는 법원의 명령에 따라 전국 각지에서 유해 발굴 작업이 착수되었고, 이를 위해 아르헨티나 법의인류학팀(Equipo Argentino de Antropología Forense, EAAF)이 창설되었다. 이들은 과학적 기법을 통해 신원을 확인하고 이를 사법적 증거 자료로 제시함으로써 피해자의 존재와 폭력의 실체를 물리적으로 증명하는 핵심 역할을 수행하였다.[152)]

알폰신 정부는 군부의 반발과 잠재적 쿠데타 가능성을 고려하여 군부 전면과의 충돌을 피하면서도 상징적인 고위 지도자에 대한 형사처벌을 단행하였다. 1985년, 아르헨티나 대법원은 전 독재자 호르헤

비델라(Jorge Videla)와 에밀리오 마세라(Emilio Massera)에게 종신형, 로베르토 비오라(Roberto Viola)에게는 17년형을 선고하였다.[153] 그러나 이와 같은 제한적 처벌 조치에 대해 국민의 실망과 피해자 단체들의 반발이 거세게 이어졌으며, 1986년 한 해 동안에만 6,000건이 넘는 새로운 고소가 접수되었다. 이에 군 내부의 긴장감이 다시 고조되었고 정부는 군사반란 재발을 우려하여 1986년과 1987년, 각각 〈기소중지법〉(Ley de Punto Final)과 〈명령 준수법〉(Ley de Obediencia Debida)을 제정하였다. 이 법들은 일정 기간 내 기소되지 않으면 소송을 무효화하거나 상급자의 명령을 따른 하급자의 책임을 면제함으로써 사법 절차를 제한하였다.[154] 이어 1990년대에 들어선 카를로스 메넴(Carlos Menem) 정부는 사회적 화해를 명분으로 군부 지도부에 대한 사면령을 단행하였다.[155] 이 조치는 국내외 인권단체들로부터 정의의 유예이자 역사 왜곡이라는 비판을 받았으며, 피해자와 유족들의 정의 실현 요구 운동이 더욱 강화되는 계기가 되었다. 결국, 2005년, 아르헨티나 대법원은 이들 사면법이 국제 인권법에 어긋난다고 판단하여 위헌 결정을 내림으로써 이후 해당 가해자들에 대한 재수사와 재판이 가능하게 되어 진실·정의 실현을 위한 새로운 전환점을 마련할 수 있었다. 또한, 가해자의 직접 처벌이 불가능한 상황 속에서 법원은 피해자의 '진실에 관한 권리(derecho a la verdad)'를 보장하기 위해 '진실재판(Juicios por la Verdad)' 제도를 도입하였다. 이 제도는 형사처벌 대신 공적 진술과 기록을 통해 역사적 진실을 밝히는 절차적 정의의 일환이었다. 2020년까지 486건의 국내 재판이 시작되었고 이 중 상당수가 2025년에도 진행 중에 있다. 약 800명 이상의 가해자가 기소되어 다수는 이미 사법적 처벌을 받고 있다.[156]

2000년대에 들어서며 피해자 단체와 시민사회 기반의 인권운동 역시 본격화되었다. 특히, 실종된 부모를 둔 2세대 유족들이 결성한 단체인 히조스(Hijos por la Identidad y la Justicia contra el Olvido y el Silencio, H.I.J.O.S)는 에스크라체(Escrache)라는 독창적 거리 행동 운동을 전개하였다. 이는 법적으로 처벌되지 않은 가해자들의 사회적 고립을 유도하고 이들에 대한 도덕적 심판과 공동체 기억을 실천하려는 대중운동으로 전국적으로 확산되며 정의 실현을 촉진하는 비판적 공공성의 실천 사례로 주목받았다.[157]

한편, 정부는 진상규명과 더불어 피해자에 대한 실질적 배·보상 제도도 점차 정비해 나갔다. 1984년부터 경제적 지원, 연금, 학자금, 고용 지원 등 복지 중심의 보상 프로그램의 단계적 도입을 추진함으로써 피해 보상의 물질적 측면의 빠른 제도화를 시도하였다. 그러나 그 시기 최소한의 필요 보장에 대한 지원이 제대로 이행되지 못한 이유와 동일하게 물질적 보상은 정치적 배경에 의해 후순위로 밀리게 되었다. 1990년대 매넴 정부에 들어서서는 보상을 강조하면서도 가해자 사면이라는 모순적 조치가 병행되며 피해 생존자들로부터 돈으로 침묵을 사려는 시도라는 비판을 받기도 하였다. 하지만 1994년 헌법 개정을 통해 국제인권협약 기준이 국내 법제에 반영되며 보상 기준의 정당성이 강화되었고 이후 2004년까지 약 8,200건의 보상 신청이 승인되면서 총 30억 달러 규모의 보상이 지급되었다. 그러나 2024년 말부터 하비에르 밀레이(Javier Milei) 정부는 '국가 테러 피해자 배·보상 제도'에 대한 부정 청구 의혹을 제기하며 신규 지급 및 연장 절차가 보류되는 사례가 발생하고 있다. 사실상 밀레이 정부는 진실·정의·기억 정책 전반을 후퇴시키고 있으며, 이는 기념기관 예산 삭감, 기억공간·메모리아 조직 인력 해고, 사법 재판 절차에 대한 정치적 압박을 이어가고 있어 국내외 인권단체 등으로부터 강력한 비판을 받고 있다.[158)]

기억과 교육의 차원에서도 중요한 진전이 이루어졌다. 과거 해군학교였던 ESMA를 '기억의 공간(Espacio Memoria)'으로 전환하고 국립기억자료보관소(Archivo Nacional de la Memoria)를 설립하는 등 국가폭력의 상흔을 기억하고 다음 세대에 교육하기 위한 제도적 장치들이 본격화되었다. 이러한 노력은 아르헨티나가 과거 청산을 단순한 사법 조치에 그치지 않고 집단기억과 문화적 전승의 차원에서 포괄적으로 접근하고자 한 의지를 보여준다.

나아가, 2016년 미국의 버락 오바마(Barack Obama) 대통령은 아르헨티나를 공식 방문하여, 미국이 '추악한 전쟁' 시기 군부정권을 사실상 묵인하거나 방조했던 외교적 책임을 인정하고 유가족들과 아르헨티나 국민 앞에서 공식 사과를 표명하였다.[159)] 이는 국제사회가 국가폭력의 구조적 책임을 공유하고 역사적 정의를 복원하려는 시도로 평가되기도 한다.

2) Y-② 사회적 의미로서의 기능

아르헨티나 추악한 전쟁 시기와 이후 청산 과정에서 사회적 기억과 집단적 의미 부여의 움직임은 매우 중요한 역할을 해왔다. 1977년 시작된 오월광장 어머니회는 실종된 자녀들의 행방을 밝히고 군부독재의 인권 유린을 알리는 상징적 저항운동으로 자리 잡았다. 이들은 비폭력적인 공개 저항을 통해 국가폭력의 실상을 국내외에 알렸으며 자녀를 잃은 고통을 공적인 정치적 행동으로 전환시켰다는 점에서 독특한 특징을 지닌다. 군사 독재 종식 이후에도 어머니회는 여전히 정의 실현을 촉구하며 3월 24일 쿠데타 발생일을 '기억의 날'(Día de la Memoria)로 지정하는 등의 활동을 이끌었다. 그러나 시간이 흐르면서 청산 작업의 지연과 기존 어머니회 내부의 급진적 노선 강화에 대한 이견이 발생하였다. 기존 어머니회가 점차 좌파 정치 운동과 밀착하며 급진화되자, 보다 온건하고 법적 정의 추구를 중시하는 일부 회원들은 1986년 '오월광장 어머니회 설립노선(Madres de Plaza de Mayo – Línea Fundadora)'를 창립하였다. '설립노선'은 진실 규명과 법적 책임추궁을 우선하며 정부와의 협력 가능성을 열어두는 보다 온건한 전략을 지향하였다. 이처럼 피해자 운동 내부에서도 목표는 동일했지만 방법론과 정치적 접근에서 상이한 흐름이 공존하게 되었다. 아울러 오월 어머니회는 아르헨티나를 넘어 국제적 인권 연대의 상징적 조직으로 발전하였다. 이들은 칠레, 우루과이, 과테말라, 니카라과 등 비슷한 군부 탄압을 겪은 국가의 피해자 어머니 단체들과 협력하며 국제적 연대를 구축하였다. 특히 1994년에는 한국의 광주민주화운동 관련 유가족과의 연대활동에도 참여하였다. 이러한 초국가적 연대는 아르헨티나의 집단 트라우마가 단일 국가의 문제가 아니라 세계적 인권문제임을 환기시켰다. 특히 매주 목요일마다 열리는 오월광장 어머니회의 '목요집회'가 2024년 4월 11일에 2,400회를 맞이하며 아르헨티나뿐 아니라 세계 인권운동의 상징적 공간으로 자리잡았다. 이 집회는 단순한 시위를 넘어 사회 전체의 기억을 지속시키는 '의례적 기억 실천'으로서 기능하고 있다.

피해자 중심의 집단기억 운동은 다른 영역으로도 확산되었다. 1979년에는 정치범 가족들을 중심으로 인권법률지원 및 기록보관, 정신건강 지원 등을 목적으로 '아르헨티나 법률사회 연구소(CELS)'가 설립되었다. 이 단체는 이후 인권 기록보존과 법적 지원의 핵심 기관으로 성장하였다.[160] 1989년에는 더러운 전쟁 시기의 국가폭력을 체계적으로 기록하고 보존하기 위해 '열린 기억(Memoria Abierta)'이라는 민간 NGO 연합이 결성되었으며, 사진·문서·구술사 등을 체계적으로 보관하고 차세대를 위한 교육프로그램을 운영하며 국가 기억관으로 기능하고 있다.

또한, 피해 생존자와 유가족들이 행한 다양한 예술과 문화적 실천을 통해 기억의 재구성을 위한 단순한 활동이 아닌 국가폭력에 스스로 맞선 상징 투쟁이며 동시에 치유 증언 교육 정의 실현의 수단이 될 수 있도록 사회적 의미를 부여하였다.

(3) 세 번째 속성의 각 변수의 진행

1) X-③ 사회적 기억으로서의 기능

아르헨티나의 더러운 전쟁 청산 과정에서 집단적 기억 형성과 역사적 교훈의 전수는 중요한 치유와 화해의 기반이 되었다. 2003년에는 법무·안보·인권부 산하의 '국립기억자료보관소(Archivo Nacional de la Memoria)'가 설립되어, 국가실종자조사위원회(CONADEP)의 후속 작업을 이어받아 실종자 관련 기록물의 수집, 분석, 분류, 보관 업무를 체계적으로 수행하고 있다. 이 기관은 단순한 자료보관을 넘어 인권교육, 도서관 운영, 연구 활동 등을 통해 사회적 기억의 지속적 보존과 확산을 목표로 한다. 이보다 앞선 2002년에는 민관협력 형태의 공공재단인 '기억의 공간협회(Instituto Espacio para la Memoria)'가 부에노스아이레스시의 재정 지원하에 설립되었다. 이 기관은 1970~80년대 군사 독재 시기의 국가폭력과 법치국가 회복 과정에서 발생한 사건을 체계적으로 기록하고, 이를 교육과 전시를 통해 시민사회에 전달하고 있다. 2004년에는 여러 인권단체와 연방정부 및 부에노스아이레스시가 협력하여 '기억과 인권센터(Centro de Memoria y Derechos Humanos)'를 설립하였다. 이곳은 과거 국가폭력 희생자들의 고통을 기억하고, 이를 토대로 현재의 사회문제와 인권 이슈를 조명하는 통합적 치유 공간으로 기능하고 있다.

기억의 물리적 공간 조성도 활발히 진행되었다. 1998년 '추모공원과 기념물 조성에 관한 조례'가 통과된 후, 국가폭력 희생자 추모비 건립을 위한 추진위원회가 조직되었으며, 이를 통해 '기억과 인권 보호·증진을 위한 공간(ESMA)'이 설립되었다. ESMA는 군사독재 시기 최대 규모의 비밀구금·고문·살해 시설이었던 해군기술학교(ESMA, Escuela de Mecánica de la Armada)의 부지를 활용하여 추악한 비행(죽음의 비행)의 상징적 장소인 라플라타 강(Río de La Plata) 일대에 추모공원과 기념조형물이 세워졌다. 이 공간은 2023년 유네스코 세계유산으로 등재되며 국제사회에서도 역사적 기억의 보편적 가치를 인정받았다.

한편, 제도적 차원의 기억 형성은 국가적 기념일 제정을 통해 더욱 제도화되었다. 2006년 군사 쿠데타 30주년을 맞아 아르헨티나 의회는 매년 3월 24일을 '진실과 정의 기억의 날(Día Nacional de la Memoria por la Verdad y la Justicia)'로 지정하고 공휴일로 제정하였다. 이 날은 국가폭력의 희생자들을 기리고 다시는 이러한 국가폭력이 반복되지 않아야 한다는 교훈을 되새기는 사회적 성찰의 장으로 기능하고 있다.

2) Y-③ 화해의 시작으로서의 기능

아르헨티나는 군사독재가 끝난 뒤, 국가폭력의 상흔을 치유하고 피해생존자와 정부가 공동의 기억을 만들어가기 위해 여러 노력을 기울여 왔다. 그중에서도 2004년 네스토르 키르치네르 대통령이 과거 해군 정비학교 건물을 국가와 사회가 함께 기억을 다지는 공간으로 전환하겠다고 선언한 사건은 화해의 시작이라는 측면에서 상징적인 전환점이었다. 과거 이 건물은 더러운 전쟁 시기 최대 규모의 비밀 구금·고문·살해 시설이었던 만큼 이곳을 철거하지 않고 보존해 기억 공간으로 만드는 일은 피해자들의 고통을 부정하지 않고 정면으로 마주하겠다는 국가의 약속이었다. 이렇게 다시 지어진 Museum and Site of Memory/ESMA을 두고 키르치네르(Néstor Kirchner) 대통령은 당시 연설에서 "아르헨티나 대통령으로서, 지난 20년간 민주주의를 유지하는 동안 너무나 많은 잔혹 행위에 대해 침묵을 지켜온 것에 대해 국가를 대표하여 사과드린다"라고 말했다.[161] 이후 ESMA는 인권단체와 정부, 부에노스아이레스 시가 함께 운영하는 구조를 갖추게 되었고 전시와 프로그램은 생존자들의 증언을 바탕으로 구성되었다. 2015년 'ESMA 기억공간 박물관'이 정식으로 문을 열었고 박물관 곳곳에는 생존자들의 목소리와 법정 증언, 그리고 당시의 기록물이 담겼다. 이는 단순한 전시가 아니라, 피해자들이 자신의 이야기를 국가와 사회 속에 남기고, 그 기억을 후세대와 공유함으로써 정체성을 회복하는 과정이었다.

이러한 기억공간의 조성은 시간이 흐르며 국제사회에서도 인정받았다. 2023년 ESMA 기억공간은 유네스코 세계유산으로 등재되었고 당시 알베르토 페르난데스 대통령은 영상 메시지에서 "해군 정비학교는 국가 지원 테러의 가장 끔찍한 측면을 보여주었다... 아르헨티나 국민 중 누구도 그곳에서 겪었던 참상을 잊거나 부인하지 않도록 기억은 생생하게 남아야 한다"라고 말했다.[162] 이 발언은 단순한 기념을 넘어, 국가가 피해자와 함께 기억을 만들어가는 공동의 책임을 인정한 표현이었다. ESMA는 이제 정부 관료와 인권단체, 시민사회 대표가 함께 참여하는 운영위원회가 관리하며, 국가와 피해자, 그리고 사회 전체가 화해의 기반을 함께 구축하는 공간으로 자리 잡았다.

이러한 변화는 피해자들이 더 이상 침묵 속에 머무르지 않도록 만들었다. ESMA를 비롯한 기억공간은 생존자와 유가족에게 자신들의 경험을 공개적으로 이야기할 안전한 장을 제공했고, 국가가 그 이야기를 받아들이고 공식화함으로써 사회적 복권의 의미를 부여했다. 동시에, 정부가 주도하는 기념식과 대통령 연설, 박물관의 증언 전시와 교육프로그램은 국가 차원의 공식적 기억을 형성하고 이를 공유하는 행위를 가능하게 했다. 피해자들의 고통이 더 이상 사적인 이야기로 머무르지 않고 공적인 역사로 자리 잡으면서, 화해는 추상적 구호가 아닌 구체적 실천으로 변모했다. 결국, 아르헨티나의 '화해의 시작으로서의 기능'은 ESMA 기억공간을 중심으로 구현되었다. 이 공간에서 피해자의 목소리와 국가의 책임이 나란히 놓이면서, 과거의 폭력을 부정하지 않고 오히려 직면하는 방식으로 치유가 시작된 것이다. 국가와 피해자, 그리고 사회 전체가 함께 기억을 만들고 공유하는 이 과정은 단순한 기념사업이 아니라, 집단 트라우마를 넘어서기 위한 실질적 첫걸음이었다.

더러운 전쟁(1976~1983) 포괄적 치유 회복 경향성 분석 평가표

X축(사회의 영역)		1988	1998	2013	2025
속성 (attributes)	변수 (variables)	점수 (0~2) Score			
공적 영역에서의 최소한의 보호 social protection	(직접적인 폭력의 멈춤) 폭력 방지 Prevention of violence	1	1	2	2
	(경제, 사회, 문화적 권리를 세우기 위한 기본적인 의식주 지원) 최소한의 필요 보장 Security of basic needs	0	1	2	2
	(가족, 지역사회 등의 2차 외상 방지를 위한 지원 및 교육) 생활환경의 안전 보장 Safety of living environment	0	1	1	1
사회적 책임 Social accountability	(진실규명, 진실 말하기) 진실 추구 Promoting truth	1	2	2	2
	(가해자 처벌, 재판, 법/제도, 공식적 사과 등) 정의 추구 Promoting justice	1	1	1	1
	(물질적/상징적 보상) 배보상 추구 Promoting reparation	1	1	1	1
사회적 기억 social memory	(기억의 형성 - 추모일/추모 장소) 추모 Commemoration	0	1	2	2
	(기억의 표상 - 후세대 교육, 연구 등) 교육 Education	0	1	1	1
	(도덕적 암시를 통한 새로운 삶 설정) 더 높은 사회적 가치 추구 Advance to higher social value	0	0	1	1
	총점(Overall score)	4	9	13	13

Y축(개인의 영역)		1988	1998	2013	2025
속성 (attributes)	변수 (variables)	점수(0~2) Score			
자기 보호 self protection	(현실 상황 인식이 가능한) 자기조절 능력 획득 Regain of self-control	1	1	2	2
	(장기적인 생존을 위한 방안 모색이 가능한) 자기결정능력 획득 Regain of self-choice	1	1	2	2
사회적 의미 social meaning	(사적/공적 영역에서) 자신의 경험 이야기하기 Ability of telling a story	1	1	2	2
	(트라우마적 경험의 진정한 과거화가 가능한) 사건을 과거 삶의 일부로 받아들이기 Accept of the past as a part of life	0	0	1	2
화해의 시작 Initiatives of reconciliation	(피해자에서 생존자로의 성장 가능한) 자기정체성의 재확립 Rebuilding self-identity	0	0	1	1

	(생존자 임무를 찾기 위한 사회와의 재결합 및 정의실현 추구 가능한) 사회로의 복귀 Reconnecting with society	0	0	1	1
총점(Overall score)		3	4	9	10

6 르완다 집단학살(Rwandan genocide, 1990.4~7)

르완다의 역사는 복잡한 사회구조와 외부의 정치적 개입이 어떻게 파국적 폭력으로 이어지는지를 보여준다. 식민지 이전 시기의 르완다 사회는 비교적 통합적인 공동체였다. 투치족(Tutsi), 후투족(Hutu), 트와족(Twa)이라는 세 집단은 존재했지만, 이들은 동일한 언어인 키냐르완다(Kinyarwanda)를 사용하며 같은 문화와 종교적 전통을 공유했다(Rutembesa, 2003). 이러한 구분은 주로 사회적 계층이나 경제적 지위를 반영한 것이었으며, 엄격한 인종적 구분은 존재하지 않았다. 그러나 19세기 말부터 아프리카 분할 과정에서 르완다는 독일의 보호령으로 편입되었고, 제1차 세계대전 이후 1919년 벨기에가 이를 위임통치하게 되면서 사회적 균형이 급격히 변화하기 시작했다. 벨기에 식민 당국은 19세기 유럽의 인종이론 중 하나인 하미틱 가설(Hamitic hypothesis)을 적용하였다. 이 이론은 투치족을 외부에서 유입된 우월한 민족으로 간주하며 이들을 통치 엘리트로 삼았다. 벨기에 행정은 신분증 발급 과정에서 인종적 구분을 공식화하였고, 교육·행정·군대 등 모든 공공영역에서 투치족을 우대하였다. 이러한 식민지적 민족 구분은 기존의 유동적인 사회구조를 경직화시키고, 후투와 투치 간의 갈등의 씨앗을 심어 놓았다.[163)]

제2차 세계 대전 이후 아프리카 전역에서 탈식민화 움직임이 확산되면서 르완다 역시 식민 지배 체제에 대한 도전이 본격화되었다.

후투 엘리트들은 1957년 「바후투 선언(Manifeste des Bahutu)」을 통해 투치 지배 구조를 비판하며 정치적 권리 회복을 요구하였다. 1959년에는 후투족 부족장이 친 투치 정당 지지자들에 의해 공격당한 사건을 계기로 양 집단 간의 대규모 폭력 충돌이 발생하며, 이른바 '르완다 혁명'이 전개되었다. 벨기에 당국은 점차 후투를 지원하였고 그 결과 1961년 공화국 수립을 위한 국민투표가 실시되었으며, 1962년 르완다는 독립 국가로 출범하였다. 독립과 함께 권력은 후투 주도의 정부로 넘어갔고 수십만 명의 투치족은 박해를 피해 인접 국가로 망명하게 되었다. 독립 이후에도 긴장은 지속되었다. 망명 투치족 일부는 르완다 애국전선(Rwandan Patriotic Front, RPF)을 결성하고 무장투쟁을 벌이기 시작했다. 1990년 RPF는 우간다에서 르완다로 침공하여 내전이 발발하였고, 이 전쟁은 2년간의 교전 끝에 1993년 아루샤 협정(Arusha Accords) 체결로 잠정적인 휴전에 도달했다. 협정은 권력 분점과 권리 복원을 골자로 했으나 극단적 후투 민병대와 정치 세력은 이를 받아들이지 않았다.

1994년 4월 6일 하비아리마나(Juvénal Habyarimana) 대통령의 비행기 피격 사건은 이미 고조되어 있던 긴장을 폭발시켰다. 곧바로 급진 후투 세력은 투치족을 대상으로 조직적 집단학살(Genocide)을 개시하였다. 불과 100일 동안 약 80만 명 이상의 투치족과 온건파 후투가 살해당한 것으로 추정된다. 이 시기 정부군과 인터함웨(Interahamwe)라 불린 후투 민병대는 민간인까지 동원하여 마체테, 곤봉, 총기 등으로 학살을 자행하였다. 학살은 철저히 조직화 되었고 언론과 종교기관, 심지어 학교까지 가담하거나 방조하였다. 국제사회는 초기 대응에 무력했고 유엔 평화유지군(UNAMIR)의 활동 역시 제한적이었다. 결국 르완다애국전선(RPF)이 군사 작전을 재개하고서야 수도 키갈리를 점령하고 학살을 종식시켰다. 르완다애국전선(RPF)의 승리 이후 후투 난민 수백만 명이 자이르(오늘날 콩고민주공화국) 등지로 대거 피난을 떠났다. 그러나 이로 인해 이후 동아프리카 지역에서도 복잡한 안보 위기가 이어졌다.[164)]

1994년 르완다 집단학살은 국제사회가 "다시는 이런 일이 반복되어서는 안 된다"는 교훈을 강조하게 만든 역사적 계기가 되었다. 이를 계기로 국제형사재판소(ICTR)가 탄자니아 아루샤에 설치되어 주요 가해자들의 책임을 묻는 재판이 이루어졌으며 르완다 내부에서는 가차차(Gacaca)라고 불리는 전통적 공동체 재판 시스템이 병행되어 사회적 화해와 정의 복원을 위한 시도가 진행되었다. 오늘날까지도 르완다 집단학살은 국제인권법, 평화유지, 집단범죄 예방 정책 등에서 중요한 사례로 남아있다.

(1) 첫 번째 속성의 각 변수의 진행

1) X-① 사회적 보호로서의 기능

르완다 집단학살 종결 직후, 약 200만 명의 르완다인들이 국외로 탈출했으며 이들 대부분은 인접한 자이르(현 콩고민주공화국), 탄자니아, 부룬디 등으로 향했다. 그러나 너무나도 짧은 시간 안에 많은 사람이 국경을 넘어 난민 캠프로 이동하면서 사실상 구호단체들이 적절한 대응을 할 수 있는 역량을 넘어서게 되었다. 오염된 식수와 위생시설 수족으로 인해 콜레라와 이질이 발생했고 고마(Goma) 지역에서는 4주 만에 약 5만 명이 사망할 정도로 열악한 환경이었다. 그마저도 호의적이지 않은 수용국들에 의해 난민들은 강제귀환을 종용당하기도 하였다. 르완다 내에서도 약 150만 명의 강제 이주민이 발생하면서 불과 100일 동안 벌어진 르완다 집단학살로 인해 700만 명의 인구 중 절반 이상(80~100만 명 사망, 200만 명 국외 난민, 150만 명 국내 강제 이주민)이 직접적 영향을 받은 비극이 발생하였다.

르완다의 직접적 폭력을 차단하는 데에는 다소 시간이 걸렸다. 학살 직후 르완다 국내는 귀환민, 학살 잔여 세력, 신생 정부군(Rwandan Patriotic Army, RPA) 간에 충돌이 이어졌으며 동시에 자이르 국경 난민 캠프에서는 옛 정부군(Forces Armées Rwandaises, FAR)과 민병대 인터함웨(Interhanwe)가 재조직되면서 무장출동과 강제징집이 계속 발생하였다. 1996년부터 르완다군과 동부 아프리카 연합군이 자이르 난민캠프를 공격하면서 FAR－인터함웨 세력이 흩어지고 대규모 난민이 르완다로 귀환할 수 있었다. 이 시기 이후 르완다 본토 내 대규모 무장집단의 재결집이 어려워지면서 조직적인 폭력은 감소하기 시작하였다.[165)]

이러한 혼란스러운 상황에서 캄보디아인들의 최소한의 안전을 보장하는 지원이 유엔(UN)을 중심으로 한 국제사회의 개입으로 진행되었다. 유엔난민기구(UNHCR)는 국경지대에 설치한 임시 난민 캠프에서 생존을 위한 최소한의 구호물자를 신속하게 공급하였다. 또한, UNAMIR(유엔 르완다 지원단) 등과 함께 난민 캠프 내에서 무장세력의 침입이나 강제징집, 보복 폭력을 막기 위해 보호 모니터링을 실시하고 현지 정부 국제군과 협력해 난민 보호 조치를 강화하기 위한 노력에 힘썼다. 이후 정착 여건이 조금씩 회복되자, 르완다로 귀환하려는 난민들을 돕기 위해 교통, 안전 통로, 재정착 지원 등을 마련해주기도 하였다.[166)][167)][168)] 곧, 조기 재건과 귀환 정착 지원이 이루어지면서 르완다의 사회 기반시설 복구(가축 재분배, 종자·농업 도구 지원, 학교 재개를 통한 교육 회복 등)가 빠르게 진행될 수 있었다. 또한, 1997년 이후부터는 학살 생존자, 귀환민, 아동 병사 피해자 등을 위한 장기 트라우마 치유가 국제 원조 프로그램을 통해 본격화되기 시작하였다. UNICEF, UNHCR, WHO, World Vision 등이 이 단계에서 주요한 파트너로서 심리 사회적 재통합 프로그램(community-based psychosocial rehabilitation)을 여러 지역에서 운영하였다.[169] 1998년 무렵부터는 긴급구호를 넘어서 지속가능한 재건의 단계로 돌입하여 장기적 생활환경 안정보장에 집중할 수 있는 사회 시스템의 정상화를 위한 노력을 이행하였다.

2) Y-① 자기 보호로서의 기능

1994년 학살 종료 직후, 르완다 피해 생존자들은 극심한 무력감과 공포로 자기 보호 기능이 거의 상실된 상태에 놓였다. 새로운 르완다 정부(르완다 애국전선, RPF)가 권력을 잡자 학살에 가담했거나, 학살에 협조한 것으로 의심받은 사람들, 그뿐만 아니라 그렇지 않더라도 보복을 두려워한 후투족 주민들이 대거 국경으로 몰렸다. 대부분의 피해 생존자들은 새로운 정부의 군사 작전이나 지역사회의 보복으로부터 스스로를 지키기 위해 집단적으로 난민 캠프로 이동하였다. 그러나 이렇게 자발적 선택으로 자신을 지켜내는 결정을 한 사람이 있는 반면에, 패퇴한 옛 정부군(FAR)과 민병대 인터함웨가 자신들의 세력을 재조직하기 위해 주민들을 대규모로 이끌어 국경 밖 캠프로 옮길 때 강제 이주된 사람들도 있다. 이렇듯, 난민 캠프나 임시 피난처에서 집단적 통제와 의존적 생활이 불가피했고 이는 자기 조절능력과 자기 결정능력을 재획득하는데 상당한 제한이 되었다.

특히나 학살 대상자 대부분이 남성이었기에 사건 직후 생존해 있는 르완다 인구의 80% 정도가 여성이었다. 실질적인 측면에서 이것이 의미하는 바는 르완다의 투치족 주민들뿐만 아니라 많은 후투족 가정들 역시 여성들이 재건 노력의 중심에 서게 되었다는 것이다. 수많은 과부와 미혼 여성들이 가구를 이끄는 가장이 되면서 — 한 추정에 따르면 2003년 기준 르완다 전체 가구의 최대 34%가 여성 가장이었으며, 이는 집단학살 이전의 25%에서 증가한 수치이다 — 일부 지역사회는 불과 몇 달 전까지만 해도 사회에서 부차적인 지위에 머물렀던 여성들의 지도 아래 놓이게 되었다.[170] 여성 피해 생존자들은 그들 중심의 공동 주거지를 형성하여 서로를 보호해야만 했다. 투치족 생존자 Marie–Christine는 "학살 이후 나는 고통을 겪었고, 생존을 위해 발버둥 쳤으며, 이제는 성장하여 내 세대에 의미 있는 변화를 만들어가고 있다"라고 회고하며 자신과 자녀들의 삶을 이어가겠다는 목표를 자발적으로 설정하였다. 그녀는 단순한 생존을 넘어서 이후 세대를 위한 변화의 주체가 되고자 한 것이다.[171] Olive Musetsamfura의 경우에도 자신의 극단적 상실과 고통 속에서도 결국 살아남은 것을 "용서와 이야기하기를 통해 안정을 찾고 자신을 다시 인간으로 여길 수 있게 되었다"고 표현하였다.[172] 그녀들은 자신의 이야기를 전 세계 사람들에게 전달하며 이를 통해 자신이 안전함을 느끼고 생존의 의미를 재정립할 수 있었다. 이러한 개인들의 회복 경험은 단순한 외적 지원만이 아니라 스스로 의미를 부여하고 선택하는 주체로서의 자기 결정력을 강화한 사례로 평가할 수 있다. 즉, '살아남겠다'는 목표 설정과 자신의 경험을 기록하거나 증언하는 행위 자체가 트라우마 이후 자기 보호 기능 회복의 핵심 동인이었다.

1995년 이후 정부 및 민간단체 주도의 지역사회 회복 프로그램과 심리·사회적 지원이 제도적으로 구축되기 시작하면서 점진적으로 자기 보호 기능을 재획득할 기회가 제공되었다.

(2) 두 번째 속성의 각 변수의 진행

1) X-② 사회적 책임으로서의 기능

1994년 르완다 집단학살은 국제사회에 심각한 도덕적 교훈을 남겼다. 약 100일 동안 80만 명 이상의 투치족과 온건 후투족이 잔혹하게 희생되는 동안 국제사회는 적시에 효과적인 대응을 하지 못하였다. 이 비극 이후 국제사회는 집단학살의 재발 방지와 책임자 처벌, 그리고 피해자들의 정의 회복을 위해 다양한 제도적 장치를 마련하게 된다.

가장 대표적인 조치는 국제형사재판소(International Criminal Tribunal for Rwanda, ICTR)의 설치였다. 유엔 안전보장이사회는 UN 헌장 제7장에 근거하여 1994년 11월 8일 ICTR을 설립하였다. 이 재판소는 르완다 및 주변 국가에서 발생한 집단학살, 인도에 반한 죄, 전쟁범죄 등 국제법상 중대한 범죄를 저지른 개인들을 처벌하는 것을 목적으로 하였다.[173] ICTR은 탄자니아 아루샤에 본부를 두고 1997년 첫 재판을 시작한 이래, 2012년까지 20년간 활동하였다. 총 93명이 기소되어 61명은 유죄, 14명은 무죄 판결을 받았으며 10명은 국내 재판에 회부되었다. ICTR은 국제형사법의 발전에 기념비적 역할을 했으며 집단학살이라는 범죄의 법적 정의를 구체화하고 성폭력을 집단학살의 수단으로 규정하는 선례를 남겼다. ICTR은 5,800일 동안 재판을 진행하여 93명을 기소하고 55건의 1심과 45건의 항소심 판결을 내렸다. 하지만 ICTR의 한계도 분명했다. 재판의 진행이 느리고 소수의 지도

자급 가해자들만이 처벌 대상이 되었다.[174]

이에 따라 르완다 내부에서는 더욱 광범위한 진상규명과 치유를 위해 전통적 공동체 기반의 가차차(Gacaca) 법정 제도가 도입되었다. '풀밭'이라는 뜻을 지닌 가차차 법정은 2001년부터 시범적으로 시작되었고 전국적으로 본격 시행된 것은 2002년부터 약 10년 동안 진행되었다. 이 법정은 지역 공동체가 중심이 되어 피해자, 가해자, 목격자가 공개적으로 사건을 구술하고, 가해자가 자백하고 용서를 구할 경우 비교적 관대한 처벌이나 사회봉사형을 선고하는 방식이었다. 이를 통해 200만 건 이상의 사건이 다루어졌다. 이는 르완다 사회의 진실 규명, 피해자의 참여, 가해자의 책임 인정, 공동체 통합에 기여하는 한편, 과거사를 사회적 차원에서 마주하도록 하는 기능을 수행하였다. 르완다 헌법 제143조(Substantive Gacaca Authority)는 이러한 가차차 법정을 공식적으로 인정하고 제도적 기반을 마련하였다.[175]

피해자 지원과 보상 체계 또한 구축되었다. 1998년 제정된 '집단학살 희생자들을 위한 신뢰기금법(Law No.02/98, later amended by Law No.11/1998)'은 피해자 복지와 지원의 제도적 틀을 마련하였다. 이 법률은 국가 예산의 연간 국내 수입의 최소 5%를 기금에 배정하도록 규정하고 있으며 이를 통해 '피해자 지원재단(Survivors Fund, SURF)'의 설립이 가능해졌다. 더불어 2003년 헌법 (및 2015년 개정본) 제50조는 국가가 '1990년 10월 1일부터 1994년 12월 31일까지 집단 학살로 인해 빈곤 상태에 빠진 집단의 생존자들에 대해 특별 조치를 마련할 의무"가 있음을 명시하고 있으며 이는 복지와 심리사회적 지원 책임을 포함하고 있다.[176] 그러나 이러한 법적 규정에도 불구하고 실질적이고 직접적인 금전적 배·보상은 아직 충분히 이루어지지 못하고 있는 실정이며, 피해자 단체들은 실질적 보상이 체계적으로 이루어져야 한다는 요청을 지속하고 있다.

그뿐만 아니라, 집단학살의 기원과 책임 소재를 둘러싼 논란은 여전히 남아있다. 2007년 르완다 정부는 독립 전문가위원회(Mutsinzi Commission)를 구성하여 하비아리마나(Habyarimana) 대통령 암살 사건의 배후를 조사하고 2010년에 보고서를 발표하였다. 그러나 이 보고서는 일부 국제사회의 기존 조사 결과와 차이를 보여 르완다 정부의 정치적 입장을 반영한 해석이라는 비판이 제기되기도 했다.[177]

국제사회의 늦은 대응에 대한 반성도 뒤따랐다. 2014년 르완다 집단학살 20주년을 맞아 당시 유엔 안전보장이사회 의장이었던 콜린스 키팅(Colin Keating) 뉴질랜드 대사는 사건 당시 유엔이 집단학살임을 늦게 인정하고 개입에 실패한 점을 공식적으로 사과하였다. 이는 국제사회가 사후적 도덕적 책임을 인식하고 더욱 실질적인 예방 체계를 강화해야 한다는 목소리를 높이는 계기가 되었다.[178] 이 같은 반성 속에서 등장한 대표적인 규범이 바로 '책임 보호 원칙(Responsibility to Protect, R2P)'이다. R2P는 2001년 캐나다 정부가 주도한 '국제개입과 국가 주권에 관한 국제위원회(ICISS)'의 보고서에서 공식적으로 제안되었고 2005년 유엔 세계정상회의에서 만장일치로 채택되며 국제규범으로 자리잡았다.[179][180] R2P는 국가가 자국민을 보호할 1차적 책임을 지며 만약 국가가 보호 기능을 상실하거나 집단범죄에 가담할 경우 국제사회가 이를 대신할 수 있다는 원칙을 담고 있다. 이는 르완다와 보스니아의 경험에서 직접적인 교훈을 도출한 결과물이었다.[181] 또한, 르완다 사례는 국제 형사 정의의 제도적 진화를 이끌었다. 유엔은 1994년 11월, UN 헌장 제7장에 따라 국제형사재판소(ICTR)를 설치하고 집단학살·인도에 반한 죄·전쟁 범죄 등을 자행한 개인을 처벌할 권한을 부여하였다.[182] 이 재판소는 성폭력을 집단학살 수단으로 인정하고, 수뇌부 개인을 국제법적 책임 주체로 확립하는 등 형사 국제법의 획기적 진전을 이끌어냈다.[183]

이처럼 르완다 집단학살은 단지 과거의 사건이 아니라, 국제적 정의와 인도주의 개입, 지역사회 기반 치유, 피해자 복지의 제도화라는 복합적 이슈들을 연결짓는 역사적 전환점으로 작용하고 있다. 오늘날 R2P, ICC(국제형사재판소), UN 인권이사회 및 세계 각국의 전쟁 범죄 대응 매커니즘은 모두 르완다의 교훈 위에서 설계되는 기회를 얻을 수 있었다.

2) Y-② 사회적 의미로서의 기능

르완다 집단학살 피해 생존자들의 증언은 학살 직후부터 개별적으로 이루어지기 시작했지만, 공적이고 조직적인 증언 활동은 몇 년에 걸쳐 점진적으로 이루어졌다. 먼저 개별 증언은 유엔 인권조사단(UN Commission of Experts)에 의해 1994년 말부터 산발적으로 증언 수집이 이루어지기 시작하였다. 그러나 직접적 폭력이 멈추지 않은 상황에서의 공포와 불신, 보복 위험 등으로 인해 개인의 공개적 증언은 매우 제한적일 수밖에 없었다.[184] 가차차(Gacaca) 재판의 설계 논의가 본격적으로 시작된 1998년 무렵부터 르완다 정부와 국제 인권단체가 피해 생존자의 증언을 법적 기록과 역사적 증거로 수집하기 시작하면서 공식적인 이야기하기가 시작될 수 있었다. 이후 2001년 가차차 재판의 개시와 함께 피해 생존자들의 증언은 가해자 처벌, 공동체 화해 등을 위한 공적 증언으로 자리잡게 된다. 이후 생존자들의 증언은 단순한 기억의 회복을 넘어, 정의 실현과 공동체 회복을 위한 핵심 기제로 기능하게 되었으며,[185] 가해자의 자백과 사과를 유도함으로써 회복적 정의의 틀 안에서 공동체 통합과 치유에 기여하였다.[186]

법적·제도적 정의 실현과는 별도로, 사회적 치유는 집단 트라우마 이후 장기적이고 복합적인 과제로 남는다. 이를 위해 다양한 시민사회 기반 프로그램이 운영되고 있으며 사회적 재통합에 있어 매우 중요한 역할을 하고 있다. 대표적인 사례 중 하나는 2000년에 설립된 AMI (Association Modeste et Innocent)가 시행하는 화해 프로그램이다. 이 프로그램은 후투족 가해자와 투치족 피해자가 수개월 간 소규모 대화 모임을 지속하며 상호 신뢰를 회복하는 과정을 포함한다. 프로그램의 마지막 단계에서는 가해자가 공개적으로 용서를 구하고 공동체 구성원들이 함께 전통춤과 노래를 통해 화해를 상징적으로 확인하는 의례적 절차가 진행된다.[187] 이러한 프로그램은 전통문화의 의례성과 심리 사회적 치유를 결합한 접근으로 주목받고 있다. 특히, 비정부기구 주도의 프로그램은 법적 정의가 포착하기 어려운 심리적, 감정적 층위의 회복 과정을 보완하며, 피해자와 가해자 간 인간적 관계 복원, 공동체 신뢰 회복에 기여하는 사례로 평가된다. 이러한 활동은 피해 생존자들이 과거의 사실을 직면함과 더불어 미래를 향해 함께 나아가는 공동체의 연대감과 상호 신뢰의 회복을 형성하는 데 결정적인 역할을 하게 된다.[188]

(3) 세 번째 속성의 각 변수의 진행

1) X-③ 사회적 기억으로서의 기능

집단학살과 같은 대규모 폭력은 단순히 물리적 생명 피해를 넘어 집단 정체성과 공동체 기억의 근간을 파괴하는 결과를 초래한다. 따라서 집단폭력 이후의 회복 과정에서는 피해사건의 역사적 서술, 집단적 기억의 복원, 교육적 전승, 그리고 사회적 상징체계의 재구성이 중요한 치유 기제로 작동한다.[189] 르완다 역시 집단학살 이후 적극적인 사회적 기억정책을 추진하며 국가적 정체성과 집단기억의 재편을 시도하고 있다.

이러한 노력의 상징적 공간으로 키갈리 집단학살 추모관(Kigali Genocide Memorial)이 있다. 이곳은 국내외 방문객들에게 학살의 진상과 그 교훈을 전달하는 역할을 수행하고 있다. 이 외에도 냐마타 교회 추모관(Nyamata Church Genocide Memorial), 무람비 집단학살 추모관(Murambi Genocide Memorial Centre), 비세로 추모관(Bisesero Genocide Memorial) 등 전국 각지에 다양한 기념지가 조성되었다. 이들 공간은 단순한 기념시설을 넘어 집단적 애도와 상징적 화해의 장으로 작동하며 르완다 사회가 학살 이후 '다시는 반복되지 않아야 할 역사'를 공적 공간에 새기고 있음을 보여준다. 이러한 추모 작업은 국제사회 차원에서도 제도화되었다. 2018년 유엔(UN) 총회는 매년 4월 7일을 '르완다 집단학살 추모의 날(International Day of Reflection on the 1994 Genocide Against the Tuisi in Rwanda)'로 지정하고 이를 국제사회 공동의 기념일로 선포하였다. 매년 거행되는 추모식은 국내외 피해자 공동체 간의 연대 의식을 심화시키며 르완다 사태의 국제적 교훈을 반복적으로 환기하는 기능을 수행한다.[190]

1999년 설립된 국가통합 화해위원회(National Unity and Reconciliation Commission, NURC)는 화해와 통합을 국가 차원의 지속적 정책으로 자리 잡게 하였다. NURC는 역사 교육, 평화교육, 집단기억 형성, 지역사회 갈등 중재 등 복합적인 프로그램을 통해 집단학살 이후의 사회적 통합을 이끌어가고 있다. NURC는 화해 과정을 다음의 여섯 단계 모델로 설명하는데, 이는 다음과 같다: 갈등(conflict) – 공존(coexistence) – 협력(cooperation) – 조화(harmony) – 독립(independence) – 통합(integration).

이 모델은 집단폭력 이후 공동체 회복이 단순한 제도적 합의나 법적 처벌만으로 이루어지지 않음을 보여주며 사회적 신뢰, 상호 인정, 문화적 통합이라는 다차원의 회복을 목표로 삼는다. 이 가운데 잉간도(Ingando) 프로그램은 평화교육의 핵심 프로그램으로 자리매김하였다. 이 프로그램은 르완다의 역사를 재해석하며 과거 민족주의 이데올로기와 분열의 기원을 비판적으로 성찰하도록 유도한다. 1999년부터 2009년까지 90,000명 이상의 르완다 국민이 참여하였으며, 청소년, 퇴역군인, 정치인, 공동체 리더들이 주된 대상이 되었다. 참가자들은 대량 학살의 원인과 전개, 평화 구축의 가치, 애국심 교육 등을 체계적으로 수료하였다.[191] 또한, 이토레로(Itorero) 프로그램은 리더십 훈련 아카데미로서 전통적 기술, 공동체 가치, 사회적 책임의식을 함양하는 데 중점을 두었다. 2007년부터 2009년까지 115,228명이 이 프로그램에 참여하였다. 이토레로는 군사훈련, 금속 세공, 공예, 스포츠, 문화행사 등을 포함하며, 이를 통해 청소년층의 사회적 연대, 국가 정체성, 집단적 도덕성 형성을 목표로 한다.[192] 이러한 NURC 주도의 프로그램들은 단순히 법적·제도적 정의 차원을 넘어, 사회적 윤리, 도덕적 연대, 공동체 의식 회복이라는 측면에서 집단학살 이후 르완다의 재건을 뒷받침하고 있다.

1990년대 중반 이후 르완다 정부는 기존의 종족 구분 체계를 해체하고 새로운 역사적 내러티브를 구축하기 위한 정책을 적극적으로 추진하였다. 후투(Hutu), 투치(Tutsi), 트와(Twa)라는 분열적 범주 대신, 모두가 동일한 문화와 언어를 공유하는 단일 집단인 반야르완다(Banyarwanda) 개념을 중심으로 국가 정체성을 재구성하였다. 이러한 내러티브 변화는 종족적 차이를 넘어선 민족통합의 상징적 토대를 마련하는 동시에, 학살 이데올로기의 잔재를 제거하려는 국가적 노력의 일환으로 평가된다. 이와 같은 공식 역사서술의 변화는 교육과정 개편으로도 이어졌다. 2006년 르완다 교육부는 사회과 교육과정에 평화교육적 요소를 포함시키고, 6학년(Primary 6)부터는 집단학살에 대한 체계적인 교육을 실시하기 시작했다.[193] 교육을 통한 집단기억의 재구성은 후속 세대의 정체성 형성과 공동체 의식 함양에 중대한 영향을 미치고 있으며, 과거사 왜곡 방지와 예방적 교육이라는 측면에서 중장기적 효과를 목표로 하고 있다.

2) Y-③ 화해의 시작으로서의 기능

국가통합 화해위원회(NURC)가 주도하여 르완다 학살 이후 사회통합과 화해의 진척도를 측정·평가할 수 있는 지표를 개발하였다. 이는 단순한 여론조사가 아닌 주민들의 실제 신뢰 수준과 용서 의지 등을 수치화하여 분석함으로써 국가 화해정책의 성과를 점검하고 정책에 재반영하는 순환적 시스템을 갖추기 위해 기초 자료로 활용된다. 이와 같은 르완다 화해 바로미터(Rwanda Reconciliation Barometer, RRB)는 2005년경부터 설계되기 시작하여 2010년 1차 보고서를 공식 발간하였다. 5년마다 전국 단위로 조사를 반복하며 현재는 2015년, 2020년 보고서가 발간되어 있다.[194] 이 과정에서 어떤 피해자는 가해자가 진정성을 갖고 사과했음을 목격하며 공동체 구성원과 함께 관계를 다시 형성하고 일상 속에 통합하는 경험하는 데 긍정적인 효과를 얻기도 하였다.

1994년 르완다 집단학살 이후 30년이 지난 지금, 피해자와 가해자 사이에서 믿기 어려운 화해의 이야기가 이어지고 있다. 불과 100일 동안 약 80만 명 이상이 살해되었고 대부분은 군대가 아닌 이웃의 손에 의해 마체테와 곤봉으로 목숨을 잃었다. 학살이 끝난 뒤, 생존자들은 깊은 트라우마를 안고 살아야 했고 가해자들은 죄책감·수치심·두려움을 안고 돌아왔다. 다시 같은 마을에서 살아가는 일은 "계란 위를 걷는 것 같았다"는 표현처럼 불안과 긴장의 연속이었다. 르완다 정부는 1999년 이후 "더 이상 후투도 투치도 없고 모두 르완다인"이라는 국가통합의 기조를 내세웠지만, 진정한 화해는 위에서 강요할 수 있는 것이 아니었고, 공동체 안에서 천천히 싹트기 시작했다.

2005년, 네덜란드 사회치료사 코라 데커(Cora Dekker)는 르완다 성공회 교구와 협력해 '므부라 은쿠부레(Mvura Nkuvure, "내가 너를 치유하고, 네가 나를 치유한다")'라는 공동체 기반 사회치료 프로그램을 도입했다. 이는 서구의 군인·난민 치료 모델을 르완다 현실에 맞게 변형한 방식으로 15주 동안 '안전-신뢰-배려와 존중-미래 지향' 단계를 거치며 노래, 춤, 게임 등을 통해 대화를 시작한다. 가해자는 범죄를 자백하고 후회를 표현하며 피해자는 고통을 드러낸다. 시간이 흐르면서 "그들도 고통받았다"는 말이 나오고 서로의 인간성을 다시 보기 시작했다. 지금까지 64,000명이 넘는 르완다인들이 참여했고 치료가 끝난 후에도 80%의 그룹이 자발적으로 모임을 이어갔다. 한 생존자는 "다른 사람들과 함께 인간으로 느낄 수 있었다"고 말했고 한 가해자는

"예상치 못한 해방감을 느꼈다"고 고백했다. 가해자가 피해자 가족에게 일거리를 받고, 음식을 나누며 친구가 되었다. 심지어 "이제는 형제처럼 지낸다"고 말하는 이웃도 생겼다.[195] 이러한 사례들은 화해가 단순하지도 일률적이지도 않지만 현실적으로 가능하다는 것을 보여준다. 이는 과거의 공포를 지우거나 무조건 용서를 강요하는 것이 아니라, 피해자와 가해자가 함께 과거를 마주하고 인간의 존엄을 회복하며 새로운 관계를 쌓아가는 과정이었다. 한 생존자의 말처럼, "이 치료는 내가 다시 인간답게, 더 이상 완전히 외로운 존재가 아니라고 느끼게 해주었다." 르완다는 이런 작은 연결들을 통해 집단학살 이후 '어떻게 치유할 것인가'에 대한 전 세계적 모델을 만들어가고 있다. 다만, 가해자들의 경험 공유 꺼림과 생계 자원 부족은 여전히 화해의 걸림돌로 남아있으며, 이는 공동체 내 불신과 상처의 지속으로 이어질 수 있다는 점도 분명하다.[196]

르완다 집단학살(1990.4~7) 포괄적 치유 회복 경향성 분석 평가표

X축(사회의 영역)		1995	2005	2015	2025
속성 (attributes)	변수 (variables)	점수 (0~2) Score			
공적 영역에서의 최소한의 보호 social protection	(직접적인 폭력의 멈춤) 폭력 방지 Prevention of violence	2	2	2	2
	(경제, 사회, 문화적 권리를 세우기 위한 기본적인 의식주 지원) 최소한의 필요 보장 Security of basic needs	1	1	1	1
	(가족, 지역사회 등의 2차 외상 방지를 위한 지원 및 교육) 생활환경의 안전 보장 Safety of living environment	1	1	2	2
사회적 책임 Social accountability	(진실규명, 진실 말하기) 진실 추구 Promoting truth	1	2	2	2
	(가해자 처벌, 재판, 법/제도, 공식적 사과 등) 정의 추구 Promoting justice	2	2	2	2
	(물질적/상징적 보상) 배·보상 추구	0	1	1	1

	Promoting reparation				
사회적 기억 social memory	(기억의 형성 - 추모일/추모 장소) 추모 Commemoration	2	2	2	2
	(기억의 표상 - 후세대 교육, 연구 등) 교육 Education	1	2	2	2
	(도덕적 암시를 통한 새로운 삶 설정) 더 높은 사회적 가치 추구 Advance to higher social value	1	1	2	2
총점(Overall score)		11	14	16	16
Y축(개인의 영역)		1995	2005	2015	2025
속성 (attributes)	변수 (variables)	점수(0~2) Score			
자기 보호 self protection	(현실 상황 인식이 가능한) 자기조절 능력 획득 Regain of self-control	1	1	1	1
	(장기적인 생존을 위한 방안 모색이 가능한) 자기결정능력 획득 Regain of self-choice	1	1	1	1
사회적 의미 social meaning	(사적/공적 영역에서) 자신의 경험 이야기하기 Ability of telling a story	1	2	2	2
	(트라우마적 경험의 진정한 과거화가 가능한) 사건을 과거 삶의 일부로 받아들이기 Accept of the past as a part of life	1	1	2	2
화해의 시작 Initiatives of reconciliation	(피해자에서 생존자로의 성장 가능한) 자기정체성의 재확립 Rebuilding self-identity	1	1	2	2
	(생존자 임무를 찾기 위한 사회와의 재결합 및 정의실현 추구 가능한) 사회로의 복귀 Reconnecting with society	1	1	1	2
총점(Overall score)		6	7	9	10

7 포괄적 치유 경향성

(1) 홀로코스트

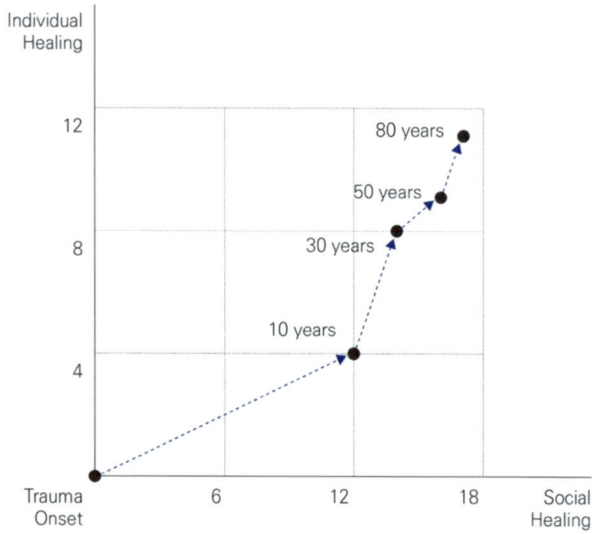

홀로코스트(Holocaust) 사례는 집단 트라우마 발생 이후 초기 10년 동안 개인적 치유보다 사회적 치유 노력이 상대적으로 두드러졌던 대표적 사례로 평가된다. 그러나 이 시기의 사회적 대응은 홀로코스트가 남긴 사회적 트라우마를 치유하기 위한 목적이라기보다는 전쟁 범죄에 대한 전후 처리 과정의 일환으로 이해될 수 있다. 유대인 공동체와 국제사회는 피해자 중심의 사회적 치유가 필요하다는 점을 강하게 요구해왔으며 이러한 맥락 속에서 실제 가해자 중 한 명인 아돌프 아이히만(Adolf Eichmann)에 대한 재판이 사건 발생 16년 만에 마침내 이루어졌다. 아이히만 재판이 사회적 기억 형성과 정의 구현의 전환점이 되며 사건 발생 후 약 30년 동안 홀로코스트 생존자들의 개인적 치유 과정이 급속히 진전되었다. 이 시기 수많은 피해 생존자들은 다양한 경로를 통해 자신의 경험을 타인과 공유하였고 이러한 증언들은 홀로코스트라는 역사적 트라우마의 사회적 의미를 구성하는 데 중대한 기여를 하였다. 이후 약 40년에 걸쳐 홀로코스트 사례에서의 포괄적 치유는 개인과 사회의 균형 있는 회복 과정으로 전개되었으며 이는 많은 피해 생존자들이 화해와 용서를 논의할 수 있는 수준의 치유 단계에 도달하는 데 중요한 기반이 되었다. 이러한 포괄적 치유의 핵심 동력은 사건 초기부터 신속히 추진된 사회적 치유 활동에 있었다. 홀로코스트 사례는 사회가 트라우마 사건의 심각성을 조기에 인식하고, 공적 영역에서 충분한 논의와 성찰의 장을 마련할 때 포괄적 치유의 효과가 극대화될 수 있음을 잘 보여준다.

시간의 흐름에 따른 포괄적 치유의 경향을 살펴보면, 홀로코스트 사례는 기억과 재현의 과정을 통해 생존자 및 그 후손들을 사회와 재연결하려는 노력이 지속되어 왔음을 확인할 수 있다. 이러한 치유의 수준은 약 70년에 걸친 개인과 사회의 지속적인 실천과 제도적 개입의 결과로, "피해자를 위해, 독일 자신을 위해, 미래 세대를 위해 잊지 않기 위함"이라는 사회화된 집단 정서를 형성해왔다. 이러한 태도는 앙겔라 메르켈 독일 총리가 수차례 공식 석상에서 반복적으로 언급해온 것처럼, 책임과 성찰에 기반한 사회적 치유의 분위기가 독일 사회에 깊이 뿌리내렸음을 시사한다. 오늘날 홀로코스트는 반인륜 범죄의 대표적 사례로 인식되며 사회와 개인의 치유 속도가 유기적으로 맞물려 발전해온 포괄적 치유 모델로서 주목받고 있다. 이는 과거사 청산과 집단 트라우마 극복을 위한 다양한 국가적 시도들에 유의미한 준거틀을 제공한다. 이러한 치유의 노력은 국제사회가 "홀로코스트와 같은 비극은 다시는 반복되어서는 안 된다"는 공동의 인식을 공유하는 데 핵심적인 역할을 해왔다. 이를 통해 기억의 정치와 윤리적 책임의 실천은 단순한 과거 회고를 넘어 미래 지향적 사회 통합의 조건으로 기능하고 있다.

홀로코스트 발생 이후 거의 한 세기가 지난 오늘날, 피해 생존자뿐 아니라 2세, 3세에게까지 전승된 트라우마를 치유하기 위한 노력은 여전히 중요한 과제로 남아있다. 이는 고통의 악순환을 단절하고 사회적 회복을 가능케 하기 위한 핵심적인 실천이라 할 수 있다. 최근 학계와 민간 영역에서는 가해자와 피해자 간의 조심스러운 만남을 통한 화해와 용서의 과정이 시도되고 있으며 향후 이러한 접근은 더욱 공적이고 제도화된 차원에서 추진될 필요가 있다. 이는 유사한 집단 트라우마의 회복 과정에서도 모범적인 모델로 작용할 수 있을 것이다.

(2) 킬링필드

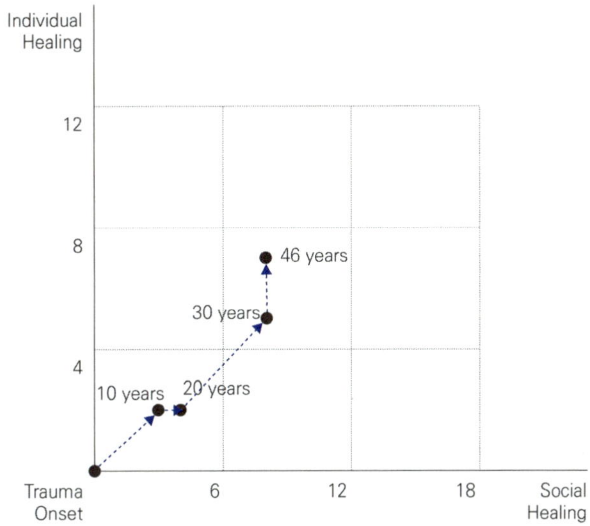

킬링필드 사태는 국제사회가 비교적 신속히 개입한 초기 대응으로 인해 겉으로는 포괄적 치유가 순조롭게 이루어지는 듯한 인상을 주었다. 그러나 캄보디아 국내의 정치적 불안정성과 지속적 내전의 영향 아래 사회적 · 개인적 치유 노력은 곧 속력을 잃었고 크메르 루주의 붕괴 전 약 20년 동안 사실상 정체 상태에 머물렀다. 이 시기 동안 공적 영역에서 과거사 논의는 봉인되다시피 했으며 침묵이 지배하는 분위기가 지배적이었다. 내부 분열 이후 등장한 새로운 정치 체제는 민주화를 통한 이행기 정의의 실현을 도모했다. 그러나 여전히 크메르 루주 잔존 세력과의 연관성을 완전히 벗어내지 못한 권력 구조 내에서는 집단 트라우마 회복에 있어 다수의 제한과 한계를 내포하게 되었다. 이 체제하에서는 국민 정서의 과거에 대한 직면이 제도적으로 충분히 보장되지 않았기 때문에 사회 치유는 매우 제한적으로 진행되었다.

한편 사회경제적 재건과 트라우마 치유를 위해 국제사회는 지속적인 지원을 제공하였다. 이러한 외부 원조는 NGO 중심의 피해자 지원 활동의 기반이 되었고 국가 수준의 책임 수행이 점차 가능해지는 계기가 되었다. 사건 발생 약 30년이 흐른 시점에서야 비로소 포괄적 치유의 전반적 상태를 분석할 수 있는 기반이 마련되었다. 민간부문은 국내외를 막론하고 피해 생존자의 심리적 회복과 일상 복귀를 위한 프로그램에 본격적으로 참여했다. 특히 문서센터, 정신건강 NGO, 시민사회 단체들이 중심이 된 지원 활동은 개인적 치유에 집중되었고, 이는 캄보디아 정부의 역할과는 구분되는 방식으로 진행되었다. 그 결과, 사회 치유와 개인 치유가 서로 다른 주체에 의해 분리되어 수행되었으며 이는 포괄적 치유 분석에서 도드라진 특징으로 나타났다.

사회적 치유가 거의 진척되지 못한 가운데 많은 피해 생존자는 조직적 참여 대신 침묵을 선택하였고 이는 트라우마의 내면화를 강화했다. 이러한 상황은 불교적 종교 정서를 배경으로 하여 더욱 심화되었다. 즉, 고통을 내면에 봉인하는 문화적 요소가 개인 치유 중심의 민간 활동의 방향에도 영향을 미쳤다. 이후 2000년대 초반부터는 진실 규명을 위한 국제 재판체, 문서화 센터 등이 설립되는 제도적 노력이 이루어졌지만 이러한 노력조차도 그 효과가 제한적이었다. 대중의 관심 유도와 정의 회복의 상징성은 어느 정도 확보되었으나, 정의, 화해, 치유의 요소들이 균형 있게 상호 강화되지는 못했다. 2025년 현재, 캄보디아에서는 킬링필드와 관련된 주요 기억 유산이 유네스코 세계기록유산 및 세계유산으로 등재되며, 특히 Tuol Sleng 박물관, Choeung Ek 메모리얼 센터, M-13 교도소 부지가 '억압의 중심에서 평화의 장소로' 전환되었다. 이는 공적 기억 인프라의 강화이자 사회적 책임성 확보의 중요한 진전이다. 그럼에도 불구하고 캄보디아 사회 전체에서의 사회 치유 수준은 매우 제한적이다. 여전히 많은 피해 생존자들이 공적 증언 기회를 가지지 못했으며 사회·정치적 참여 구조에 위계적 한계가 존재한다. 이러한 구조 속에서 여전히 침묵과 고립을 선택하는 경향이 지속되고 있다.

캄보디아의 최근 16여 년 치유 과정은 분명 개인 치유가 빠르게 진전되었음을 보여주며, 사회적 치유의 더딘 발전이 결국 포괄적 치유의 균형을 심각하게 흐트러뜨리고 있다. 사회와 개인의 회복이 유기적으로 조율되지 못할 경우, 개인 치유는 오히려 한계에 봉착하며 그 효과가 반감될 수 있다. 킬링필드 사례는 다음과 같은 교훈을 준다. 첫째, 사회 치유에 대한 적극적이고 신속한 접근 없이 개인 치유만 강조할 경우, 트라우마는 개인 내부에 깊이 잠재하게 된다. 둘째, 정부가 공적 회고와 책임을 '묻고 덮는다(bury the past)'라는 태도로 일관한다면 생존자와 미래 세대 모두 과거의 고통을 증언할 수 없는 구조적 억압에 직면하게 된다. 결국, 안정적이고 능동적인 포괄적 치유를 달성하기 위해서는 사회 치유와 개인 치유가 서로 보완적으로 전개되어야 하며, 국가와 시민사회, 국제사회의 역할이 함께 작동해야 한다는 점을 이 사례는 명확히 보여준다. 사회 치유가 충분히 구현될 때, 피해 생존자들은 더 이상 종교에만 의존해 내적 승화를 추구할 필요가 없게 될 것이며, 사회·제도적으로 인정된 기억 공동체로 복귀할 수 있을 것이다.

(3) 제주 4·3

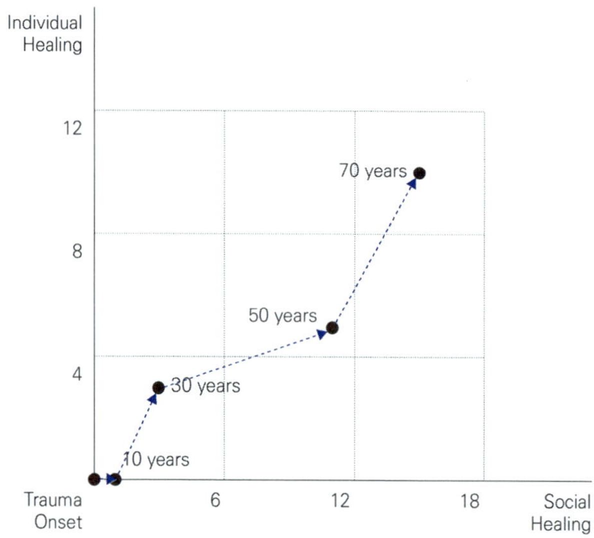

제주 4·3 사건은 1947년부터 1954년까지 한반도의 해방과 분단, 냉전의 시작이라는 격변 속에서 발생한 국가폭력 사건으로 수만 명에 달하는 희생자를 남긴 집단 트라우마의 전형적인 사례로 평가된다. 그러나 이 사건은 한국사회 내에서 공적 담론의 장으로 올라오기까지 유난히 긴 시간이 소요되었다. 이는 단순한 시기의 문제가 아니라, 사건 이후에도 피해 생존자에 대한 폭력이 직접적·구조적으로 수십 년 간 지속되었기 때문이며 이 점에서 캄보디아의 킬링필드 사례와 유사한 측면을 보인다. 한국전쟁과 분단이라는 이념적 대립의 연속성 속에서 제주 4·3 사건은 철저히 은폐되었고 그로 인해 사건 직후의 개인적 치유와 사회적 치유는 뚜렷한 진전 없이 중단된 상태로 머물게 되었다.

민주화 이전, 피해 생존자들은 자신과 가족의 생존을 위해 침묵을 강요당했다. '완전한 침묵'은 국가폭력 이후 이들에게 남겨진 유일한 생존 전략이었으며 이는 곧 집단 트라우마의 장기화로 이어졌다. 이후 1980년대 후반부터 민주화가 본격화되면서 사회적 치유가 점진적으로 추진되기 시작하였으나 본격적인 공론화가 이루어지기까지는 사건 발생 후 한 세대 이상이 소요되었다. 2000년 「제주 4·3 특별법」 제정과 진상조사위원회의 활동을 통해 2003년 정부의 공식 사과가 이루어졌으며, 이는 한국사회에서 처음으로 국가폭력 피해에 대해 정부가 책임을 인정한 사례로 기록된다. 그러나 이 시점까지도 피해자 개인의 치유는 여전히 제한적이었다. 피해자들은 법적 절차나 공적 공간에서 자신의 경험을 직접 진술할 기회를 충분히 보장받지 못했고 이들의 서사는 신뢰할 수 있는 제3자를 통한 간접적 방식으로만 사회에 전달될 수 있었다.

법적·제도적 측면에서 2019년 제주지방법원은 당시 군사재판으로 유죄판결을 받은 생존자들에 대해 재심 개시 결정을 내렸고, 이는 후속적인 법적 복권 논의의 기반이 되었다. 또한, 2021년과 2022년을 거치며 개정된 「제주 4·3 특별법」에 따라 1만여 명의 피해자 및 유족에게 실질적인 재정 보상이 이루어졌으며 트라우마 치유를 위한 전문기관으로 '제주 4·3 트라우마 힐링센터'가 설립되었다. 이와 같은 제도적 진전은 사건의 역사성과 국가적 책임을 인정하는 상징적 의미를 갖는 동시에, 피해 생존자들이 스스로의 기억과 상처를 돌보는 '개인 치유의 장'을 형성하는 계기를 마련하였다. 그럼에도 불구하고 피해자의 다수가 고령이 되었거나 이미 사망한 상태이며, 여성 생존자, 고립된 고령층, 복합적 가족관계 등 주변화된 집단에 대한 지원은 여전히 아쉬운 실정이다.

개인의 정서적 회복, 사회적 관계망의 재구성, 서사의 복원과 같은 포괄적 치유의 관점에서 볼 때, 제주 4·3 사건은 오랫동안 사회 치유에 편중된 불균형적 회복 과정을 겪어왔다. 그러나, 다행히도, 최근 들어 피해 생존자들과 2세·3세에게 전이된 트라우마를 실질적으로 치유하고 관리하기 위한 사회적 보상 차원의 노력이 제도적으로 이행되기 시작하면서 개인 치유의 영역에도 변화의 가속이 생기기 시작하였다. 나아가, 2025년에는 제주 4·3 사건 관련 기록이 유네스코 '세계기록유산(Memory of the World)'으로 등재되며 제주 4·3은 국내적 경험을 넘어 국제사회가 공유해야 할 인류 보편의 역사로 자리잡고 있다. 이러한 국제적 인정은 사건에 대한 사회적 책임성과 기억의 공유를 더욱 심화시키는 계기로 작용하고 있으며 특히 젊은 세대와 시민사회의 공감 기반 참여를 유도하는 데 긍정적 영향을 미치고 있다.

제주 4·3 사건은 피해자 중심의 기억 정치, 사회적 책임성, 그리고 포괄적 치유라는 관점에서 매우 중요한 교차지점을 제공한다. 특히, 이 사례는 국가폭력에 대한 법적 처벌과 동시에 사회적 보상과 정서적 회복이라는 다층적 치유의 구조를 요구하며, 피해 생존자가 단순한 피해자가 아니라 '생존자'로서의 정체성을 자각하고 사회적 기억 형성에 능동적으로 참여하게 되는 전환의 가능성을 보여주는 사례라 할 수 있다. 제주 4·3의 경험은 한국사회가 집단 트라우마를 어떻게 이해하고 대응해왔는지를 평가하는 척도일 뿐만 아니라 향후 유사한 국가폭력과 트라우마 사례에 대한 사회적 회복력의 모델로도 기능할 수 있다.

(4) 북아일랜드 분쟁

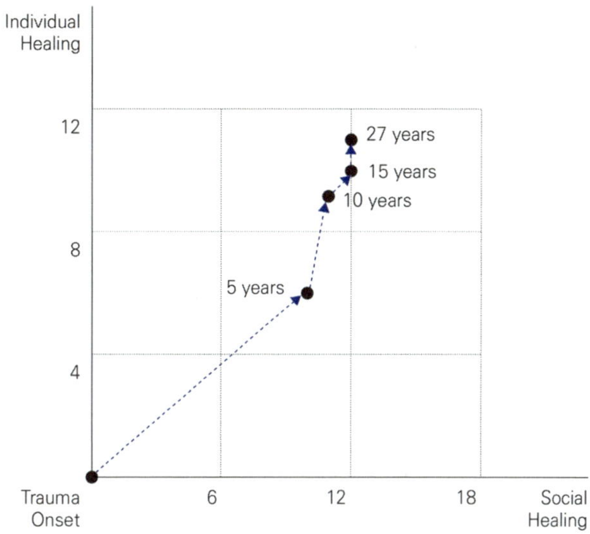

북아일랜드 분쟁(The Troubles)은 1998년 성금요일 협정(Good Friday Agreement)의 체결을 통해 정치적 평화의 전환점을 맞이하였으나 피해 생존자들에 대한 개인적 치유와 사회적 치유의 통합 과정은 이후에도 상당 기간 지연되었고 그 진행 역시 매우 불균형한 양상을 보였다. 이 협정은 권력 분점 체제 도입, 무장단체 해산, 북아일랜드 자치 정부 복원 등을 포함한 평화정착의 제도적 기반을 마련하였으며, 국제사회의 중재와 재정 지원은 당시 포괄적 치유를 위한 출발점으로 기대되었다. 그러나 현실적으로는 협정 이후의 사회적 담론 형성 과정이 오히려 분단된 공동체 기억의 충돌과 정치적 타협의 모호성으로 인해 가로막히는 결과를 낳았다. 진상규명과 공적 책임의 실현은 수십 년에 걸쳐 지속적으로 지연되었고 피해 생존자들의 정의 실현에 대한 열망은 여전히 충분히 충족되지 못한 채 남아있는 상태다. 법적 책임에 대한 공통의 사회적 합의 없이 분쟁을 종결하려 했던 정치적 구조는, 결과적으로 포괄적 치유의 기반을 약화시킨 결정적 요인이 되었다.

이러한 제도적 한계 속에서 분쟁 시기 피해자와 유족들은 오랫동안 자신의 고통을 사회적으로 표현할 기회를 박탈당한 채 침묵과 자기 검열의 시간을 견뎌야 했다. 특히 분열된 공동체 환경에서는 피해의 서사를 말하는 것 자체가 정치적 위험으로 간주되기도 했으며 국가적 차원의 진상조사와 보상 절차는 피해자들에게 충분한 신뢰를 제공하지 못했다. 이러한 맥락에서 북아일랜드의 회복 과정은 결과적으로 민간 영역이 주도하는 개인 치유 중심의 접근이 우선적으로 진전되는 양상을 보이게 되었다. 물론, 북아일랜드 분쟁 이후의 제도적 구조 변화가 일정한 진전을 이룬 것은 사실이다. 피해자 지원을 위한 Victims and Survivors Service(VSS), 정책 자문을 위한 Commission for Victims and Survivors, 그리고 진상 정보 회복을 목적으로 출범한 ICRIR(Independent Commission for Reconciliation and Information Recovery) 등의 기구가 설립되었으며, 피해자 복지, 정신건강, 기록화 등의 측면에서 실질적 역할을 수행해 왔다. 그러나 이러한 제도적 기반에도 불구하고 사회적 치유의 성과는 여전히 제한적이며 공동체 수준에서의 화해와 통합은 구조적으로 뿌리내리지 못하고 있는 실정이다. 이러한 불균형은 북아일랜드 사회가 장기간의 분쟁과 공동체 간 분열의 구조에 뿌리내리고 있기 때문이다. 가톨릭/공화주의 커뮤니티와 프로테스탄트/연합주의 커뮤니티는 각기 다른 피해의 기억을 보유하고 있으며, 그 기억은 서로 다른 서사와 해석을 낳는다. 공통의 진실에 도달하기 위한 합의는 여전히 쉽지 않으며 특히 법적 사면, 사건

기록 비공개, 정치적 중립화된 진상 정보 공개 기피 등의 요인은 진실 회복과 정의 실현을 방해하는 결정적 장애물이 되고 있다.

그럼에도 불구하고, 북아일랜드의 피해 생존자들과 유가족들은 고통의 경험을 단지 과거의 회상으로 남기지 않고, 치유·재통합·기억의 교육·문화적 전환이라는 미래지향적 실천으로 전개하려는 노력을 지속하고 있다. 이들은 피해 경험을 언어화하고, 증언을 기록하며, 지역 공동체 안에서 고통의 의미를 성찰하는 과정을 통해 기억의 주체로 재정립되고 있다. 구술사 기록, 기억워크숍, 지역기념공간 조성, 예술기반 회복 활동 등은 모두 이러한 흐름의 일부이며, 피해자들이 단지 치유의 대상이 아니라 회복의 주체로 나아가고 있다는 것을 보여주는 지표들이다. 특히 주목할 만한 점은 다세대적 접근(multi-generational healing)의 실천이다. 부모 세대의 상실과 트라우마는 자녀 세대에게 심리적·정서적 유산으로 전이되었고 그 자녀 세대는 다시금 교육 현장이나 예술 활동, 사회운동 등을 통해 기억의 교육자로서의 역할을 수행하고 있다. 이는 집단 트라우마가 단절되지 않고 전승되는 구조 속에서도 기억을 재구성하고 사회적 의미를 부여하려는 피해자의 능동적 실천이 가능하다는 것을 보여준다.

곧, 북아일랜드의 경험은 정치적 평화와 제도적 안정이 결코 완전한 회복을 의미하지 않는다는 점을 명확히 시사한다. 피해자의 관점에서 정의와 기억을 복원할 수 있는 윤리적·심리사회적 구조의 설계, 그리고 이를 지속적으로 보완·조율하는 제도적 투명성은 포괄적 치유를 위한 필수 조건이다. 진상규명의 속도, 피해자의 참여성, 공공 기억의 제도화, 그리고 정치적 도구화의 방지 등이 충족되지 않는 한, 진정한 의미의 포괄적 치유는 실현되기 어렵다.

(5) 아르헨티나 추악한 전쟁

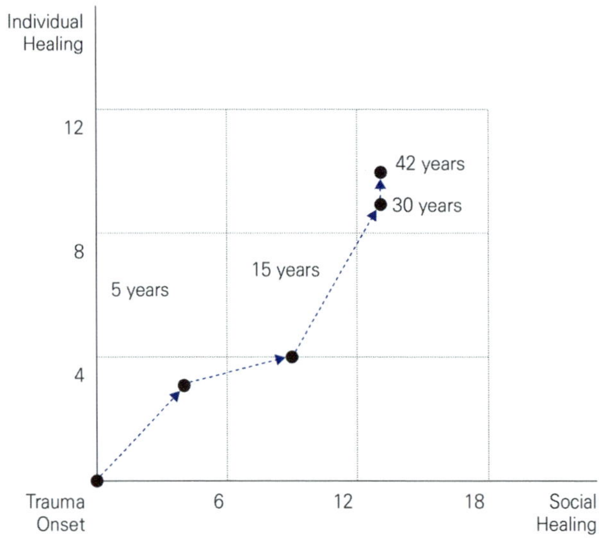

1983년 민주정권의 복귀는 아르헨티나 사회가 국가폭력과의 단절을 시도하는 전환점이 되었으나, 피해 생존자와 유가족의 관점에서 볼 때 포괄적 치유의 실현은 매우 복합적이고 불균형적으로 전개되었다. 정치적 민주화와는 달리, 진실의 회복과 정의의 실현, 그리고 사회적 기억의 재구성은 그 속도가 더뎠고 종종 퇴행적 조치들과 충돌하였다.

1985년 라울 알폰신(Raúl Alfonsín) 정부는 군부 고위 지도자들을 재판에 회부한 후타 재판(Juicio a las Juntas)을 시행하며 세계적으로도 드문 전범 재판의 선례를 만들었다. 이는 초기 아르헨티나가 국제사회로부터 이행기 정의의 모범 사례로 주목받게 된 계기였다. 그러나 이후 군부의 반발과 쿠데타 위협에 직면하자 정부는 군인들의 책임을 실질적으로 면제하는 '끝장 법(Ley de Punto Final, 1986)'과 '순종 법(Ley de Obediencia Debida, 1987)'을 제정하여, 진실과 정의의 회복이라는 피해자들의 열망을 다시 억누르는 결과를 낳았다. 이러한 반동적 조치는 피해 생존자들에게 제도에 대한 불신을 낳았고, 이후 수십 년간 사법적 정의는 반복적으로 중단과 재개를 거듭하게 된다. 2003년 이후 네스토르 키르치네르(Néstor, Kirchner) 정권과 크리스티나 페르난데스(Cristina Fernández) 정권이 들어서며 이 법률들이 폐지되고 군부 범죄에 대한 재판이 본격적으로 재개되었으나, 이 과정에서 많은 피해 생존자는 이미 고령이거나 사망한 뒤였으며 정의 실현의 타이밍은 비가역적으로 늦어졌다.

이러한 제도적 공백 속에서, 피해 생존자와 유가족은 침묵을 거부하고 거리로 나섰다. 특히 1977년부터 시작된 '5월 광장의 어머니들(Madres de Plaza de Mayo)' 운동은 단지 자녀를 찾기 위한 행위를 넘어 국가폭력에 대한 기억을 정치화하고 공개화하는 사회운동의 원형이 되었다. 이들은 기억의 공간, 증언의 연대, 사회적 책임을 요구하는 지속적 실천을 통해, 민주주의가 외면한 정의의 실현을 견인하는 사회적 주체로 자리매김했다. 또한 '5월 광장의 할머니들(Abuelas de Plaza de Mayo)'은 실종된 자녀가 낳은 손자·손녀의 존재를 추적하며 생물학적 계보를 통한 기억의 회복과 가족성의 복원을 시도해 왔다. 그 결과, 2025년 기준으로 130명 이상의 강제입양 피해자들이 신원을 되찾았으며 이 과정은 국가가 저지른 정체성 말살 범죄에 대한 회복적 사법 정의(restorative justice)의 중요한 성과로 평가된다.

제도적으로는 2000년대 이후 강제실종 피해자 보상법, 기억의 공간 지정, 전국인권비서국 설립, 공공교육 내 인권교육 강화 등이 이뤄졌으나, 이 모든 과정은 피해자 당사자의 치유와는 일정한 간극을 지냈다. 특히 강제실종 피해자 유가족은 "죽음이 증명되지 않았다"는 이유로 법적 지위나 심리적 치유 접근에 있어 오랜 시간 정체성과 권리의 공백 상태에 놓여 있어야 했다. 그럼에도 불구하고, 아르헨티나의 피해 생존자와 유가족은 지속적으로 기억의 교육자, 사회적 진실의 증언자, 정의의 실현을 위한 주체로 나아가고 있다. '기억 주간(La Semana de la Memoria)', 학교 교육 내 증언 강연, 청년세대를 위한 인권문화 프로그램은 모두 피해자의 실천이 치유를 넘어 사회 재구성의 동력으로 작동하고 있음을 보여준다. 더욱이 최근에는 다세대적 트라우마 전이에 대한 사회적 관심이 높아지면서, 실종된 가족의 기억을 복원하고자 하는 2세, 3세의 참여와 운동화가 활발해지고 있다. 이는 과거가 단지 유족의 문제가 아니라 국가와 사회 전체의 미래 윤리와 정체성 구성에 관한 문제임을 일깨우고 있다.

아르헨티나의 추악한 전쟁은 단지 과거의 국가폭력 사건이 아니라, 지금도 기억과 침묵, 치유와 분열, 정의와 정치적 타협이 교차하는 현재진행형의 문제다. 제도적 정의가 반복적으로 지체되고 불안정하게 전개된 반면, 피해 생존자들은 치유의 주체로서 기억을 사회화하고 공동체적 정의를 촉진하는 실천을 이어온 중요한 사회적 행위자였다. 이러한 경험은 포괄적 치유란 단지 법적 제도와 보상만으로 실현되지 않으며, 정의 실현의 속도, 피해자 참여의 진정성, 사회적 신뢰의 복원이 긴밀히 맞물릴 때에만 실효성을 가질 수 있음을 보여준다. 아르헨티나는 피해자의 실천과 사회의 반성과 국가의 제도적 보완이 순환적이고 상호작용적인 구조로 정착될 수 있는 가능성과 동시에 그 취약성을 동시에 보여주는 사례로 평가될 수 있다.

(6) 르완다 집단학살

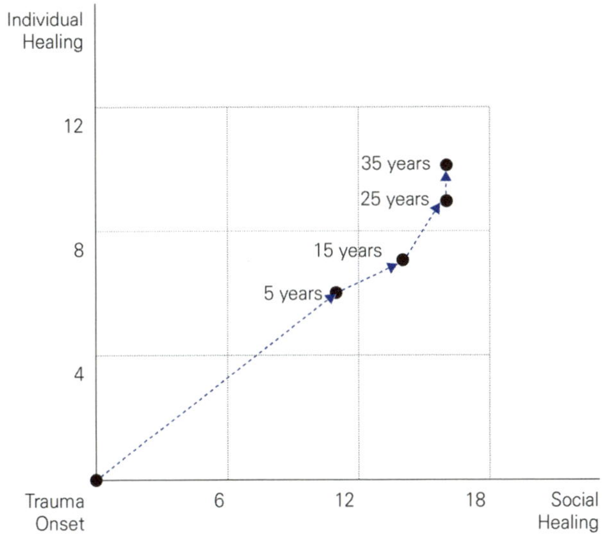

르완다 집단학살 사례는 단순한 민족 간 충돌이 아니라 국가에 의해 조직되고 조장된 계획적 학살이었다. 학살은 가족 단위, 이웃 공동체 단위에서 이루어졌고 그 결과로 수많은 생존자들은 육체적 · 심리적 트라우마는 물론, 사회적 신뢰의 붕괴, 공동체 기반의 파괴, 존재론적 상실감에 직면해야 했다. 민주주의 회복과 국가재건을 위한 이후의 노력은 비교적 빠르게 전개되었으나, 포괄적 치유의 관점에서는 개인 치유와 사회 치유가 동시에, 그리고 균형적으로 진전되었다고 보기는 어렵다. 특히 피해 생존자들의 삶을 안정적으로 복원하고 사회적 통합을 이루기까지는 여러 내적 · 외적 제약이 병존하였다.

르완다 정부는 집단학살 이후 초기부터 진상규명과 정의 실현을 국가재건의 핵심 요소로 설정하였다. 2002년부터 운영된 가차차(Gacaca) 재판제도는 전통적인 공동체 사법체계를 현대적으로 변형한 것으로 약 120만 건의 사건을 다루며 광범위한 처벌과 진실 회복을 동시에 추구했다. 이는 국제형사재판소(ICC)의 한계를 보완하고, 지역사회 기반의 정의 구현이라는 면에서 역사적으로 유의미한 실험이었다. 그러나 피해 생존자들의 관점에서 볼 때, 가차차 제도는 정의와 화해를 병행하기에는 구조적으로 취약했다. 가해자 중심의 자백과 참회에 의존한 재판 구조는 피해자의 증언권, 안전, 정서적 보호를 충분히 보장하지 못했으며, 일부 지역에서는 보복과 갈등을 재생산하기도 했다. 이에 따라 법적 정의는 진전되었으나, 심리적·정서적 치유는 동반되지 못하는 구조적 단절이 발생했다. 또한, 국제사회는 1994년 당시 개입에 실패한 도덕적 책임을 다하기 위해 이후 수십억 달러에 달하는 원조와 함께 르완다 정부의 국가 재건 노력을 적극 지원했다. 그러나 이러한 국제 원조는 주로 국가기관을 통해 배분되었고 개별 생존자와 지역 공동체의 내면 회복에는 제한적인 영향을 미쳤다.

이러한 제도적 정의와 별개로, 수많은 피해 생존자들은 정서적 치유와 일상 회복을 위한 다양한 민간 차원의 노력을 전개해왔다. 특히 NGO와 종교기관, 지역 공동체는 트라우마 치유, 상담, 직업 훈련, 여성 생존자 보호 등 다양한 분야에서 심리사회적 회복의 기반을 마련하고자 했다. 여성 생존자 단체인 AVEGA(Genocide Widows Association), 청소년 트라우마 지원 단체인 Youth Healing and Rebuilding, 종교기반의 용서와 화해 프로그램인 Caritas Rwanda, Prison Fellowship Rwanda 등이 대표적인 사례다. 이들은 피해 생존자들에게 서로의 고통을 나누고, 다시 사회적 관계를 회복할 수 있는 공간과 언어를 제공했다. 그러나 주목할 점은, 많은 피해 생존자들이 학살 직후 수년간 말하지 않는 생존(silent survival)을 선택했다는 점이다. 이는 단순한 억압이 아닌, 사회적 배제, 트라우마 재경험에 대한 공포, 그리고 공동체 내 가해자와의 공존에 따른 침묵의 윤리에서 비롯된 것으로 해석된다. 일부 생존자들은 치유보다는 신앙이나 노동에 의지하는 내면화된 승화 방식을 선택했으며, 이러한 대응은 심리적 회복의 속도와 질에 있어 매우 큰 편차를 낳았다.

르완다 정부는 2000년대 이후부터 본격적으로 공공 기억의 제도화를 추진하였다. 학살 희생자를 위한 국립 추모관(Kigali Genocide Memorial) 설립, 매년 4월 '추모의 주간(kwibuka)' 행사, 교육과정 내 집단학살 관련 내용 포함 등의 정책은 피해의 기억을 국가 정체성의 중심에 위치시키는 작업이었다. 이는 집단 트라우마를 공공의 언어로 승화시키려는 의지의 표현이자, 다시는 학살을 반복하지 않겠다는 정치적 선언의 일환이기도 했다. 하지만 이 같은 정책은 공식 기억의 획일화, 표현의 위계화, 정권의 정당화 수단으로의 전용 가능성이라는 비판도 동반했다. 특히 후투 출신 일반 시민이나, 피해와 가해의 경계가 애매한 생존자 집단의 기억은 제도적 기억화 과정에서 주변화되는 경향이 있었다.

시간이 흐르면서 르완다에서는 트라우마의 다세대적 전이 문제가 점차 가시화되고 있다. 생존자 자녀들은 부모 세대의 침묵과 심리적 외상을 경험하며 성장했고, 이들은 교육, 공동체 활동, 예술, 구술사 등을 통해 새로운 방식의 기억 실천에 나서고 있다. 특히 르완다에서는 청년 주도의 '기억 워크숍'이나 학교 중심의 '기억 교육'이 확산되고 있으며 이는 피해와 치유의 경험이 개인적 상흔을 넘어 집단적 윤리와 책임의 문제로 전환되는 계기가 되고 있다. 이러한 흐름은 단지 피해를 반복하지 않기 위한 방어가 아니라 새로운 사회를 건설하기 위한 기억의 재정립 시도로 해석할 수 있다.

르완다 집단학살 이후의 치유는 제도적 정의, 공동체 회복, 기억의 재구성이라는 세 층위에서 서로 다른 속도와 깊이로 전개되어 왔다. 정부 주도형 사법적·제도적 접근은 빠르고 강력하게 실행되었으나, 피해자의 일상 회복과 심리적 복원은 개별적·민간적 대응에 의존한 측면이 크며, 이에 따라 개인 치유와 사회 치유 간의 구조적 불균형이 여전히 존재한다. 그럼에도 불구하고, 피해 생존자와 유가족들은 학살의 기억을 단지 고통의 반복이 아니라 치유의 언어, 교육의 자산, 사회 재구성의 동력으로 전환하기 위한 실천을 지속해왔다. 르완다의 경험은 제도적 정의만으로는 충분치 않으며, 기억의 다성성 인정, 피해자의 주체적 참여, 사회적 윤리의 구성이 결합될 때 비로소 포괄적 치유가 가능하다는 중요한 교훈을 제공한다.

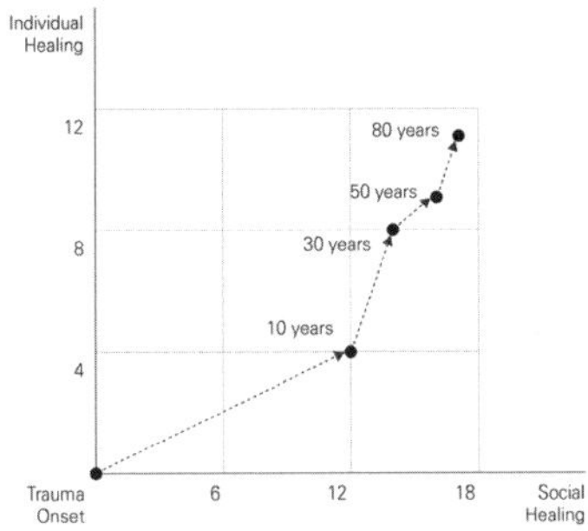

홀로코스트

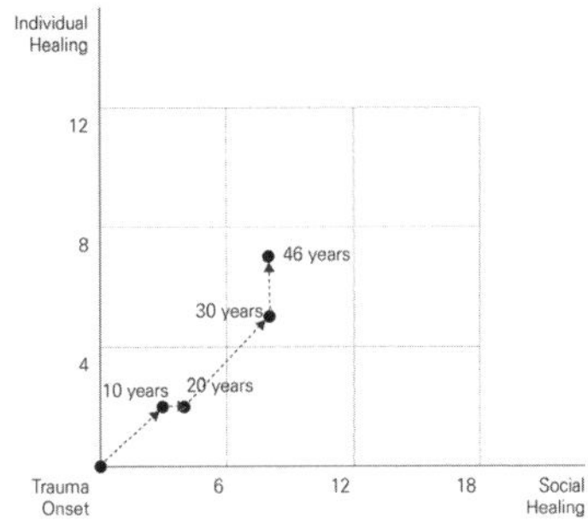

킬링필드

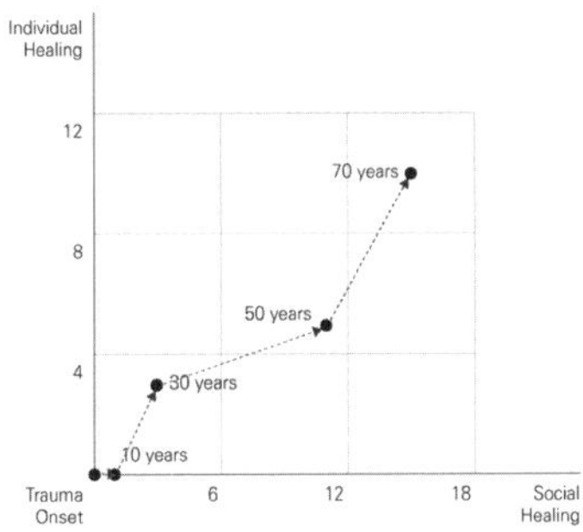

제주4.3

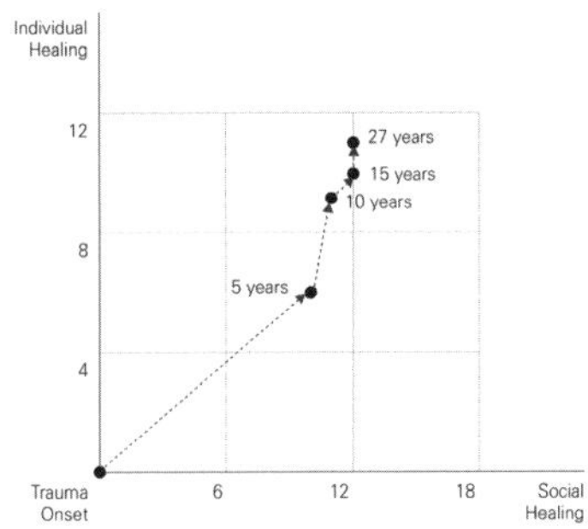

북아일랜드

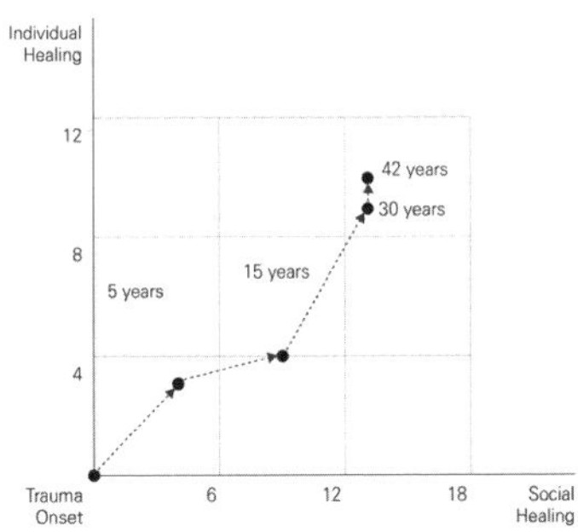

아르헨티나

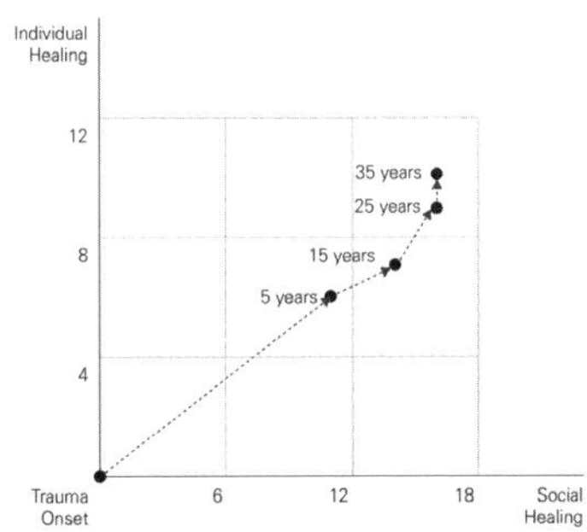

르완다

8 포괄적 치유의 유형

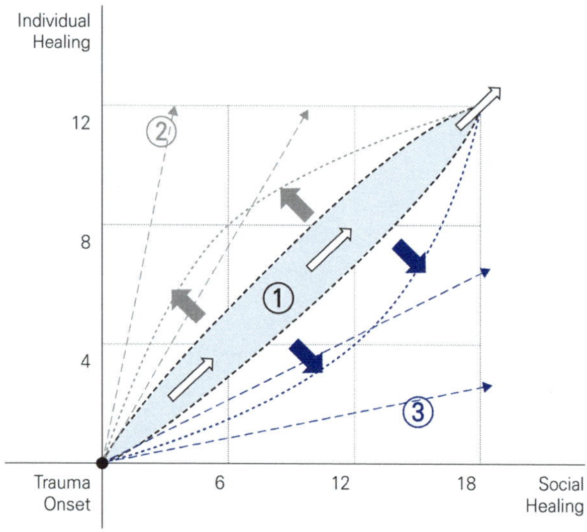

본 연구에서 이론적 가설로 제시된 포괄적 치유 모델로 분석된 사례를 통해 집단 트라우마 사건 발생 이후 치유의 경향성이 크게 세 가지 유형으로 구분할 수 있었다 : ① 균형형, ② 개인 편중형, ③ 사회 편중형.

먼저, 제주 4·3 사건과 르완다 집단학살의 사례의 경우, 개인 치유와 사회 치유가 서로 긴밀하게 연계되며 순차적으로 진행된 점에서 가장 안정적인 포괄적 치유 사례로 간주될 수 있다. 이는 제시된 그림의 ① 영역에 해당하는 첫 번째 유형, 즉 '균형형(Balanced type)'이다. 개인 치유와 사회 치유의 발전이 어느 한쪽으로 치우친 비균형적 형태 역시 확인되는데 독일 홀로코스트, 캄보디아 킬링필드, 북아일랜드 분쟁, 아르헨티나 추악한 전쟁 사례에서 나타난다. 캄보디아 킬링필드와 북아일랜드 분쟁 사례의 경우, 사회 치유가 상대적으로 더디게 진행되는 반면, 개인 치유가 빠르게 진행되는 상태로 제시된 그림의 ② 영역에 해당된다. 이는 두 번째 유형인 '개인 편중형(Individually Skewed, IS type)'으로 분류할 수 있다. 반대로, 독일 홀로코스트와 아르헨티나 추악한 전쟁 사례의 경우처럼 개인 치유가 상대적으로 지연됐지만, 사회 치유가 먼저 진척된 상태로 제시된 그림의 ③ 영역에 해당된다. 이는 세 번째 유형인 '사회 편중형(Socially Skewed, SS type)'이다. 이러한 비균형적 발전 유형은 개인과 사회 모두에게 언제든지 치유의 이전 단계로 회귀할 가능성을 높이며 불완전하고 불안정한 치유 상태로 이어질 위험이 크다.

이렇듯, 포괄적 치유 모델을 통한 유형 분석은 집단 트라우마 사례들이 어떤 치유 경로를 따르고 있는지를 분류할 수 있게 하며 이를 통해 사실과는 다르게 개인이나 사회가 현재의 치유가 올바른 경로를 따르고 있다고 오인하는 것을 방지할 수 있다. 나아가, 치유의 정확한 상태를 파악함으로써 포괄적 치유가 실질적으로 달성될 수 있도록 향후 발전 방향을 계획하고 설계할 수 있는 기반을 마련하는 데 도움이 될 수 있다.

트라우마는 본질적으로 완전한 치유가 불가능한 상흔이다. 특히 트라우마가 인간의 가장 기본적인 생물학적 기능마저 훼손한 경우, 개인의 노력만으로는 회복이 매우 어렵기 때문에 사회적 개입이 필수적이다. 피해가 개인 차원을 넘어 집단적으로 발생하였고 그것이 공적 영역에서의 집단적 폭력에 기인한 것이라면 이에 대한 구체적이고 실천적인 치유 방식은 반드시 사회적 차원에서 모색되어야 한다.

앞서 살펴본 여러 선행 연구들이 보여주듯, 집단 트라우마 사건은 단지 직접적인 피해자에게만 영향을 미치는 것이 아니라 전체 사회 구성원, 나아가 미래 세대에까지 부정적인 영향을 끼친다. 이러한 트라우마는 개인의 심리적·신체적 손상을 넘어 공동체의 연대성과 조직적 결속을 무너뜨리며 경우에 따라 회복 불가능한 공동체 붕괴로 이어질 수 있다. 그러나 자연재해나 인위적 재난처럼 트라우마를 유발하는 사건 자체를 사전에 완벽히 통제하는 것은 현실적으로 거의 불가능하다. 따라서 우리는 언제나 트라우마의 가능성과 그에 대한 불안 속에서 살아갈 수밖에 없으며 이러한 불가피성 속에서 사후적 치유와 회복을 어떻게 준비하고 실행할 것인가는 현대 사회의 핵심적 과제 중 하나다. 따라서, 우리는 트라우마에 어떻게 대비할 수 있을지, 그리고 발생한 트라우마를 얼마나 신속하고 효과적으로 회복할 수 있을지를 이해해야 한다. 이 지점에서 집단 트라우마에 대해 사회적으로 합의된 규범과 공동체에 대한 이해가 사전에 갖추어져 있다면 포괄적 치유는 사회의 균형 있는 발전을 저해하는 다양한 위험 요소들을 줄이고, 안정적인 치유 상태를 실현할 수 있게 된다. 결국, 집단 트라우마에 대한 포괄적 치유가 지향하는 바는 고통을 겪는 이들이 '치유'라는 명분 아래 다시금 공동체와 사회로부터 배제되거나 상처받지 않도록 세심한 돌봄과 관심 속에서 그들이 존중받고 보호받아야 한다는 것이다.

포괄적 치유 모델을 구성하는 개인 치유와 사회 치유의 변수들은 선형적으로 배열되지 않는다. 하지만 상호 발전의 속도가 유기적으로 영향을 주고받는 균형형(balanced type)의 경우 포괄적 치유의 효과는 극대화된다. 사회적 보호와 개인의 자기 보호가 균형 있게 구현될 때, 트라우마를 경험한 이들의 인간적 존엄성은 온전히 회복될 수 있다. 이는 부당한 폭력으로 인해 존엄을 훼손당한 이들에게 최소한의 보호를 제공하는 것이 단순한 선의의 차원이 아니라, 공동체 안에서 함께 살아가는 인간으로서의 기본적인 예의임을 상기시킨다. 본 연구에서 제시한 난민 캠프 사례들은 이러한 존엄성과 공감을 실천하는 공간의 가능성을 보여준다.

사회적 책임성과 사회적 의미 부여가 균형 있게 구현될 때, 애도의 범위 역시 확대된다. 고통의 경중과 무관하게 가해자, 방관자(bystander), 의인(upstander) 등 다양한 역할을 수행했던 이들이 각자의 위치에서 고통을 직면하고 해석할 수 있는 공감의 기회를 제공한다. 이는 생존자에게는 살아남은 데서 오는 죄책감을 완화하는 계기가 되고, 가해자에게는 진정한 사과와 책임 인식의 기회를 열어주는 전환점이 된다.[197] 나아가, 이러한 치유는 단순한 회복 상태를 넘어 초월(transcendence)의 개념으로 확장된다. 이는 외상 후 성장의 일부로서 재인간화(re-humanization)의 과정을 수반하며 비인간화되었던 가해자와 정체성을 상실한 피해자가 서로를 다시금 인간으로 인식하는 순간 더 큰 개방성과 화해의 가능성이 열린다.[198] 결국, 이행기 정의의 핵심 가치인 평화, 공존, 재발 방지, 치유는 여기에서 출발한다. 물론 현실에서는 화해 자체가 불가능한 경우도 존재한다. 그러나, 그럼에도 불구하고, 피해자는 '용서'라는 내면적 해방을 통해 자기 자신을 고통과 억압의 구조로부터 벗어나게 할 수 있다. 이때 용서는 단순한 도덕적 요구가 아니라 진상규명을 통해 사회적 기억이 충분히 축적되고 유사한 폭력이 반복되지 않을 것이라는 신뢰와 사회적 약속이 형성되었을 때에야 비로소 가능하다. 화해와 용서는 단지 추상적인 이상이 아닌, 공동체가 궁극적으로 도달해야 할 윤리적 지평(horizon)이다. 그리고 이 지평을 향한 여정은 개인의 회복과 공동체의 통합이 동시에 이루어질 때 비로소 완성된다. 그렇기에 포괄적 치유란 단지 과거를 치유하는 것이 아니라, 미래를 함께 살아갈 수 있는 공동체의 가능성을 다시 세우는 작업이기도 하다.

CHAPTER 3 참고문헌

1) Montreal Holocaust Memorial Centre. (2016). Brief History of Holocaust_A Reference Tool. (2016) (2nd ed.). Montréal, Québec. Retrieved from http://museeholocauste.ca/app/uploads/2017/01/brief-history-holocaust.pdf

2) Giberovitch, M. (2014). Recovering From Genocidal Trauma: An Information and Practice Guide for Working with Holocaust Survivors (1st ed.). Toronto: University of Toronto Press.

3) Dawidowicz, L. S. (1975). The war against the Jews: 1933-45. Holt, Rinehart and Winston.

4) Gallant, M., & Rhea, H. (2010). Collective Memory, International Law, and Restorative Social Processes After Conflagration: The Holocaust. International Criminal Justice Review, 20(3), 265-279. doi: 10.1177/1057567710368358.

5) Janowitz, M. (1946). German Reactions to Nazi Atrocities. American Journal Of Sociology, 52(2), 141-146. Retrieved from http://www.jstor.org/stable/2770938.

6) United States Holocaust Memorial Museum (USHMM).(2017). The Kielce Pogrom: A Blood Libel Massacre of Holocaust Survivors. Retrieved from https://www.ushmm.org/wlc/en/article.php?ModuleId=10007941

7) Ouzan, F. (2004). Rebuilding Jewish identities in Displaced Persons Camps in Germany. Bulletin Du Centre De Recherche Français À Jérusalem, 98-111. Retrieved from http://bcrfj.revues.org/269

8) The National Holocaust Centre and Museum (2017). Liberation. Retrieved from https://www.nationalholocaustcentre.net/liberation

9) Gippsland Multicultural Services. (2017). Post World WAR II Displaced Persons camps in Europe. Morwell, Australia. Retrieved from http://www.culturaldiversity.com.au/component/docman/doc_download/492-post-world-war-2-displaced-persons-camps-in-europe?Itemid=999.

10) The JDC Archives (2017). JDC in the Displaced Persons (DP) Camps (1945-1957). Retrieved from http://archives.jdc.org/topic-guides/jdc-in-the-displaced-persons-dp-camps-1945-1957/

11) Jewish Virtual Library (2008). U.S. Army & the Holocaust. Retrieved from http://www.jewishvirtuallibrary.org/u-s-army-and-the-holocaust

12) Salvatici, S. (2012). 'Help the People to Help Themselves': UNRRA Relief

Workers and European Displaced Persons. Journal Of Refugee Studies, 25(3), 428–451. doi: 10.1093/jrs/fes019.

13) Crago–Schneider, K. (2013). Jewish "Shtetls" in Postwar Germany: An Analysis of Interactions Among Jewish Displaced Persons, Germans, and Americans Between 1945 and 1957 in Bavaria (Doctoral dissertation). University of California Los Angeles.

14) Yad Vashem (2017). The Return to Life in the Displaced Persons Camps, 1945 –1956 . A Visual Retrospective. Retrieved from http://www.yadvashem.org/yv/en/exhibitions/dp_camps/index.asp

15) Thompson, J. (2015). Liberated but not yet free : Allied policy, Jewish displaced persons, and identity in occupied Germany, 1945–1948 (Honors Theses). Whitman College.

16) Thompson, J. (2015). Liberated but not yet free : Allied policy, Jewish displaced persons, and identity in occupied Germany, 1945–1948 (Honors Theses). Whitman College.

17) Teitel, Ruti G (2003). Transitional Justice Genealogy. Harvard Human Rights Journal 15, 69–94. Retrieved from https://digitalcommons.nyls.edu/cgi/viewcontent.cgi?referer=https://www.google.co.kr/&httpsredir=1&article=1339&context=fac_articles_chapters

18) United Nations (1951). Agreement for the prosecution and punishment of the major war criminals of the European Axis (Treaty Series No. 251). Retrieved from http://www.un.org/en/genocideprevention/documents/atrocity–crimes/Doc.2_Charter%20of%20IMT%201945.pdf

19) History.com Staff. (2010). Nuremberg Trials. A+E Networks. Retrieved from http://www.history.com/topics/world–war–ii/nuremberg–trials

20) Cohen, D. (2006). 'Transitional Justice in Divided Germany after 1945.' In: Elster, John (Ed.), Retribution and Reparation in the Transition to Democracy (pp. 59–89). New York: Cambridge University Press.

21) Tomuschat, C. (2006). The Legacy of Nuremberg. Journal Of International Criminal Justice, 4(4), 830–844. doi: 10.1093/jicj/mql051.

22) Rosensaf, M., & Rosensaf, J. (2001). The Early History of German–Jewish Reparations. *Fordham International Law Journal*, *25*(6). Retrieved from http://ir.lawnet.fordham.edu/cgi/viewcontent.cgi?article=1851&context=ilj

23) The Conference on Jewish Material Claims Against Germany (Claims Conference). (2012). 60 years of the Claims Conference (p. 6). Retrieved from http://forms.claimscon.org/Claims–Conference–60–Years.pdf

24) BBC News. (2013, May 29). Germany to pay Holocaust victims new compen sation. BBC News, Retrieved from http://www.bbc.com/news/world-europe-22707483

25) Nathan, C. (2016). Rehabilitation for the Jewish Victims of the Holocaust. International Human Rights Law Review, 5(2), 217-240. doi: 10.1163/22131035-00502001.

26) Choi, H. (2005). A burdensome Past to be dealt with -Holocaust-Memory in Germany. A burdensome Past to be dealt with -Holocaust-Memory in Germany, 84th ser., 275-304. Retrieved from http://uci.or.kr/G704-000100.2005..84.006.

27) Danieli, Y. (1984). Psychotherapists participation in the conspiracy of silence about the Holocaust. Psychoanalytic Psychology, 1(1), 23-42. doi: 10.1037/0736-9735.1.1.23.

28) Landsman, S. (2012). The Eichmann Case and the Invention of the Witness-Driven Atrocity Trial. Colombia Journal Of Transitional Law, 51(69), 77.

29) Chakravarti, S. (2008). More than Cheap Sentimentality: Victim Testimony at Nuremberg, the Eichmann Trial, and Truth Commissions. Constellations, 15(2), 223-235. doi: 10.1111/j.1467-8675.2008.00486.x.

30) Remember.org (A People's History of Holocaust & Genocide) (1997). The Trial of Adolf Eichmann - Introduction. Simply Reponsive. Retrieved from http://remember.org/eichmann/intro

31) Yablonka, H. (2001). Preparing the Eichmann Trial: Who Really Did the Job?. Theoretical Inquiries In Law, 1(2), 379-383. doi: 10.2202/1565-3404.1011.

32) Cashman, G. F. (2016, January 28). Afraid that no on would believe them. The Jerusalem Post. Retrieved from http://www.jpost.com/Israel-News/Afraid-that-no-one-would-believe-them-443013

33) Kellermann, N. (2001). The Long-Term Psychological Effects and Treatment of Holocaust Trauma. Journal Of Loss And Trauma, 6(3), 197-218. doi: 10.1080/108114401753201660.

34) Stiftung "Erinnerung, Verantwortung und Zukunft" (EVZ)(2012). The Law on the Creation of a Foundation "Remembrance, Responsibility and Future". Retrieved from https://www.stiftung-evz.de/eng/the-foundation/law.html?L=0%25252527A%2525253D0

35) Saathoff, G., & Jansen, M. (2009). "a mutual responsibility and a moral obligation" ; The final report on Germany's compensation programs for

forced labor and other personal injuries). Basingstoke: Palgrave Macmillan.

36) Montague, K. (2012). The effects of the Holocaust for six Polish Catholic survivors and their descendants (Doctoral dissertation). Antioch University Seattle.

37) Jacobs, J. (2010). Memorializing the Holocaust: Gender, Genocide and Collective Memory (p. xvii–xviii). New York: I. B. Tauris & Company, Limited.

38) Kosmala, B. (1998). Holocaust Education – Research – Remembrance in Germany. In Washington Conference on Holocaust–Era Assets (p. 806). Washington D.C.: Government Printing Office. Retrieved from https://fcit.usf.edu/holocaust/resource/assets/heac8.pdf

39) Bonn. (1959, December 30). Series of Anti–jewish Incidents Follows Cologne Synagogue Desecration. Jewish Telegraphic Agency. Retrieved from https://www.jta.org/1959/12/31/archive/series–of–anti–jewish–incidents–follows–cologne–synagogue–desecration.

40) Webb, A. (2014). 1.2: Chronology of Key Events up to Unification. In Longman Companion to Germany since 1945 (p. 158). Hoboken: Taylor and Francis.

41) Niemtzow, D. (2016).Healing through literature: Essays on literature and trauma. Cambridge Scholars Publishing.

42) Dreisbach, T. (2009). Transatlantic Broadcasts: Holocaust in America and West Germany. Penn History Review, 16(2), 97–98. Retrieved from https://repository.upenn.edu/phr/vol16/iss2/7

43) Niven, B., & Paver, C. E. (2009). Memorialization in Germany since 1945. Basingstoke: Palgrave Macmillan.

44) Giberovitch, M. (2014). Recovering From Genocidal Trauma: An Information and Practice Guide for Working with Holocaust Survivors). Toronto: University of Toronto Press.

45) Kaslow, F. W. (1997). Handbook of relational diagnosis and dysfunctional family patterns. John Wiley &Sons.

46) Bar–On, D. (1999). The indescribable and the undiscussable: Reconstructing human discourse after trauma. Central European University Press.

47) Bar–On, D. (2006). Tell your life story: Creating dialogue among Jews and Germans, Israelis and Palestinians. Berghof Foundation for Peace Support.

48) Tint, B. (2009). History, memory and intractable conflict. Conflict Resolution

Quarterly, 27(3), 239-256. https://doi.org/10.1002/crq.259

49) Livingston, J. (2010). The social life of DNA: Race, reparations, and reconciliation after the genome. Inaugural lecture, Rutgers University.

50) Rosenthal, G. (2012). The Holocaust in three generations: Families of victims and perpetrators of the Nazi regime. Barbara Budrich Publishers.

51) Tint, B. (2017). Power, privilege and peacebuilding: Using power analysis to increase the effectiveness of dialogue. Conflict Resolution Quarterly, 34(4), 369-386. https://doi.org/10.1002/crq.21191

52) Roh, C. (2016, April 12). Korean Comfort Women and Holocaust Survivors Meet. Voice Of NY. Retrieved from https://voicesofny.org/2016/04/korean-comfort-women-and-holocaust-survivors-meet/

53) Chaitin, J. (2008). Narratives and genocide: The Israeli case. Journal of Genocide Research, 10(3), 371-393. https://doi.org/10.1080/14623520802447775

54) Dy, K. (2007). A History of Democratic Kampuchea (1975-1979). (Publication). Cambodia: Documentation Center of Cambodia.

55) Linton, S. (2004). Reconciliation in Cambodia. The Documentation Center of Cambodia. Phnom Penh, Cambodia.

56) Chan, S. (2015). Cambodians in the United States: Refugees, Immigrants, American Ethnic Minority. Oxford Research Encyclopedia of American History. doi:10.1093/acrefore/9780199329175.013.317

57) 55)와 동일

58) Suenobu, Y. (1995). Management of Education Systems in Zones of Conflict -Relief Operations (p. 2). Bangkok: UNESCO Principal Regional Office for Asia and the Pacific. Retrieved from http://www.websitesrcg.com/border/documents/Suenobu%201995%20education%20systems%20in%20bor

59) Kanter, A. (1995). Topics for our times: life in a refugee camp-lessons from Cambodia and site 2. American Journal Of Public Health, 85(5), 620-621.doi: 10.2105/AJPH.85.5.620.

60) United Nations High Commissioner for Refugees(UNHCR) (2000). Chapter 4: Flight from Indochina. In The State of The World's Refugees 2000: Fifty Years of Humanitarian Action. Retrieved from http://www.unhcr.org/3ebf9bad0.pdf

61) Zieck, M. (1997). UNHCR and voluntary repatriation of refugees: a legal analysis. Martinus Nijhoff Publishers.

62) McLellan, J. (1993). Repatriation and Reintegration of Cambodian Refugees: Issues and Concerns. Refuge, 13(5), 15-17. Retrieved from https://refuge.

journals.yorku.ca/index.php/refuge/article/download/21748/20418.

63) Office of the United Nations High Commissioner for Human Rights (OHCHR). (2011). Cambodia - 20 years on from the Paris Peace Agreement. Retrieved from http://www.ohchr.org/EN/NewsEvents/Pages/Cambodia-20yearsonfrom theParisPeace.aspx

64) 59)와 동일

65) Mollica, R. F. (1987). The trauma story: The psychiatric care of refugee survivors of violence and torture. In M. Basoglu (Ed.), Torture and its consequences: Current treatment approaches (pp. 135-158). Cambridge University Press.

66) Mollica, R. F., Poole, C., Son, L., Murray, C. C., &Tor, S. (1997). Effects of war trauma on Cambodian refugee adolescents' functional health and mental health status. Journal of the American Academy of Child &Adolescent Psychiatry, 36(8), 1098-1106. https://doi.org/10.1097/00004583-199708000-00011

67) Savin, D., Seymour, D. J., Littleford, L. N., Bettridge, J., &Giese, A. (1996). Rehabilitating survivors of torture and war trauma in the USA: A program description and preliminary report. Journal of Traumatic Stress, 9(2), 253-261. https://doi.org/10.1002/jts.2490090209

68) Marshall, G. N., Schell, T. L., Elliott, M. N., Berthold, S. M., &Chun, C. A. (2006). Mental health of Cambodian refugees 2 decades after resettlement in the United States. JAMA, 294(5), 571-579. https://doi.org/10.1001/jama.294.5. 571

69) 60)와 동일

70) Extraordinary Chambers in the Courts of Cambodia (ECCC). (2008, May). Pro secution's response to Ieng Sary's submission on Jurisdiction (case file no. 00 2/19-09-2007-ECCC/OCIJ (PTC 03) Retrieved from https://www.eccc.gov.kh/sites/default/files/documents/courtdoc/Prosecution_Response_to_Jurisdictio n_submission_C22_I_32_EN_0.pdf

71) Chheang, V. (2006). Cambodia, from a killing field to a court of justice :Challenges ahead. Ritsumeikan Asia Pacific University. Retrieved from http://r-cube.ritsumei.ac.jp/bitstream/10367/169/1/RJAPS22-CHHEANG_Van narith.pdf

72) Fawthrop, T., & Jarvis, H. (2004). Getting away with genocide?: elusive justice and the Khmer Rouge tribunal. London : Pluto Press.

73) United Nations (1996). Press Conference by Foreign Minister of Cambodia. Meetings Coverage and Press Releases. Retrieved from http://www.un.org/

press/en/1996/19960930.huot2.html

74) Muddell, K. (2003). Transitional Justice in Cambodia: Challenges and Opportunities. In International Center for Transitional Justice and Human Rights Watch. New York: The Asia Society. Retrieved from https://www.ictj.org/sites/default/files/ICTJ-HRW-Cambodia-Symposium-2003-English.pdf

75) Lambourne, W. (2008). 'The Khmer Rouge Tribunal: Justice for Genocide in Cambodia?'. In Law and Society Association Australia and New Zealand (LSAANZ) Conference. Sydney: Law and Society Association Australia and New Zealand (LSAANZ) Conference. Retrieved from https://ses.library.usyd.edu.au/bitstream/2123/4042/1/LSAANZ%20Lambourne%20Cambodia%20conf%20paper%20final.pdf

76) Case Loads (2017). Extraordinary Chambers in the Courts of Cambodia (ECCC). https://www.eccc.gov.kh/en/caseloads

77) Ainley, K. (2014) Justifying justice: verdicts at the ECCC. Justice in Conflict.LSE Research Online. Retrieved from http://eprints.lse.ac.uk/id/eprint/60175

78) Kersten, M. (2014). Justifying Justice: Verdicts at the ECCC. Retrieved July 11, 2017, from https://justiceinconflict.org/2014/09/16/justifying-justice-verdicts-at-the-eccc/

79) World Health Organization (2017). WHO and Ministry of Health, Cambodia. Cambodia health service delivery profile. WHO/WPRO. Retrieved from http://www.wpro.who.int/health_services/service_delivery_profile_cambodia.pdf?ua=1

80) Somasundaram, D., van de Put, W., Eisenbruch, M., & de Jong, J. (1999). Starting mental health services in Cambodia. Social Science & Medicine, 48(8), 1029-1046. doi: 10.1016/S0277-9536(98)00415-8.

81) McLaughlin, D., & Wickeri, E. (2012). Special report : Mental Health and Human Rights in Cambodia. Leitner Center for International Law and Justice, New York: Fordham Law School. Retrieved from http://ir.lawnet.fordham.edu/cgi/viewcontent.cgi?article=2590&context=ilj

82) Munyas, B. (2008). Genocide in the minds of Cambodian youth: transmitting (his)tories of genocide to second and third generation in Cambodia. Journal of Genocide Studies, 10, 413-439.doi: 10.1080/14623520802305768.

83) Laezer, K., Klaus, E., Sisokhom, S., & Leuzinger-Bohleber, M. (2015). Parenting and Parent-Child interactions in Three generations after the Khmer Rouge regime in Cambodia. Germany: Sigmund-Freud-Institute (SFI). Retrieved from http://www.sfi-frankfurt.de/fileadmin/redakteure/pdf/Projekte/PPCIC/

PPCIC_ausfuehrlicheBeschreibung.pdf

84) Agger, I., Igreja, V., Kiehle, R., & Polatin, P. (2012). Testimony ceremonies in Asia: Integrating spirituality in testimonial therapy for torture survivors in India, Sri Lanka, Cambodia, and the Philippines. Transcultural Psychiatry, 49(3–4), 568–589. doi: 10.1177/1077801215625850.

85) 81)과 동일

86) Agger, I. (2015). Calming the mind: Healing after mass atrocity in Cambodia. Transcultural Psychiatry, 52(4), 543–560. doi:10.1177/1363461514568336

87) 85)와 동일

88) Esala, J., & Taing, S. (2017). Testimony Therapy With Ritual: A Pilot Randomized Controlled Trial. Journal Of Traumatic Stress, 30(1), 94–98. doi: 10.1002/jts.22163.

89) Cougill, W. (2017). Buddhist Cremation Traditions for the Dead and the Need to Preserve Forensic Evidence in Cambodia. Retrieved from http://www.d.dccam.org/Projects/Maps/Buddhist_Cremation_Traditions.htm

90) Hughes, R. (2004). Memory and Sovereignty in Post–1979 Cambodia: Choeung Ek and Local Genocide Memorials. New Haven: Yale University Genocide Studies Program. Retrieved from https://www.files.ethz.ch/isn/46641/GS26.pdf

91) Fleischman, Julie M. (2016). Working with the Remains in Cambodia: Skeletal Analysis and Human Rights after Atrocity. Genocide Studies and Prevention: An International Journal, 10(2), 121–130. doi: 10.5038/1911–9933.10.2.1411.

92) Hughes, R. (2004). Memory and Sovereignty in Post–1979 Cambodia: Choeung Ek and Local Genocide Memorials. New Haven: Yale University Genocide Studies Program. Retrieved from https://www.files.ethz.ch/isn/46641/GS26.pdf

93) Tyner, J., Alvarez, G., & Colucci, A. (2012). Memory and the everyday landscape of violence in post–genocide Cambodia. Social & Cultural Geography, 13(8), 853–871. doi: 10.1080/14649365.2012.734847.

94) The Documentation Center of Cambodia.(2011). Fact Sheet : Pol Pot and His Prisoners at Secret Prison S–21. Phnom Penh, Cambodia : Keo, D., & Yin, N.

95) Manning, P. (2017). Transitional Justice and Memory in Cambodia. London: Taylor and Francis.

96) Dy, K. (2015). Genocide Education in Cambodia: Local Initiatives, Global Connections. (Doctoral dissertation). University of New Jersey.

97) Dy, K. (2013). Challenges of Teaching Genocide in Cambodian Secondary Schools. Policy and Practices: Pedagogy about the Holocaust and Genocide

Paper. Paper 4. Clark University Digital Commons. Retrieved from http://commons.clarku.edu/pedagogy2013/4/

98) Pruitt, D. G., & Rubin, J. Z. (1986). Social Conflict: Escalation, Stalemate, and Settlement. New York: Random House.

99) Reicherter, D., & Aylward, A. (2011). The Impact of War and Genocide on Psychiatry and Social Psychology. In B. Schaack, D. Reicherter & Y. Chhang, Cambodia's Hidden Scars: Trauma Psychology in the Wake of the Khmer Rouge (p. 26). Cambodia: Documentation Center of Cambodia. Retrieved from http://tpocambodia.org/wp-content/uploads/2015/09/DCCAM_Cambodias-Hidden-Scars.pdf

100) Girard, R. (2000). Violence and the sacred. Korean (Ed.). (Vols. 2). Seoul: Minumsa.

101) Republic of Korea, The National Committee for Investigation of the Truth about the Jeju April 3 Incident (2003). The Jeju 4·3 Incident Investigation Report. Seoul: Jeju 4·3 Peace Foundation.

102) Kim, H. (2009). Seeking Truth after 50 Years: The National Committee for Investigation of the Truth about the Jeju 4.3 Events. International Journal Of Transitional Justice, 3(3), 406-423. doi: 10.1093/ijtj/ijp014.

103) Yuki, O. (2015). Formation of the 'perspective on the mother country' of the Korean Japanese society after liberation : focused on the influence of Jeju 4.3 incident (Master dissertation). Yonsei University, Seoul. South Korea.

104) 103)과 동일

105) 제주4.3 희생자유족회 (2015). 1988-2015 제주4.3희생자 유족회 27년사. 도서출판 각

106) Jeon. J. (2017, March 30). "한 분이라도 더 살아계실 때" 4·3 해결 남은 과제들. YonHap News Agency. Retrieved from http://www.yonhapnews.co.kr/bulletin/2017/03/30/0200000000AKR20170330166500056.HTML

107) Hyun, H. (2008). Formation and Structure of Memorial Ceremony for Jeju April 3rd Incident (Doctoral dissertation). Chonnam University. Chonnam University, Chonnam, South Korea.

108) 105)와 동일

109) Jeju 4.3 Peace Park (2017). Introduction of Jeju 4.3 Peace Park. Retrieved from http://jejupark43.1941.co.kr/pages.php?p=1_1_1_1

110) Ruane, J., &Todd, J. (1996). The dynamics of conflict in Northern Ireland: Power, conflict and emancipation. Cambridge University Press.

111) Cochrane, F. (2001). Northern Ireland: The reluctant peace. Yale University Press.

112) Arthur, P. (2000). Special relationships: Britain, Ireland and the Northern Ireland problem. Blackstaff Press.

113) Hennessey, T. (2005). The Northern Ireland peace process: Ending the troubles? Palgrave Macmillan.

114) McKittrick, D., Kelters, S., Feeney, B., Thornton, C., &McVea, D. (2007). Lost lives: The stories of the men, women and children who died as a result of the Northern Ireland troubles. Mainstream Publishing.

115) Hayward, K. (2018). Brexit and the border: The impact on Northern Ireland. In D. Phinnemore &K. Hayward (Eds.), UK withdrawal and the Good Friday Agreement (pp. 28–33). The Constitution Society.

116) Ruane, J., &Todd, J. (1996). The dynamics of conflict in Northern Ireland: Power, conflict and emancipation. Cambridge University Press.

117) Cochrane, F. (2001). Northern Ireland: The reluctant peace. Yale University Press.

118) Shirlow, P., &Murtagh, B. (2006). Belfast: Segregation, violence and the city. Pluto Press.

119) Moloney, E. (2002). A secret history of the IRA. W. W. Norton &Company.

120) Commission for Victims and Survivors. Annual Report 2011–2012. Belfast: CVSNI, 2012.

121) Victims and Survivors Service (VSS). "Overview of Services." https://www.victimsservice.org

122) 전우택, 박명림 외 (2019). 트라우마와 사회치유. 역사비평사

123) Dwyer, C. (2010). Policing past and present: Historical Enquiries Team and post－conflict justice in Northern Ireland. Policing and Society, 20(3), 263–280.

124) Bew, P., &Gillespie, G. (1999). Northern Ireland: A chronology of the troubles, 1968–1999. Gill &Macmillan.

125) CVSNI. (2012). Annual report 2011–2012. Belfast: Commission for Victims and Survivors. https://www.cvsni.org

126) Consultative Group on the Past. (2009). Report of the Consultative Group on the Past. NIO.

127) BBC News. (2007, July 30). Operation Banner ends in Northern Ireland.

https://www.bbc.com/news/uk-northern-ireland-10717314

128) Saville Inquiry. (2010). Report of the Bloody Sunday Inquiry. https://www.gov.uk/government/publications/report-of-the-bloody-sunday-inquiry

129) BBC News. “Bloody Sunday Report: PM David Cameron’s Full Statement.” (2010): https://www.bbc.com/news/10322295

130) Saville Inquiry Report, 2010: https://www.gov.uk/government/publications/report-of-the-bloody-sunday-inquiry

131) Queen’s University Belfast (QUB) (2023). Report finds Troubles victims were inadequately compensated for the death of their loved one. https://www.qub.ac.uk/News/Allnews/2023/ReportfindsTroublesvictimswereinadequatelycompensatedforthedeathoftheirlovedone.html

132) Victims Payment Scheme. (2024, June 17). The Executive Office. https://www.executiveoffice-ni.gov.uk/articles/victims-payment-scheme#:~:text=The%20Victims'%20Payments%20Regulations%202020%20were%20laid,referred%20to%20as%20the%20Victims'%20Payments%20Scheme).

133) Sharrock, D. (2010, March 31). Bloody Sunday inquiry: 900 witnesses and 20 million words of evidence. The Times. https://www.thetimes.com/travel/destinations/uk-travel/scotland-travel/bloody-sunday-inquiry-900-witnesses-and-20-million-words-of-evidence-c7gf8g3mhvd

134) Smyth, M. (2012). Narratives of truth: Transitional justice and post-conflict storytelling in Northern Ireland. In N. Hayes &J. Campbell (Eds.), Conflict, Memory and Narrative (pp. 67-84). Manchester University Press.

135) How murals illustrate Northern Ireland’s political landscape. (2023). Imperial War Museums. https://www.iwm.org.uk/history/how-murals-illustrate-northern-irelands-political-landscape

136) THE EXHIBITION. (n.d.). Travellingexhibition. https://www.bogsideartistsexhibition.org/exhibition

137) Kehoe, P., &Dunne, L. (2021). ‘Muralling’ and Reconciliation in Northern Ireland: The Complex Role of Public Art in Peace Processes. A Contested Histories Occasional Paper.

138) BBC News. (2016, May 20). Prince Charles visits Omagh memorial garden. https://www.bbc.com/news/uk-northern-ireland-36340143

139) BBC News. (2011, March 9). David Cameron apologises to schoolgirl's family. https://www.bbc.com/news/uk-northern-ireland-12692800

140) 123)과 동일

141) The Executive Office. (2023). Day of Reflection: A time to remember. https://www.executiveoffice-ni.gov.uk/articles/day-reflection

142) EJIL:Talk!. (2024). The Northern Ireland Troubles Act 2023: A Line Under the Violence or a Strike Through Human Rights

143) UK Constitution Law Association. (2024, July 29). An unfortunate legacy: Fixing the Northern Ireland Troubles (Legacy and Reconciliation) Act 2023

144) The Guardian. (2024, February 3). Michelle O'Neill emphasizes reconciliation as new dawn in Northern Ireland politics

145) Taylor, A., et al. (2019). The Rise and Fall of Argentina: Economic Development and Institutional Constraints in the 20th Century . Latin American Economic Review.

146) Informe de la Comisión Nacional sobre la Desaparición de Personas(1984), Nunca Más, Buenos Aires: Eudeba, Universidad deBuenos Aires. (1988), "송기도 역 눈까 마스 아르헨티나 군부독재의 실상 서당")

147) International Center for Transitional Justice. (2009). Criminal Prosecutions for Human Rights Violations in Argentina. ICTJ briefing

148) Sikkink, Kathryn (2011). The Justice Cascade: How Human Rights Prosecutions Are Changing World Politics . New York: W.W. Norton &Co.

149) Pilar Calveiro (1998), "Poder y desaparición: los campos de concentración en Argentina"

150) ¿Quienes somos? -. (2025). Exdetenidosdesaparecidos.org. https://exdetenidosdesaparecidos.org/quienes-somos/

151) 박구병. (2006). 추악한 전쟁'의 상흔: 실종자 문제와 아르헨티나 <오월광장 어머니회>의 투쟁. 라틴아메리카연구, 19(2), 69-96.

152) Doretti, E., &Snow, C. (2003). "Forensic Anthropology and Human Rights: The Argentine Experience." Science and Justice, 43(2).

153) Graham, B. (1985, December 10). 5 Ex-Rulers Convicted in Argentina. The Washington Post. https://www.washingtonpost.com/archive/politics/1985/12/10/5-ex-rulers-convicted-in-argentina/b3945672-e8e9-4db8-a9cb-ee132242887c

154) Memorial en Derecho Leyes de Punto Final y Obediencia Debida presentado por AI y la CIJ: Capítulo I | ICJ. (2024, May 10). International Commission of Jurists. https://www.icj.org/resource/memorial-en-derecho-leyes-de-punto-final-y-obediencia-debida-presentado-por-amnistia-internacional

-y-la-comision-internacional-de-juristas-indice-y-capitulo-i

155) Human Rights Watch World Report 1990 – Argentina | Refworld. (2023). Refworld. https://www.refworld.org/reference/annualreport/hrw/1991/en/38134

156) Argentina - Transitional Justice Evaluation Tools. (2015). Transitionaljusticedata.org. https://transitionaljusticedata.org/en/Americas/Argentina.html

157) Lessa, F., &Levey, C. (2015). From Blanket Impunity to Judicial Opening(s): H.I.J.O.S. and Memory Making in Postdictatorship Argentina (2005-2012). Latin American Perspectives, 42(3), 207-225. http://www.jstor.org/stable/24574839

158) Grainger, J. (2024, April 23). Government blocks payments to victims of state terrorism. Buenos Aires Times; BATimes Newspaper. https://www.batimes.com.ar/news/argentina/milei-government-blocks-reparation-payments-to-victims-of-state-terrorism.phtml

159) White House. (2016, March 24). Remarks by President Obama and President Macri of Argentina at Parque de la Memoria.

160) Center for Legal and Social Studies (CELS) | Gruber Foundation. (2024). Yale.edu. https://gruber.yale.edu/recipient/center-legal-and-social-studies-cels

161) Agencias. (2004, March 25). Kirchner pide perdón por los crímenes de la dictadura argentina. Cadena SER. https://cadenaser.com/ser/2004/03/25/internacional/1080179116_850215.html

162) Politi, D., &Press, A. (2023, September 19). Argentina's former detention and torture site added to UNESCO World Heritage list. KSAT; KSAT San Antonio. https://www.ksat.com/news/world/2023/09/19/argentinas-former-detention-and-torture-site-added-to-unesco-world-heritage-list

163) Rewriting History in Post-Genocide Rwanda. (2017). In Memory and Justice in Post-Genocide Rwanda (pp. 33-64). https://doi.org/10.1017/9781139086257.004

164) The Organization (HRW Report – Leave None to Tell the Story: Genocide in Rwanda, March 1999). (2025). Hrw.org. https://www.hrw.org/reports/1999/rwanda/Geno4-7-03.htmom

165) Adelman, H. &Suhrke, A. (1999). The Path of a Genocide: The Rwanda Crisis from Uganda to Zaire. Transaction Publishers.

166) UNHCR (1995). The State of the World's Refugees 1995: In Search of Solutions. Oxford University Press.

167) UNHCR (1997). The Rwandan Genocide and Its Aftermath. Refugees

Magazine, Issue 108.

168) Prunier, G. (1995). The Rwanda Crisis: History of a Genocide. Columbia University Press.

169) WHO (2000). Mental Health in Emergencies: Mental and Social Aspects of Health of Populations Exposed to Extreme Stressors.

170) Newbury, Catherine, Hannah Baldwin (2000). "Aftermath: Women in Post Genocide Rwanda." Agency for International Development, Center for Development Information & Evaluation, working paper, no. 303

171) UNICEF USA. (2024, January 29). Surviving the Rwandan Genocide. UNICEF USA. https://www.unicefusa.org/stories/surviving-rwandan-genocide

172) Anthony, A. (2024, October 6). "What is it that keeps you wanting to survive?" Giles Duley and Rwandan genocide survivor Olive Musetsamfura on resilience and forgiveness. The Guardian; The Guardian. https://www.theguardian.com/world/2024/oct/06/giles-duley-olive-mutetamfura-rwandan-genocide-survivor-war-photographer-afghanistan

173) ICTR International Criminal Tribunal for Rwanda. (2014, December 11). Peace Women. https://www.peacewomen.org/content/ictr-international-criminal-tribunal-rwanda

174) Address to the United Nations Security Council: Final Report on the Completion Strategy of the International Criminal Tribunal for Rwanda by Judge Vagn Joensen, President | United Nations International Criminal Tribunal for Rwanda. (2015). Irmct.org. https://unictr.irmct.org/en/news/address-united-nations-security-council-final-report-completion-strategy-international-criminal

175) Monitoring and Research Report on the Gacaca: Testimonies and evidence in the Gacaca Courts. (2008). the Belgian Ministry of Foreign Affair.

176) Rwanda 2003 (rev. 2015) Constitution - Constitute. (2015). Rwanda 2003 (rev. 2015) Constitution - Constitute. Constituteproject.org. https://www.constituteproject.org/constitution/Rwanda_2015

177) Gourevitch, P. (2010, January 8). The Mutsinzi Report on the Rwandan Genocide. The New Yorker. https://www.newyorker.com/news/news-desk/the-mutsinzi-report-on-the-rwandan-genocide

178) https://apnews.com/author/edith-m-lederer. (2014, April 17). Apology for UN refusal to stop Rwanda genocide. AP News. https://apnews.com/general-news-a457d5efe6204b17bd5b75cf8349d98e

179) ICISS. (2001). The Responsibility to Protect: Report of the International Com mission on Intervention and State Sovereignty. International Development Research Centre.

180) UNGA. (2005). World Summit Outcome Document, A/RES/60/1.

181) Bellamy, A. J. (2009). Responsibility to Protect: The Global Effort to End Mass Atrocities. Polity Press.

182) UNSC Resolution 955 (1994). Establishing the International Criminal Tribunal for Rwanda (ICTR). S/RES/955.

183) Peskin, V. (2008). International Justice in Rwanda and the Balkans: Virtual Trials and the Struggle for State Cooperation. Cambridge University Press.

184) Brounéus, K. (2008). Truth−telling as Talking Cure? Insecurity and Retraumatization in the Rwandan Gacaca Courts. Security Dialogue, 39(1), 55–76. https://doi.org/10.1177/0967010607086823

185) Longman, T. (2006). Justice at the Grassroots? Gacaca Trials in Rwanda. In Naomi Roht−Arriaza &Javier Mariezcurrena (Eds.), Transitional Justice in the Twenty−First Century: Beyond Truth versus Justice. Cambridge University Press.

186) Clark, P. (2010). The Gacaca Courts, Post−Genocide Justice and Reconciliation in Rwanda: Justice Without Lawyers. Cambridge University Press.

187) AMI. (2018). Association Modeste et Innocent (AMI) — Peace Insight. Peace Insight. https://www.peaceinsight.org/en/organisations/ami/?location=rwanda&theme

188) Hamber, B., &Wilson, R. A. (2002). Symbolic closure through memory, reparation and revenge in post−conflict societies. Journal of Human Rights, 1(1), 35–53.

189) Hirsch, M. (2012). The Generation of Postmemory: Writing and Visual Culture After the Holocaust. Columbia University Press

190) United Nations General Assembly. (2018). Resolution 72/550 – International Day of Reflection on the 1994 Genocide against the Tutsi in Rwanda. Retrieved from https://www.un.org/en/genocideprevention/rwanda.shtml

191) NURC. (2010). Ingando Manual. Kigali: NURC.

192) STRATEGIC PLAN (2013−2017) OF NATIONAL ITORERO COMMISSION. (2013). The Republic of Rwanda. https://www.minubumwe.gov.rw/index.php?eID=dumpFile&t=f&f=67577&token=c222c43b2e9dcf8350a515e9c8538dc5b9e9e7b2

193) Freedman, S. W., Weinstein, H. M., Murphy, K., &Longman, T. (2008). Teaching history after identity-based conflicts: The Rwanda experience. Comparative Education Review, 52(4), 663-690. https://doi.org/10.1086/591298

194) National Unity and Reconciliation Commission (2020). Rwanda Reconciliation Barometer 2020 Report.

195) Guardian staff reporter. (2024, April 6). "He killed my sister. Now I see his remorse": the extraordinary stories of survivors of the Rwandan genocide who forgave their attackers. The Guardian; The Guardian. https://www.theguardian.com/world/2024/apr/06/he-killed-my-sister-now-i-see-his-remorse-survivors-of-rwandan-genocide

196) Bigabo, F., Biracyaza, E., Kanazayire, C. et al. Reconciliation villages in post-genocide Rwanda, beyond rhetoric to practical reconciliation and psychosocial reintegration. Discov Soc Sci Health 5, 60 (2025)

197) Staub, E., & Pearlman, L.A. (2006). Advancing healing and reconciliation. In R. Sternberg & L. Barbanel (Eds.), Psychological interventions in times of crisis (pp. 213-243). New York: Springer Publishing Co., Inc.

198) Staub, E. (2006). Reconciliation after Genocide, Mass Killing, or Intractable Conflict: Understanding the Roots of Violence, Psychological Recovery, and Steps toward a General Theory. Political Psychology, 27(6), 867-894. doi: 10.1111/j.1467-9221.2006.00541.x.

신보경
미국 조지워싱턴대학교(George Washington Univ.) 생물학과를 졸업하고 연세대학교 대학원에서 보건학 석사 및 박사 학위를 취득했다. 현재 연세대학교 의과대학 인문사회의학교실 기초연구조교수로 재직 중이다. 보건학자로서 몸과 마음에 공유된 기억으로 새겨지는 집단 트라우마가 개인과 공동체의 건강에 미치는 영향을 분석하고, 이러한 집단 트라우마를 사회를 통해 치료하고 치유하는 구체적인 방안을 주요하게 연구하고 있다. 이 외에도 통일보건의료, 북한이탈주민, 갈등·화해학, 평화학 등을 주요 관심 연구영역으로 다루고 있다. 주요 공저로는 『트라우마와 사회치유』(역사비평사, 2019), 『한반도 건강공동체 준비』(박영사, 제2판, 2021), 『통일보건의료의 미래』(박영사, 2023) 등이 있다.

집단 트라우마와 치유

초판발행 2025년 10월 30일

지은이 신보경
펴낸이 노 현

편 집 전채린
기획/마케팅 장규식
표지디자인 이영경
제 작 고철민·김원표

펴낸곳 ㈜ 피와이메이트
서울특별시 금천구 가산디지털2로 53, 210호(가산동, 한라시그마밸리)
등록 2014. 2. 12. 제2018-000080호
전 화 02)733-6771
f a x 02)736-4818
e-mail pys@pybook.co.kr
homepage www.pybook.co.kr
ISBN 979-11-7279-183-4 93180

정 가 19,000원

박영스토리는 박영사와 함께하는 브랜드입니다.